이 책은 방일영문화재단의 저술지원을 받아 출간되었습니다.

유라시아 15,000km
두 바퀴의 기적

베를린-서울, 100일간의 자전거 평화대장정

조선일보 원코리아 뉴라시아 자전거 평화원정단 지음

21세기북스

서문

'평화, 통일, 미래, 도전'이 일군 두 바퀴의 기적

2014년 11월 12일은 조선일보의 원코리아 뉴라시아One Korea New-eurasia 자전거 평화원정단 24명이 러시아 블라디보스토크 항의 귀국선에 오르던 날이었다. 아침부터 눈폭풍이 매섭게 몰아치고 있었다.

시베리아와 연해주를 뒤로하며 원정단원들은 페리(DBS 크루즈)에 탑승했다. 발 아래로 5m가 넘는 파도가 치고 있었다. "드디어 살아서 돌아가는구나!" 각자 얼굴에는 설렘과 기쁨이 가득했다.

20여 시간 후인 13일 정오 동해항이 보였다. 백두대간 등줄기인 설악산 일대가 눈에 들어오고 작은 어촌이 눈에 잡혔다. "원정이 성공했구나." 눈물이 핑 돌고 목이 메었다.

베를린에서 서울까지 1만5,000km, 100여 일의 긴 여정을 성공적으로 마친 평화원정단은 조선일보의 '통일이 미래다' 프로젝트로 기획됐다. '자전거로 유라시아 대륙을 횡단해보자. 베를린에서 서울로, 대륙을 횡단하며 평화통일의 씨앗을 뿌려보자'는 취지였다.

여정은 독일 베를린~폴란드~리투아니아~라트비아~에스토니아~러시아 상트페테르부르크~모스크바~카자흐스탄~(다시)러시아(슬라브고로드·노보시비르스크·이르쿠츠크)~몽골~중국(베이징·선양·단둥·백두산·옌지·훈춘)~(또다시)러시아(크라스키노·우수리스크·블라디보스토크)~한국(동해·철원·파주 임진각·서울)으로 이어지는 1만 5,000km 평화루트였다.

원정단 정신은 '평화, 통일, 미래, 도전' 네 단어로 요약할 수 있다. 준비는 많이 부족했다. 준비기간 4개월은 너무 짧았고, 원정 9개국 정보는 충분하지 못했다. 차량(6대)과 물자 통관부터가 골칫거리였다. 중국 훈춘~러시아 크라스키노 국경을 통과할 때는 차량 3대를 중국 화물차에 실어 수화물이라는 우회 절차를 밟아 통관시켜야 했다.

그러나 우리에게는 불굴의 정신력, 새로운 유라시아와 통일 한국에 대한 열망이 있었다. 발트3국과 유럽은 낯설지 않았고, 시베리아와 중국은 춥지 않았다. 원정은 '오해의 사슬'을 헤쳐가는 앞바퀴와 '이해의 실타래'를 풀어가는 뒷바퀴가 맞물려 조금씩 조금씩 전진했던 역사적 사건이었다.

통일 독일의 상징 브란덴부르크 정문 앞 광장을 내준 독일인들, 독일·러시아라는 강대국 사이에 끼여 누구보다도 평화와 독립을 갈구하던 폴란드·리투아니아·라트비아·에스토니아인들, 시속 20~30km 저속低速의 자전거 대열에 짜증 안 내고 되레 손 흔들며 환영해준 북유럽의 화물차 운전기사들, 말을 타면서까지 자전거 대열을 따라나오던 희망의 라이딩, 눈물의 이별을 경험하게 해줬던 카자흐스탄인들, 전 구간 자전거 대열을 호송하며 안전을 지켜준 러시아 경찰관들, 태극기를 달고 원정단과 함께 라이딩에 나서준 옌지와 단둥의 중국인들. 너무나 고마운 이웃들이다.

안 해본 일은 두렵고, 가보지 않은 나라는 더 무섭다. 평화원정단은 '아무도 하려고 하지 않던 일에 도전했고, 성공한 것'에서 참 의미를 찾을 수 있었다.

원정기획의 제안자이자 내게 원정단장직을 맡겨주신 방상훈 조선일보 사장님께 우선 감사드린다. 유라시아 이니셔티브를 주창하고, 원코리아 뉴라시아 자전거 평화원정단 독일 베를린 발대식에 축사를 해주신 박근혜 대통령님께 감사드린다. 100일 원정 서울 입성식을 위해 '민의의 전당' 국회의 문을 원정단에게 열어주신 정의화 국회의장님께도 고마운 뜻을 전한다. 여의도 국회 입성식 때 페달을 밟고 축사까지 해주신 정홍원 전 국무총리님께도 감사의 뜻을 전한다.

든든한 후원자이셨던 변용식 발행인님(현 TV조선 대표), 강천석 고문님과 홍준호 경영기획실장(현 발행인 직대)님, 베이징과 모스크바까지 달려와 격려해주신 송희영 주필님, 강효상 편집국장님께도 감사의 뜻을 전하지 않을 수 없다.

LS그룹 구자열 회장님, 이인정 대한산악연맹회장님께도 너무 감사하다는 말씀 전한다.

세계적인 산악인 김창호 대장을 원정대장에 선임하고 동행할 수 있었던 것은 행운이었고, 이병달 팀닥터와 박영석 대원 등 6명의 대원들과 함께했기에 성공했다고 자부하고 있다. 이수일 팀장 등 트랜스위드 소속 등 6명의 차량 지원팀들도 고생이 많았다.

여기에 늘 고민을 함께 나누었던 주용중 정치부장, 조정훈 스포츠부장, 정병선 차장, 배성규 차장, 임민혁·진중언·최형석 기자 등 3명의 사무국 후배들에게 감사한다. 사진팀, TV조선 다큐멘터리팀, 루트 개척과 숙박문제 해결 등 서기석 대표의 유라시아트렉 역할도 빼놓을 수 없다.

명문장으로 현장을 빛내주신 세 분의 선배님(오태진 수석논설위원, 김태익 논설위원, 최보식 선임기자)에게도 감사드린다.

윤병세 외교부 장관과 산업통상자원부 윤상직 장관, 이관섭 차관께 감사드린다. 독일, 폴란드, 발트3국, 러시아, 중국, 몽골, 카자흐스탄의 대사, 총영사님 등 외교관들, 각국 한인회 간부들에게도 힘들고 외롭고 지친 우리들에게 오아시스 같은 역할을 해주신 점 너무 감사드린다.

유라시아 경제 영토를 개척해온 기업들도 원정단에게 지원과 후원을 아끼지 않았다. 삼성그룹을 비롯해 현대차, SK, LG, LS, 롯데,

CJ그룹, 대한항공, 아시아나항공, 코오롱, 동부화재, 동일토건 등 주요 그룹, 기업들이 물심양면 도우지 않았다면 출발 때는 물론 현지에서도 훨씬 큰 어려움에 처했을 것이다. 큰절이라도 하고 싶은 심정이다.

개별적으로 현장에서 원정단에 너무 큰 도움을 주신 중국 삼성 박재순 부사장, CJ차이나 박근태 대표, LG상사 송치호 대표, 삼정KPMG 김교태 대표님, 포스코 장자강(상하이) 변상칠 부총경리님께 감사와 함께 사업 건승을 빈다.

이 책은 원코리아 뉴라시아 평화원정단의 체험을 담은 것이다. 하지만 여기에는 유라시아의 새로운 내용들이 많이 포함돼 있다. 이 책을 통해 새로운 유라시아를 경험하는 모든 분들에게도 미래세대의 주역이 될 것이라고 감사와 격려의 말을 전하고 싶다.

2015년 여름
원코리아 뉴라시아 평화원정단 원정단장 이광회
(조선일보 부국장, 현 조선비즈 대표)

10

인사말

자전거 유목민,
통일과 미래를 향해 달리다

길을 나서는 우리에게 누군가 물었다.

"그게 가능할까요?"
"위험하지 않나요?"
"그렇게 하면 통일은 언제 되나요?"

많은 질문에 대원들은 답을 할 수 없었다. 25년간 지구상의 오지와 히말라야로 30여 차례의 원정등반을 수행했던 나도 출발선에 설 때면 언제나 불안과 두려움으로 가득했으니까.

조선일보의 '통일이 미래다'라는 슬로건 아래 '원코리아 뉴라시아 자전거 평화대장정'이 기획되었고, 7명의 풀코스 대원들이 선발되었다. 1차 서류심사, 2차 와트바이크watt-bike 테스트, 북한산 둘레길과 위문 횡단길을 잇는 37km 도보 행군 테스트, 3차 면접심사를 거쳐 270 대 1이 넘는 경쟁률을 뚫은 철인들은 일곱 차례에 걸친 팀워크 훈련과 준비를 마쳤다.

독일의 브란덴부르크 문을 출발해 폴란드~리투아니아~라트비아~에스토니아~러시아~카자흐스탄~몽골~중국 9개국을 지나는 1만 5,000km 유라시아 로드는 대원들에게 시련과 고난의 길이었다. 폭우가 내리던 유럽 평원, 터질 듯한 허벅지의 기억이었던 우랄 산맥과 알타이 산맥, 얼어붙은 시베리아 황야, 모래바람 휘몰아친 몽골 고비 사막, 폭설이 내린 백두산. 대원들은 봄·여름·가을·겨울 사계절의 옷을 갈아입으며 100일간 달리고 또 달렸다. 자전거 유목민들은 도전했고 또 극복해냈다.

라이딩 대원들이 포기하지 않고 달리게 했던 힘은 바로 이분들의 지지와 격려였다. '통일은 미래다'라는 깃발을 들고 앞장섰던 방상훈 사장님, 변용식 발행인(현 TV조선 대표이사)님, 강효상 편집국장님, 말도 많고 탈도 많던 원정단을 넓은 마음으로 이끈 이광회 단장(부국장)님과 조정훈(스포츠부장), 라이딩 대원들의 안전을 위해 질주하는 트럭을 온몸으로 막아섰던 차량 지원팀, 오태진 수석논설위원과 취재팀, TV조선 다큐멘터리 제작팀, 유라시아트렉 1~3구간을 함께 달리며 응원해준 소구간 대원들, 그리고 집나간 남편과 아들딸의 무사안녕을 빌며 기다려준 가족에게 감사드린다.

"통일은 언제 되나요?"

대원들은 여전히 모른다. 오늘 땀을 흘리며 페달을 밟지 않으면 내일 그곳에 가까이 가지 못한다는 것은 안다. 원코리아 로드에는 새로운 도전이 기다리고 있다. 남북이 함께 두만강과 압록강을 자전거로 달리고, 한반도의 등줄기 백두대간을 걷고, 세계 최고봉 에베레스트 산 정상에 오르는 꿈을 꾼다.

원코리아 뉴라시아 자전거 평화원정단
원정대장 김창호

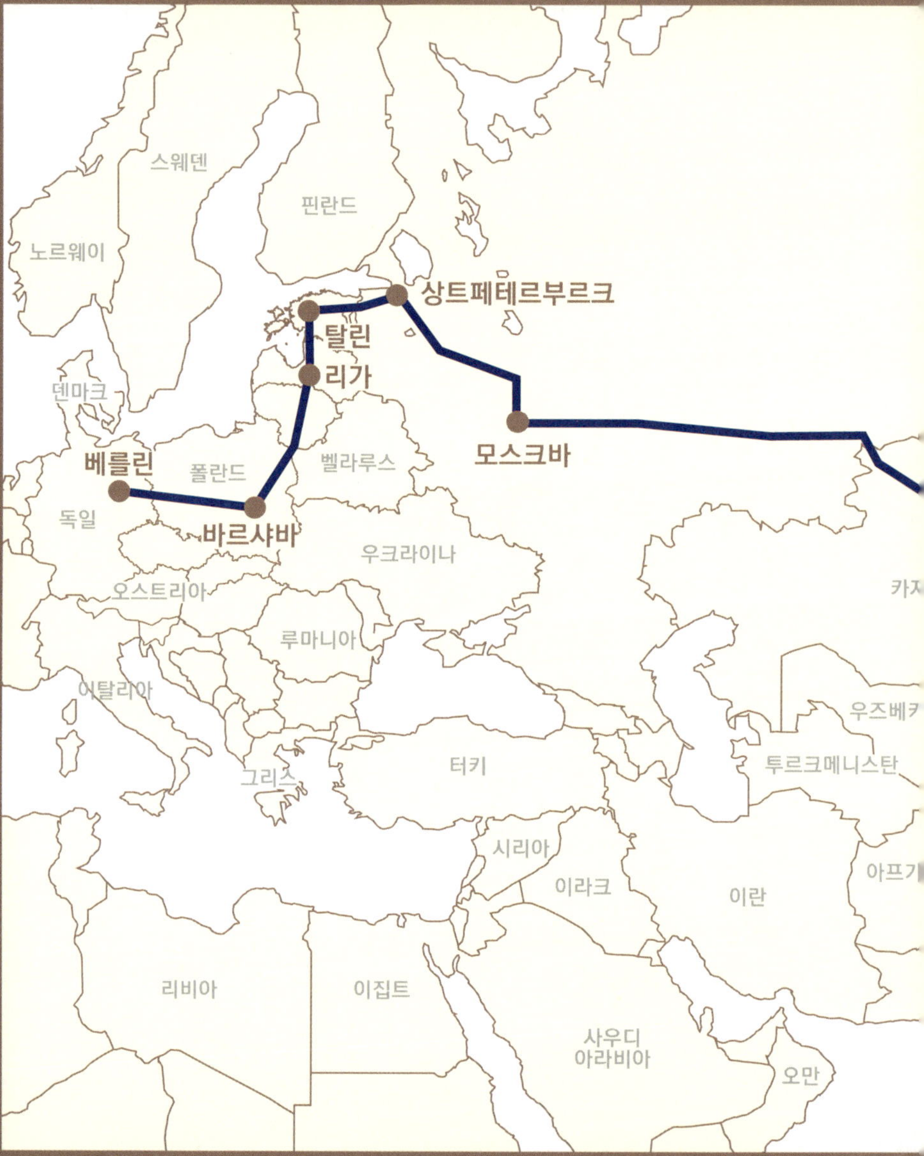
스웨덴
핀란드
노르웨이
상트페테르부르크
탈린
리가
덴마크
모스크바
베를린
폴란드
벨라루스
독일
바르샤바
우크라이나
오스트리아
루마니아
이탈리아
그리스
터키
투르크메니스탄
시리아
이라크
이란
리비아
이집트
사우디
아라비아
오만

출발

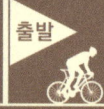

독일(베를린)

원코리아 뉴라시아 자전거 평화대장정 루트

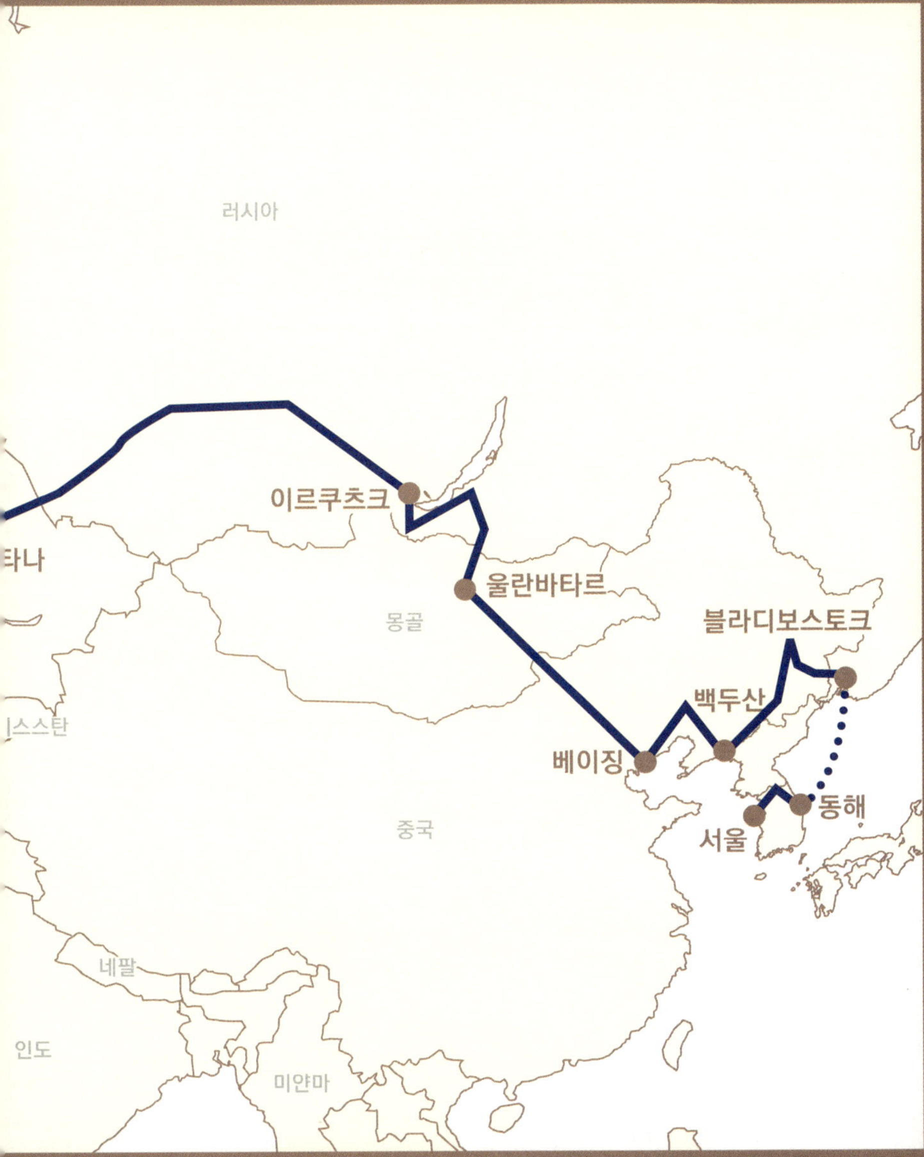
러시아
이르쿠츠크
타나
울란바타르
몽골
블라디보스토크
백두산
스스탄
베이징
동해
서울
중국
네팔
인도
미얀마

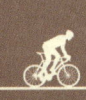

도착
대한민국(서울)

목차

서문 '평화, 통일, 미래, 도전'이 일군 두 바퀴의 기적 5
인사말 자전거 유목민, 통일과 미래를 향해 달리다 11

독일 GERMANY

01 브란덴부르크 문이 새롭게 열리다 • 오태진
　　베를린 21

02 프로이센의 위엄, 보리수 아래를 걷다 • 오태진
　　베를린 운터덴린덴 33

03 과학과 예술의 성소로 가꾸라 • 오태진
　　베를린 박물관 섬 39

04 장벽길 160km 출정식 라이딩 • 황인범
　　베를린 장벽길 47

폴란드 POLAND

05 고도는 상처가 깊다 • 오태진
　　포즈난 57

06 혁명과 발라드의 거리를 걷다 • 오태진
　　포즈난 구시가지 66

07 첫 캠핑의 밤 • 임민혁
　　코닌 74

08 나의 심장을 조국 폴란드에 묻어주오 • 오태진
　　바르샤바 78

09	침략의 역사, 불굴의 의지로 극복하다 • 오태진	
	바르샤바 역사지구	85
10	천 년간 이어진 폴란드와 유대인의 돈독한 역사 • 오태진	
	바르샤바	97

발트3국 BALTIC COUNTRIES

11	유대인을 도운 일본인 스기하라 • 오태진	
	리투아니아 카우나스	113
12	노래하는 민족, 노래로 혁명하다 • 오태진	
	라트비아 리가	116
13	발트 해안의 빗소리를 들으며 • 임민혁	
	라트비아 살락그리바	121
14	유럽으로 향한 창을 열어젖히다 • 오태진	
	에스토니아 나르바	124

러시아·카자흐스탄 RUSSIA · KAZAKHSTAN

15	러시아는 유럽이 아니다 • 정병선	
	러시아 입경	131
16	러시아의 인디언 서머, 그 찬란한 계절을 느끼다 • 오태진	
	볼로소보·상트페테르부르크	142
17	기적 같은 상트페테르부르크 시내 라이딩 • 정병선	
	상트페테르부르크	149

18	볼가 강변에서 추석 차례를 지내다 • 임민혁
	볼가 강 ··· 156

19	크렘린 궁 앞에서 라이딩 활극을 벌이다 • 정병선
	모스크바 ·· 162

20	민영환의 좌절된 꿈길을 달리다 • 김태익
	니즈니노브고로드 · 카잔 ··· 175

21	유럽과 아시아의 경계, 우랄 산맥을 넘다 • 김태익
	첼랴빈스크 ·· 189

22	카자흐스탄 고려인에게 경의를 표하며 • 김태익
	코스타나이 · 아스타나 ·· 196

23	시베리아 없는 러시아라면 택하지 않겠다 • 김태익
	노보시비르스크 ·· 205

24	바이칼에 살아 숨쉬는 한민족 DNA • 김태익
	바이칼 호 ·· 210

몽골 · 중국 MONGOLIA · CHINA

25	징기스칸의 후예들, 기백은 여전하다 • 김태익
	울란우데 · 울란바타르 ·· 219

26	아시안 하이웨이, 밀레니엄 로드를 달리다 • 이광회 · 최형석
	고비 사막 · 테를지 국립공원 ··· 228

27	만리장성은 높았지만, 중국인들 마음은 따뜻했다 • 이광회 · 최형석
	장자커우 · 베이징 ··· 241

28	손 내밀면 닿을 듯한 북녘 땅이건만 • 이광회·최형석	
	선양·단둥·백두산	255
29	별이 바람에 스치우는 시인의 고향 • 이광회·최형석	
	룽징·옌지·훈춘	271
30	첩첩산중 국경 통과 분투기 • 정병선	
	크라스키노	283
31	연해주에 뿌려진 눈물 자국을 보다 • 이광회·최형석	
	크라스키노·우수리스크	293
32	마침내 태평양 앞에 서다 • 이광회·최형석	
	블라디보스토크	302

대한민국 KOREA

33	개척자들의 라이딩은 계속된다 • 이광회·최형석	
	동해·철원·파주·임진각·서울	313

라이더 가이드   322

GERMANY

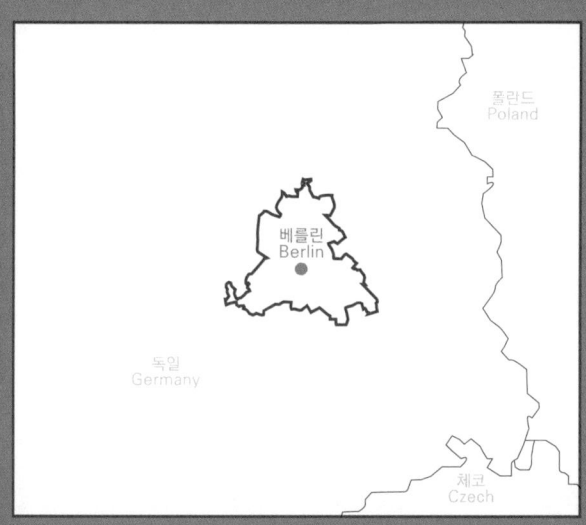

01 브란덴부르크 문이 새롭게 열리다
베를린

 선술집처럼 생긴 '맥주 자전거bier bike'가 광장을 누빈다. 지붕 아래 카운터에 10여 명의 사람이 둘러앉아 술통 꼭지에서 맥주를 따라 마신다. 발은 저마다 아래 달린 페달을 밟느라 바쁘다. 건배의 외침과 웃음소리가 왁자지껄하다. 친구 서너 명이 즐기는 이동식 노상 파티장이다. 베를린 사람들이 좋아하는 자전거에 맥주를 합쳤다.
 타악 연주가 광장에 울려 퍼진다. 어른과 아이로 구성된 합주단이 드럼통이며 냄비를 두드린다. 악기가 허드레라고 얕보면 안 된다. 힘차고 경쾌한 행진곡에 광장이 들썩인다. 옆 길가에서 젊은 여자 예닐곱이 응원 꽃술을 흔들며 행인을 불러 세운다. 티셔츠 차림에 면사포를 쓴 여자가 내일 결혼할 신부다. 결혼을 알리고 축하를 받기 위해 친구들과 함께 나왔다고 한다. '총각 파티'가 아닌 '처녀

파티'다.

　베를린 브란덴부르크 문의 동쪽 파리 광장은 유쾌하다. 여행자들로 늘 밝고 활기가 넘친다. 브란덴부르크 문은 강대국 반열에 오른 프로이센이 1791년에 자랑스럽게 세운 성문이다. 베를린이 학문과 예술의 도시, '새로운 아테네'가 됐다고 선언 삼아 지었다. 아크로폴리스의 관문 프로필라이아를 본뜬 여섯 개의 도리스식 열주列柱가 인상적이다. '파리'라는 광장 이름은 1814년 프로이센군의 파리 함락과 나폴레옹 폐위를 기념해 붙였다.

　브란덴부르크 문에 영광만 있는 것은 아니다. 독일 근현대사의 흥망과 영욕이 문의 상부에 우뚝 선 사두마차 동상 '크바트리가'에 서려 있다. 마차를 탄 여신은 원래 '평화'를 뜻하는 아이레네였다. 1806년 나폴레옹의 군사가 베를린을 점령하고 여신상을 떼어 갔다. 8년 뒤 파리에서 되찾아온 뒤에는 프로이센의 상징인 철십자가와 독수리를 여신의 손에 쥐어줬다. 여신은 '승리'를 뜻하는 빅토리아로 바뀌었다. 제2차 세계대전 후 분단과 함께 브란덴부르크 문은 동베를린의 땅이 됐다. 동독이 '제국주의 상징'이라며 떼어낸 철십자가와 독수리는 통일 이듬해 1991년 제자리를 찾았다.

　나폴레옹은 1806년 프로이센 전쟁에서 승리한 뒤 브란덴부르크 문을 지나 베를린에 입성했다. 1933년 집권한 히틀러는 브란덴부르크 문에서 섬뜩한 친위대 횃불 퍼레이드를 벌였다. 1987년 레이건은 브란덴부르크 문을 가린 베를린 장벽 앞에서 연설했다. 소련 서

원정단이 독일 베를린 인근 포츠담에 있는 체칠리엔호프 궁전을 둘러보고 있다. 이곳은 2차 세계대전 종전을 앞두고 한반도의 독립을 결정 지은 포츠담 회담이 열린 곳이다.

기장 고르바초프를 향해 "진정 평화와 자유를 추구한다면 이 문을 열고 이 장벽을 허물어버리라"고 했다. 2년 뒤 장벽은 제풀에 무너졌다. 콜 서독 총리가 모드로 동독 총리의 환대를 받으며 들어서는 순간 브란덴부르크 문은 통일의 문이 되었다. 장막을 걷고 냉전을 끝냄으로써 현대사의 큰 매듭 하나가 지어졌다.

그리고 브란덴부르크 문은 새롭게 열렸다. 마지막 남은 분단의 땅 한반도의 통일과 평화, 유라시아의 번영으로 나아가는 문이다. 유라시아 대륙 1만5,000km를 달려낼 대장정 행렬이 힘차게 두 바퀴를 굴려 문을 나섰다. 옛 베를린 장벽 자리를 따라 난 자전거 길을 달렸다.

남쪽으로 1km, 포츠담 광장은 통일이 일으킨 개벽을 극적으로 보여주는 현장이다. 동독이 장벽 근처를 비무장지대처럼 비워둬 잡초만 무성했었다. 그 폐허가 '유럽 최대의 공사장'이자 베를린 최고의 번화가가 됐다. 첨단 빌딩, 고급 아파트와 식당가, 공연장, 극장이 다투어 솟아났다. 높게는 103m에 이르는 복합 건물 소니센터에서는 해마다 베를린영화제가 열린다.

포츠담 광장과 브란덴부르크 문 사이 대로변 한 블록을 직사각형 콘크리트 구조물 수백 개가 채우고 있다. 나치에게 학살당한 유대인들을 기리는 홀로코스트 추모비다. 여행자와 시민들이 한가롭게 걸터앉아 휴식을 즐긴다. 전시실, 도서관, 연구소를 지하에 들여 겉보기에는 공원 같다. 베를린 장벽이 무너지기 직전 1989년 서독에서는 "과거사를 사죄하는 마음을 눈에 보이는 기념물로 지어야 한다"며 시민운동이 일어났다. 통일 후 1992년 콜 총리가 이 제안을 받아들여 금싸라기 같은 옛 동베를린 땅을 추모비 터로 확보했다. 작품 공모와 5년의 공사 끝에 2005년 완공하기까지 2,500만 유로가 들었다. 독일은 이렇게 확실하고 꾸준한 과거사 반성 노력을 기울여 오늘날 유럽을 이끄는 리더가 될 수 있었다.

다시 동쪽으로 1km 남짓 페달을 밟아 찰리 검문소에 다다른다. 동·서베를린 국경 통로 가운데 가장 중요한 길목을 미군이 지켰었

ⓒ오태진

ⓒ오태진

나치에게 학살당한 유대인들을 기리는 홀로코스트 추모비.
베를린 장벽이 무너지기 직전 1989년 서독에서는
"과거사를 사죄하는 마음을 눈에 보이는 기념물로 지어야 한다"며 시민운동이 일어났다.
통일 후 1992년 콜 총리가 이 제안을 받아들여
금싸라기 같은 옛 동베를린 땅을 추모비 터로 확보했다.

다. 아홉 개의 검문소 가운데 세 번째여서 1번 알파, 2번 브라보에 이어 찰리라는 이름을 얻었다. 한때 미군과 소련군의 탱크들이 시동을 걸고 서로 포를 겨누며 대치하던 곳에 간이매표소 같은 검문 초소만 서 있다. 미군 헌병처럼 차려입고 성조기를 든 사내들이 관광객과 어깨동무하며 기념사진 찍고 잔돈을 챙긴다. 원래 있던 검문 초소는 크레인으로 들어 올려 치웠다가 베를린 역사박물관에 전시하고 있다.

　여기 어디쯤이었을까. 베를린 장벽 붕괴의 감동적인 장면 하나가 벌어졌던 곳을 찾았다. 지금 검문소 네거리 남동쪽 모퉁이다. 1989년

21개국 작가 118명이 벽화를 그린 이스트사이드 갤러리.

11월 9일, 장벽이 열렸다는 소식을 듣고 '20세기 첼로의 사제司祭' 로스트로포비치가 파리에서 한숨에 달려왔다. 그는 봇물 터지듯 인파가 오가는 찰리 검문소 옆 장벽 아래에 미군 접의자를 빌려 앉았다. 연미복 대신 양복에 스웨터를 받쳐 입고 첼로를 꺼냈다. 그는 바흐의 무반주 첼로곡 둘을 연주했다. 명랑한 C장조 3번으로 자유의 위대한 승리를 축하했다. 장벽을 넘다 희생된 이들을 기려 D단조 2번을 켰다. 사람들은 거장의 연주를 들으며 눈물을 흘렸다.

베를린 장벽을 취재하던 TV 카메라들이 이 소련 망명객의 즉석

출정식을 앞둔 원정대원들이 독일 베를린 대성당 앞에서 무사 완주를 기원하며 힘차게 뛰어올랐다. 검게 그을린 듯한 벽면과 푸른빛의 돔 지붕에서 웅장함과 아름다움을 동시에 느낄 수 있다. 원정단은 이후 각 나라를 지날 때마다 그곳의 랜드마크를 배경으로 '점프샷'을 찍으며 추억을 남겼다.

콘서트를 세계에 생중계했다. 그가 연주한 것은 '자유'였다. 사람과 사람 사이, 이념과 이념 사이의 장벽을 무너뜨리는 소통의 축가였다. 그가 등지고 앉은 장벽 맨 위에 큼직한 스프레이 글씨가 쓰여 있었다. '이제 찰리는 은퇴했다.'

 검문소 옆 장벽기념관에는 온갖 방법으로 탈출한 동독 사람들의 사진이 걸려 있다. 열차 밑에 매달린 남자, 열기구를 만들어 타고 장벽을 넘은 가족, 트렁크에 몸을 구겨넣은 여자 곡예사…… 그들은 행운아였다. 여섯 살 어린이까지 어림잡아 160명쯤이 동독 경비병 총탄에 스러졌다. 우리가 누리는 자유가 얼마나 값진 것인지, 휴전선 너머 동족이 무엇을 갈구하는지 새삼 돌아본다.

 4.5km를 더 가면 가장 길고 온전하게 남은 1.3km 장벽이 슈프레 강을 따라 서 있다. 21개국 작가 118명이 장벽 가득 벽화를 그렸다. 강 동안東岸에 늘어선 야외 미술관이라고 해서 '이스트사이드 갤러리'다. 러시아 화가 미하일 브루벨이 그린 「형제의 키스」가 발길을 붙든다. 1979년 동독 정권 수립 30년을 맞아 소련 서기장 브레즈네프와 동독 서기장 호네커가 나눈 역겨운 입맞춤을 재현했다. 벽화 아래쪽에 화가가 써놓았다. '주여, 이 치명적 사랑을 이겨내고 살아 남게 도와주소서.'

 지난 봄 「형제의 키스」 뒤쪽 강변에 한반도 비무장지대 사진들이 내걸렸다. 노란 '통일 기원' 리본에 덮인 철조망과 최전방 초소 사진이 평화로운 슈프레 강 풍경과 잔인하게 대비됐다. 그러나 베를린 장벽도 무너지기 위해 존재했다. 장벽은 서베를린 사람들을 물리적으로 가뒀지만 사실 갇힌 건 동독 사람들이었다. 그들을 자유와 번영이라는 가치가 해방시켰다. 독일 통일은 벼락같이 온 것이 아니라 올 수밖에 없는 역사의 필연이었다. 한반도의 허리를 자르고 대한민국을 '유라시아의 서베를린'으로 가둔 휴전선도 그렇게 무너지고 말 것이다.

'원코리아 뉴라시아 자전거 평화원정단'은 미지의 길을 간다. 우랄 산맥을 넘고 시베리아 벌판을 지나 고비 사막을 가로지른다. 독일 속담에 "사랑의 말을 타고 달리면 어떤 길도 멀지 않다"고 했다. 원정단이 두 바퀴로 내고 다진 길은 우리 젊은이들이 미래로 통일로 가는 길이 될 것이다.

베르나우어 가의 장벽기념관

1989년 11월 9일, 베를린 장벽이 열리자 동·서베를린 시민들은 곡괭이와 망치를 들고 나와 장벽을 부쉈다. 장벽의 조각을 기념 삼아 지니거나 기념품으로 팔려고 정으로 쪼아내는 '월 페커Wall-pecker'도 많았다. 브란덴부르크 문의 동북쪽 베딩 지역에 있는 베르나우어 가街는 장벽이 남아 있는 네 곳 중 하나다. 장벽이 동네 한복판을 가로지르고 있어 탈출자와 희생자가 유난히 많았다. 경계선에 있던 동베를린 아파트 창문에서는 주민들이 서베를린 소방대원이 받쳐 든 구조망으로 뛰어내렸다. 이 아파트에서만 한 해 100명이 탈출하다 6명이 숨졌다. 경계선에 접한 '화해의 교회'를 통해서도 탈출이 잇따랐다. 동독은 아파트와 교회를 폭파했다. 열아홉 살 동독 초병 콘라트 슈만이 총을 멘 채 철조망을 뛰어넘어 온 곳도 여기다. 독일 정부가 일대에 1998년 장벽기념관Wall memorial을 세웠다. 전망대에 서면 200m 장벽과 그 너머 동독 경비대 순찰로·바리케이드·감시탑이 한눈에 들어온다. 새로 지은 '화해의 교회'를 비롯한 기념·추모시설과 장벽을 둘러보며 자유란 무엇인지 생각한다. 희생자 사진을 모아놓은 '기억의 창문', 거기 붙은 어린이 사진이 오래 잔상으로 남는다.

프리드리히 가 역의 트레넨팔라스트

슈프레 강변 프리드리히 가街 역은 분단 시절 동·서베를린 경계에 접한 서베를린 역이었다. 서독에서 동독 지역을 거쳐 들어온 열차가 마지막으로 닿는 종착역이었다. 동독 사람들이 어렵게 동베를린 출국 심사대를 통과해 열차로 서독 나들이를 했던 관문이기도 했다. 동독 사람들이 동베를린으로 돌아올 때마다 서독의 가족·친지들과 헤어지면서 역이 눈물바다가 됐다고 한다. 물론 다시 돌아오지 않은 여행자도 많아 탈출구 역할을 톡톡히 했다. 역에 붙은 동독 출입국관리소는 통일 후 방치돼 오다 2011년 다시 꾸며 본 Bonn 역사박물관재단의 분관으로 문을 열었다. 그리 넓지 않은 공간에 분단 비극의 자료를 모으고 '트레넨팔라스트(Tränenpalast, 눈물의 궁전)'라는 이름을 붙였다. 출입국을 심사하던 검색대와 서류 접수대를 재현해놓았다. 생생한 자료와 사진도 모아 전시한다. 말보로 담배, 럭스 비누 같은 생필품과 옛 위스키도 눈길을 끈다. 동독 여행자들이 서독에서 사 온 뒤 되팔아 여행비를 뽑던 서방의 상품들이다. 이념과 체제의 승부는 국민을 얼마나 잘살게 해주느냐에 달렸음을 실감한다. 브란덴부르크 문에서 동북쪽으로 1.2km쯤 떨어져 있다. 부담 없이 들러볼 만하다.

02 프로이센의 위엄, 보리수 아래를 걷다
베를린 운터덴린덴

베를린에서 폴란드로 떠나기 전날, 원정단 지원팀은 별다른 일정이 없다. 쉬며 점검하고 준비하는 날이다. 모처럼 온 베를린인데 그냥 앉아 있기에는 아깝다. 게다가 구름 한 점 없는 하늘이 블루스크린처럼 파랗다. 지도 한 장 들고 베를린 역사가 깃든 구시가지로 혼자 나섰다. 중심가 남서쪽 쇠네베르크의 교민 민박집 앞에서 M85번 시내버스를 탔다.

 베를린 시내버스는 대개 2층이다. 위층 맨 앞자리에 앉아 탁 트인 시야를 누리는 맛이 괜찮다. 2.6유로를 내고 운전사가 건네는 영수증을 챙겨둔다. 두 시간 안에 다른 버스를 탈 때 보여주면 공짜다. 우리 환승 시스템에 비하면 조금 구식이긴 해도 중심가 드나들기에는 버스가 편하다. 노선이 복잡하지 않고 그리 붐비지도 않는다.

북쪽 5km 브란덴부르크 문을 지나 다음 정거장에서 내렸다. 에버트 가 북쪽 끝 옛 제국의회Reichstag 앞이다. 19세기 말 프로이센이 유럽의 강자로 부상하면서 독일제국의 상징으로 세웠다. 프로이센은 1871년 보불전쟁에서 승리한 뒤 프랑스 베르사유 궁에서 독일제국 수립을 선포하고 베를린을 수도로 정한다. 프랑스로부터 받아낸 전쟁 배상금 3,000만 마르크를 제국의사당 짓는 데 썼다. 신르네상스식 웅장한 기둥 위에 '독일 국민에게Dem Deuchen Volke'라고 새겨놓았다.

제국의회 역시 독일 현대사의 굴곡을 간직하고 있다. 1918년 11월 혁명으로 황제가 폐위되고 바이마르 공화국 출범을 선포한 곳도 제국의회다. 1933년에는 누군가 불을 지른 것을 빌미 삼아 히틀러가 비상조치령을 내려 의회 권한을 빼앗는다. 정적 5만 명을 숙청해 권력을 다진다. 1945년 4월 30일, 소련 병사가 제국의회 옥상에서 소련기를 흔드는 사진은 제2차 세계대전의 종식을 함축하는 유명한 기록사진이다. 소련기가 걸리기 직전 히틀러는 포츠담 광장 지하 벙커에서 자살한다. 제국의회는 전후 역사박물관으로 쓰다 통일 연방하원Bundestag 의사당이 됐다.

옥상에 둥근 유리 돔이 올라앉았다. 1999년 영국 건축가 노먼 포스터가 설계했다. 지름 40m, 높이 23.5m 반구형 돔 안은 공상영화 같은 모습이라고 한다. 높이 50m 의사당 꼭대기에서 '국민이 의회보다 위에 있다'고 말한다. 의사당 안은 일반 관람이 쉽지 않지만 돔은 인터넷으로 신청해 무료로 들어간다. 즉흥적으로 들른 여행자는 겉모습으로 만족할 수밖에.

 남쪽으로 500m를 걸어간 브란덴부르크 문에서 왼쪽으로 꺾어 문을 지난다. 구시가지를 동서로 관통하는 1.5km 운터덴린덴Unter den Linden 가로 접어든다. '보리수 아래서'라는 뜻이다. 대도시 중심가 이름이 이렇게나 낭만적인 곳도 드물겠다. 대로 양쪽과 중앙분리대에 보리수가 늘어서 있다. 17세기 프리드리히 대제가 길을 닦아 프로이센의 위엄이 돋보이도록 보리수를 심었다. 나치 시절 횃불 퍼레이드에 방해된다며 베었다가 나중에 동독이 다시 심었다.

 제국의회를 제외하곤 베를린의 역사적 건물과 유서 깊은 대학·박물관이 모두 동베를린에 있었다. 그 구시가지의 축이 운터덴린덴이다. 1km쯤 간 오른쪽에 고풍스러운 4층짜리 석조 건물이 남쪽을 보고 섰다. 1780년 왕립도서관으로 지어 1914년 훔볼트 대학 법학부가 됐다. 부드러운 곡선을 그리며 휜 파사드(전면구조)가 아름다워 콤모데(Commde, 서랍장)라고 부른다. 3~4층 벽체 기둥머리를 화려한 코린트식으로 장식했다. 옥상 난간에 예술의 여신 뮤즈상이 줄지어 올라섰다. 법대 도서관에는 동독 시절 만든 높이 6m 스테인드글라스가 있다. 거기 마크르스·엥겔스·레닌이 나란히 서 있다. 셋 다 훔볼트 대학에서 공부했다.

 법대 앞 베벨 광장에서는 독일판 분서焚書 사건이 벌어졌다. 1933년 나치는 하이네·토마스 만·프로이트·슈바이처 같은 문호와 석학들의 책 수만 권을 도서관에서 끄집어내 광장에 쌓아놓고 불태웠다.

'비非독일 정신에 대항하는 행동'이라는 명분에 나치를 추종하는 훔볼트 대학 교수와 학생이 앞장섰다.

광장 바닥에 자그마한 육면체 공간을 파고 책장을 들인 뒤 유리판을 덮었다. 텅 빈 서가를 보며 폭력의 광기를 잊지 말자는 기념물이다. 옆에 붙은 철판에 하이네가 1820년 쓴 비극「알만조르」의 대사 한 대목을 새겼다. '책을 태우는 것은 서곡에 불과했다. 결국에는 사람을 불태울 것이다.' 하이네는 자기 책을 비롯해 이성과 지성을 불태운 나치 시대의 광풍을 미리 내다봤던 것일까.

운터덴린덴 건너편에 베를린의 첫 대학 훔볼트 대학 본관이 있다. 프로이센은 1806년 나폴레옹 전쟁에서 패했다. 언어학자이자 교육개혁가인 교육장관 빌헬름 폰 훔볼트는 패전을 문화·교육 정책으로 이겨내야 한다고 했다. 프리드리히 빌헬름 3세가 그 뜻을 받아들여 18세기 왕궁을, 1810년 베를린 대학으로 바꿔 출범했다. 학교 이름이 훔볼트 대학으로 바뀐 건 동독정권이 들어선 1949년이다.

쇠창살 울타리를 둘러친 교문 양쪽에 훔볼트 형제가 하얀 대리석 좌상으로 남아 있다. 왼쪽 형 빌헬름은 정치권력에 흔들리지 않는 교수와 학문의 자유를 설립 이념으로 삼았다. 오른쪽 동생 알렉산더는 네 개 학부로 출발한 훔볼트 대학을 19세기 후반 크게 키웠다. 교수로는 헤겔·피히테·쇼펜하우어와 역사학자 랑케·몸젠·니부어, 과학자 헬름홀츠와 아인슈타인, 민속학자 그림 형제가 거쳐 갔다. 교수와 졸업생 가운데 노벨상 수상자가 마흔 명이나 나왔다.

본관 마당에 선 조각상은 의사·생리학자·물리학자·철학자로 훔볼트 대학 교수였던 폰 헬름홀츠(1821~1894)다. 한 사람이 이렇게 다양한 학문을 섭렵하며 업적을 남겼다는 사실이 놀랍다. 마당 오른쪽에는 자코메티 조각을 연상시키는 핵물리학자 리제 마이트너(1878~1968) 동상이 다소곳이 서 있다. 핵분열 연구의 선구자이자 프로토악티늄의 발견자다. 1920년대 훔볼트 대학에서 가르쳤다. 동상이 엄숙하지 않고 예술적 상상력이 돋보여 좋다. 그리 크지 않은 마당을 헌책 노점이 차지하고 있는 것도 인상적이다.

적지 않은 훔볼트 대학 교수·학생이 나치에 동조해 책을 태우고 유대인 학살 범죄를 합리화했다. 훔볼트 대학은 '나치시대 학술활동'이라는 공개강좌를 열어 스스로 지난 시절의 어용 학문을 비판적으로 돌아보고 있다. 과거사 반성은 독일을 유럽 최강국으로 되살린 원동력이다.

훔볼트 대학 남쪽으로 신전 같은 건물이 이웃해 있다. 프로이센 최고의 건축가 카를 프리드리히 쉰켈이 1818년 세운 '노이에 바헤Neue Wache'다. '새新 위병소'라는 뜻이다. 나폴레옹 전쟁의 희생자만을 기리다 전쟁과 체제 폭력에 희생된 사람들까지도 폭넓게 추모한다. 안으로 들어서면 텅 빈 공간에 조각상 하나가 웅크리듯 앉아 있다. '죽은 아들과 함께한 어머니' 상이다. 천장에 가림막도 없이 둥글게 뚫린 구멍으로 빛이 새어든다. 비가 오면 오는 대로, 눈이 내리면 내리는 대로 어머니는 미동도 하지 않는다. 판화가 케테 콜비츠

(1867~1945)가 비통한 어머니의 심정으로 빚었다. 그는 제1차 세계대전 때 열여덟 살 아들을 전장에서 잃었다. 작은 조각상 하나가 어떤 요란한 추모 시설도 따르지 못할 경외감과 감동을 자아낸다.

그 남쪽에는 옆면 길이가 90m에 이르는 바로크식 이층 건물이 강변을 따라 서 있다. 국립 독일역사박물관이다. 궁궐처럼 웅장하지만 원래 병기창고였다. 프로이센의 초대 국왕 프리드리히 1세가 강력한 나라를 만들겠다는 의지로 1695년 짓기 시작해 1730년에 완공했다. 운터덴린덴 가에 남은 옛 건물 가운데 가장 오래됐다. 1876년에 무기를 전시하는 프로이센 역사박물관으로 바뀌었다. 1943년 전시 개막식에 온 히틀러를 암살하려던 계획이 실패한 곳이다. 2차대전 후 동독이 마르크스와 엥겔스, 공산주의 자료를 모은 선전 박물관으로 운영하다 통일 후 역사박물관이 됐다. 초이그하우스(Zeughaus, 병기고)라는 옛 이름으로 더 많이 부른다. 2004년에는 안마당 쪽에 4층 나선형 유리 건물이 새 전시관으로 들어섰다. 루브르박물관 유리 피라미드를 세운 중국계 미국 건축가 요밍페이가 설계했다.

아침에 나와 줄곧 걷느라 출출하다. 초이그하우스의 슈프레 강변 노천 카페에 앉았다. 강 건너 푸른 녹청이 내려앉은 베를린돔 지붕을 바라본다. 자우어크라우트와 으깬 감자를 곁들인 소시지에 맥주 한 잔을 들이켠다. 모처럼 공식 일정이 없는 날 혼자 천천히 온전히 즐기는 산책, 날씨도 기막히고 소시지와 맥주도 꿀맛이다. '내 인생의 맥주 한 잔'이다.

03 과학과 예술의 성소로 가꾸라
베를린 박물관 섬

　베를린을 관통하는 슈프레 강이 구시가지에서 가지를 쳤다가 다시 합쳐지면서 작고 긴 섬 하나를 만들었다. 유네스코 세계문화유산에 오른 '박물관 섬Museumsinsel'이다. 섬 안에 멋진 박물관이 다섯 개나 있어 붙여진 이름이다. 초이그하우스 카페에서 점심을 먹고 나와 박물관 섬으로 건너가는 슐로스 다리에 선다.

　신고전주의 건축의 거장 쉰켈은 1823년 이 다리를 놓은 뒤 교각 위에 세울 여덟 개의 조각상을 스케치한다. 병기고 초이그하우스에 맞춰 전쟁에서 승리한 프로이센 전사들을 여신과 짝지어 세우기로 한다. 전쟁의 여신 아테나, 승리의 여신 니케가 젊은이들을 가르치고 전쟁으로 이끌고 월계관을 씌워주는 모습이다. 조각상은 20여 년 뒤 조각가 여덟 명이 하나씩 만들어 세웠다. 2차대전 때 파괴돼

1984년 복원했다. 하얀 대리석 조각상 위로 파랗게 펼쳐진 하늘이 좋아서 열심히 셔터를 눌렀다.

다리에서 노점상들이 옛 동독군 물건을 판다. 군모와 털모자에 방독면도 있다. 거리의 기념품 신세가 돼버린 사회주의. 걸어 다니는 핫도그 노점은 경이롭다. 청년 한 명이 위로 양산, 등 뒤로 재료함, 앞으로 조리대를 일체형으로 연결한 구조물을 메고 서 있다. 양산부터 티셔츠까지 빨간색으로 맞춰 금방 눈에 띈다. 멘 짐이 무겁지도 않은지 자유로운 두 손으로 연신 핫도그를 만든다. 치열한 삶이 가상하다. 손님이 많아 다행이다.

운터덴린덴 가는 1.5km를 가다가 슐로스 다리에서 끝난다. 도로가 끊기는 건 아니고 이름만 바뀐다. 다리 건너 왼쪽으로 널따란 잔디공원 루스트가르텐(기쁨의 정원)이 나온다. 나치 시대 군중집회 장소였고 동독 시절에는 마르크스·엥겔스 광장이었다. 베를린 어느 곳이든 독일 현대사의 격랑과 오욕을 비켜갈 순 없다.

잔디밭 동쪽에 웅장한 돔을 인 교회가 서 있다. 성당 같아 보이지만 베를린돔 또는 베를린 대성당이라고 부르는 개신교회다. 독일어 돔Dom은 주교가 관장하는 대성당Cathedral, 특히 돔 지붕을 인 성당을 뜻한다. 개신교회인데도 성당이라고 부르는 것은 1454년 가톨릭 성 에라스무스 예배당으로 출발했기 때문이다. 16세기 개신교로 개종하는 제후가 늘면서 1538년 루터교회가 됐다. 19세기 초 루터교와 칼뱅교를 합친 최고 교구 교회가 돼 오늘에 이른다. 그 사이 여러 차례 새로 지었고 지금 건물은 1905년 빌헬름 2세가 바티칸 베드로 대성당에 필적할 교회로 세웠다. 전면 길이 114m, 측면 너비 73m, 높이 116m에 이른다.

2차대전 때 폭격에 돔이 무너져 내리고 곳곳이 파괴됐지만 뼈대는 남았다. 통일 후 마무리 복원을 거쳐 옛 모습을 되찾았다. 전면이 군데군데 시커멓다. 폭탄과 화약에 그을린 석재를 그대로 써 전쟁의 참화를 되새기게 한다. 코린트식 기둥이 높다랗게 솟은 전면 회랑에서 베드로 대성당을 떠올린다. 들어가려면 입장료 7유로를 내야 한다.

이 섬을 '과학과 예술의 성소聖所'로 가꾸라고 한 이가 프리드리히 빌헬름 4세다. 정치 수완은 떨어졌지만 재능과 교양을 지녀 '왕좌의 낭만주의자'로 불린 예술 후원자다. 왕자 시절 그의 주문에 따라 거장 쉰켈이 설계해 1830년 섬에 처음 연 박물관이 알테스 무제움Altes Museum이다. 알테스는 '오래됐다'는 뜻이다.

잔디밭 북쪽에 있는 박물관은 파르테논 신전처럼 좌우로 긴 주랑식 현관이 인상적이다. 9m에 이르는 이오니아식 기둥 열여덟 개가 떠받친다. 왕가 수집품을 모은 왕실박물관으로 출발해 주로 그리스·로마 유물을 소장 전시한다. 현관을 올라서는 넓은 계단 양쪽에 19세기 기마상이 하나씩 서 있다. 오른쪽은 아마조네스 여전사가 달려드는 표범에게 창을 겨눈다. 왼쪽은 사자에게 창을 내리찍으려는 전사상이다.

섬을 시계방향으로 돌다 베를린 최고의 박물관 페르가몬만 전시장까지 구경하기로 마음먹었다. 섬 북쪽 끝 보데 박물관은 1904년 들어섰다. 현관 쪽에 돔을 얹은 네오바로크 양식 사암 건물이 아름답다. 양쪽으로 나뉘어 흘러가는 슈프레 강과 어우러져 베를린 사진에 자주 등장하는 포토 포인트다. '카이저(황제) 프리드리히 박물관'이었다가 초대 큐레이터 이름을 따 동독 시절 보데 박물관으로 바꿨다.

거의 한 바퀴를 돌아 베를린돔 뒤쪽 섬 복판으로 들어간다. 긴 회랑 끝에 '알테스 내셔널 갤러리'(구舊국립미술관)가 있다. 옛 서베를린에 있는 신新국립미술관과 구분하는 이름이다. 쉰켈의 제자 프리드리히 아우구스트 슈틸러가 설계해 1876년 지었다. 높다란 기단 위에 그리스 신전을 닮은 코린트식 열주(줄기둥)를 둘러쳤다. 계단으로 올라서는 현관 앞에 프리드리히 빌헬름 4세가 기마상으로 서 있다. 섬을 베를린의 자랑으로 일군 군주다. 낭만주의, 신고전주의, 프랑스 인상파, 독일 표현주의 미술작품을 전시한다.

왼쪽 페르가몬 박물관에 다다랐다. 기다리는 줄이 100m도 넘는다. 1930년 맨 나중에 섰지만 베를린에서 으뜸가는 박물관이 돼 가장 많은 관람객을 끌어모은다. 기원전 300년 동안 소아시아 헬레니즘의 중심지였던 페르가몬의 제우스 신전, 고대 바빌론 이슈타르의 문, 로마시대 시장 출입문을 통째로 갖다놓았다. 독일 고고학자들이 터키 정부의 허가를 얻어 1879년부터 옮겨왔다. 대영박물관 엘긴

마블 같은 약탈 문화재가 아니라 합법적으로 들여왔다는 걸 자랑스러워한다. 구시가지 걷기의 하이라이트로 기대했던 페르가몬 박물관 구경도 결국 포기하고 만다. 박물관 섬 산책이 겉핥기에 그친 셈이다. 아쉽지만 다시 대로로 나서 걸음을 계속한다.

슈프레 강 동쪽 대로변에 꽤 넓은 녹지 공원이 있다. 숲속 동상 한 쌍에 아이들이 걸터앉고 매달려 논다. 1986년 세운 마르크스와 엥겔스 동상이다. 예술보다 이념과 선전을 앞세웠던 사회주의 리얼리즘의 영향 때문인지 표정이며 자세가 딱딱하다 못해 기괴하다. 지금 루스트가르텐, 옛 마르크스·엥겔스 광장에 있었다. 통일 후 철거 논란에서 살아남은 대신 공원 안 외진 곳으로 옮겨졌다. 두 사회주의 우상이 아이들의 놀이터가 돼버린 것은 동독 시절에는 상상도 못할 불경이었을 것이다. 엄숙한 마르크스의 얼굴과 아이들의 장난스런 몸짓이 사회주의 몰락을 말해주는 또 하나의 장면이 된다.

구시가지를 걷다보면 시야에서 TV 송신탑이 떠나지 않는다. 1969년 365m로 워낙 높게 세웠다. 파리 에펠탑보다 45m나 더 높다. 송신탑이 코앞에 보이면 구시가지 볼거리를 거의 다 봤다는 의미다. 남동쪽으로 난 슈판다우어 가 건너편에 청동 첨탑이 아름다운 교회가 있다. 13세기 가톨릭 성당으로 시작해 개신교회가 된 마리엔(성모마리아) 교회다. 마르틴 루터가 종교개혁에 나선 뒤 처음 설교한 곳이라고 한다. 교회 안 15세기 프레스코 벽화「죽음의 무도^{舞蹈}」가 유명하다. 교황과 황제에서부터 농부에 이르기까지 함께 춤추며 죽음으로 나아간다. 죽음 앞에서는 계급 차도 없고, 죽음은 피하거나 두려워할 게 아니라는 중세의 내세관이 담겼다.

슈판다우어 가를 따라 내려가면 길 건너 붉은 벽돌 건물이 보인다. 동베를린 시청이었다가 베를린 시청으로 쓰는 '로테스 라트하우스(Rotes Rathaus, 붉은 시청)'다. 적벽돌로 지어서 붙여진 이름이다. 높이 94m 시계탑에 베를린의 상징인 곰을 그린 시㎡ 깃발이 나부낀다.

시청 맞은편 골목으로 들어서면 뾰족한 첨탑 구리지붕에 푸른 녹이 내려앉아 우아한 니콜라이 교회를 만난다. 앞서 본 마리엔 교회와 함께 베를린에서 가장 오래된 교회다. 역시 가톨릭 성당으로 출발했다가 개신교회가 됐다. 여러 차례 새로 지었지만 돌을 쌓아 올린 아래쪽 벽은 13세기 것이라고 한다. 교회는 입장료 5유로를 받는 종교박물관이 돼 있다. 예배당은 하얀 돌기둥이 높이 솟아 환하고 시원스럽다. 입구에 서서 사진만 몇 장 찍는다.

교회 앞 바닥에 육중한 원형 청동판이 붙어 있다. 13세기 초 브란덴부르크를 통치했던 요한 1세와 오토 3세 형제가 꾸준히 영토를 넓히면서 이곳 니콜라이 지구까지 점령했다. 그것을 도시의 출발점이자 베를린 발상지로 기념하는 표지판이다.

슈프레 강 쪽으로 나아간다. 강변 작은 광장에 용을 물리치는 기사상이 있다. 이탈리아에서는 게오르기우스, 영어권에선 세인트 조지, 불어권에선 생 조르주라고 부르는 3~4세기 기독교 성인 게오르그 상이다. 로마 황제의 근위대 게오르기우스는 로마 영토였던 리비아의 시레나 왕국에서 처녀들을 잡아먹던 용을 무찌르고 공주를 구한다. 시레나를 기독교로 개종시킨다. 그러나 기독교를 박해했던 황제 디오클레티아누스에게 온몸이 찢겨 순교한다.

성 게오르그만큼 유럽·러시아·발칸·북아프리카까지 동상을 세워 기념하는 성인도 드물다. 유럽에서 기사가 드래곤을 찌르는 동상을 보면 성 게오르그가 거의 틀림없다. 그루지아는 그 이름에서 나라 이름을 따왔다. 「용을 죽이는 성 게오르그」는 조각가 아우구스트 키스의 1853년 작품이다. 앞서 본 알테스 박물관 앞 아마조네스 상도 조각했다.

니콜라이 지구에는 예쁜 가게와 노천 카페가 많다. 베를린 사람과 여행자가 뒤섞여 차와 맥주를 즐긴다. 거기서 베를린 구시가지 산책을 끝냈다. 3km 남짓 걸었지만 천천히 해찰하고 음미하다보니 하루해가 기운다. M48번 시내버스를 타고 숙소로 돌아왔다. 노곤하다. 하지만 달콤하다.

.... **호프브로이하우스** 베를린점

423년 역사를 자랑하는 뮌헨 호프브로이하우스는 한꺼번에 3,600명이 앉을 수 있는 세계 최대의 맥줏집이다. 하루 평균 3만 명이 찾아와 1리터짜리 맥주를 많게는 3만6,000잔 비운 기록을 갖고 있다. 단순한 술집을 넘어 세계적 명소이자 관광지가 된 지 오래다. 히틀러가 군중집회를 연 곳으로도 유명하다. 이곳에 가본 적이 없는 여행자라면 베를린

분점에서 그 분위기를 맛볼 만하다. 뮌헨 본점보다는 작아도 실내 공간만 2,000m²에 이르고 한꺼번에 1,100명을 수용한다. 푸짐한 독일식 족발 학세와 다양한 소시지 안주는 식사 메뉴로도 훌륭하다. 호프브로이 밴드의 라이브 연주가 흥을 돋운다. 술에 취하기도 전에 사람들이 뿜어내는 열기와 건배 구호, 분위기에 먼저 취한다. 몸집 좋은 여자 종업원들이 1리터짜리 맥주 머그를 양손에 여덟 개까지 쥐고 태연히 나르는 것도 구경거리다. 아침 10시에 열어 새벽 2시에 닫는다. 일요일에는 쉰다. 구시가지 동쪽 알렉산더플라츠에 있다. Karl-Liebknecht-Strasse 30, 10178 Berlin. +49(0)30 679 66 55 20.

04 장벽길 160km 출정식 라이딩
베를린 장벽길

2014년 8월 13일 오전, 독일 베를린 브란덴부르크 문 앞 광장에서 원정대원들의 커다란 함성과 함께 대장정이 시작됐다. 출정식 13일은 베를린 장벽이 세워진 지 53년이 되는 날이었다. 동독 주민들의 집단 이탈 현상이 심해지자 동독 정부는 서베를린을 둘러싼 경계선에 벽돌과 철조망 등으로 장벽을 쌓기 시작해 수많은 동·서독 이산가족이 생겨났고 양측 간 교류가 단절됐다. 공식적으로만 136명의 동독 주민들이 장벽을 넘다 동독군의 총격 등으로 희생됐다고 한다. 장벽은 세워진 지 28년 만인 1989년 11월 9일 브란덴부르크 문에서 동독 주민들에 의해 무너졌다.

분단의 장벽이 세워진 이날 원정단이 브란덴부르크 문 앞의 벽을 넘어 베를린을 둘러싼 장벽길 160km를 이틀에 걸쳐 자전거로 달리기 시작했다.

출정식 일주일 전, 원정대원들은 베를린에 먼저 도착해 한국에서 가지고 온 물품을 정리하고 자전거 정비를 시작했다. 그 사이, 두 명의 대원은 베를린 장벽길을 먼저 돌아보기로 했다. 원정단을 축하해주기 위해 한국과 독일에서 많은 사람들이 장벽길 라이딩을 동행해주기로 했기 때문에 미리 둘러보고 라이딩 계획을 세워야 했다. 앞으로 100일 간 수많은 어려움이 있겠지만 첫 단추만큼은 잘 꿰고 싶은 것이 대원들의 한마음이었다. 출정식 라이딩에 동참하기로 한 인원이 100명은 족히 넘기 때문에 철저하게 계획을 세우지 않으면 대형사고로 이어질 수 있었다.

베를린 장벽길은 대부분 한산한 도시 외곽을 따라 이어져 있지만 가장 복잡한 도심을 그대로 통과하는 구간이 30% 정도 포함돼 있었다. 이틀에 걸쳐 실제로 장벽길을 자전거로 둘러본 결과, 두 가지 문제점이 예상됐다. 도심에는 신호등이 너무 많았고, 외곽에는 장벽길이 여러 갈래로 나뉘는 구간이 많았다. 신호등이 많은 것도 문제였지만 신호 주기가 짧고 특히 파란불이 켜지는 시간이 10초 미만으로 짧은 곳이 많았다.

어떻게 그 많은 인원이 자전거를 타고 이 도심을 빠져나갈 수 있을까. 행사 당일에 현지 경찰의 도움을 받기로는 했지만 도로 통제나 신호등 조작은 어렵다는 통보를 받았기 때문에 큰 난관이 예상됐다. 그리하여 신호마다 시간을 재고 한 번에 몇 명이 통과할 수

베를린 브란덴부르크 문 앞 출정식(2014. 8. 13)

있을지 예상하고 빨간불에 참가자들이 어떻게 대열을 맞춰서 기다리게 할지 구상을 했다. 또한 외곽은 헷갈리는 갈림길마다 미리 준비한 GPS 장치에 방향을 표시해두었다.

당일, 진행은 우려했던 것과는 달리 작은 사고도 없이 성공적으로 마무리됐다. 진행을 도우러 나온 줄 알았던 경찰은 오히려 자전거 진행보다는 차량의 교통체증이 생기지 않도록 참가자들을 통제하는 모습이었다. 어쨌든 100여 명의 인원이 첫 번째 목적지인 이스트사이드 갤러리Eastside Gallery까지 약 3km를 달려 무사히 도착했다. 이

브란덴부르크 문 앞에서 거행된 출정식 때, 대원들이 경건한 자세로 원정 성공의 의지를 다지고 있다.

제 주요 인사들이 돌아가고 대원들과 베를린 시민 약 40여 명이 나머지 구간을 달리기 시작했다.

 자전거만 타면 무슨 의미가 있겠는가. 베를린 장벽을 따라가는 만큼 미리 봐둔 역사적으로 의미 있는 곳마다 멈춰서 휴식을 가졌다. 330개에 달하던 감시초소 가운데 현재까지 남아 있는 5개의 감시초소, 군데군데 보존되어 있는 장벽 등을 둘러보며 행사의 목적을 다시 한 번 되새기는 계기를 가졌다.

 도심을 벗어나 외곽으로 나가자 한적한 시골길이 계속 이어졌다. 강변을 따라 도로가 이어지기도 하고, 비포장도로의 숲길을 달리기도 했다. 과거의 아픔을 잊기 위해 분단의 상징이었던 장벽이 있던 곳을 아름다운 숲으로 조성하려고 했던 독일 정부의 노력이 그대로 전해졌다. 언젠가 우리도 38선을 허물고 남북한 국민 모두가 웃으며 그곳에서 한적한 오후를 보낼 수 있는 날이 빨리 오기를 바라며 라이딩을 마쳤다.

유라시아 다이어리

불가능을 가능으로, 독일 통관과 보험

대장정의 '통관'과 '보험' 문제는 또 하나의 거대한 도전이었다. 3.5톤 트럭을 포함한 차량 6대, 자전거 14대(예비용 포함), 연 인원 100여 명에 달하는 대大부대가 육로陸路로 독일부터 한국까지 들어오는 여정을 세팅하는 작업 자체가 이전에 아무도 해본 적 없는 일이었기 때문이다. 통과국도 러시아·중국 등 사회주의 체제였던 곳이 많아 통관 및 허가의 문제가 수시로 발목을 잡았다. 제일기획이나 이노션 같은 국내 최고의 이벤트 대행사들조차 "엄두가 나지 않는다"고 할 정도였다.

모든 준비 과정이 전례前例가 없었기 때문에 때로는 발이 빠져나오지 않는 뻘에 갇힌 듯한 답답함이 들기도 했다. 보험에 가입하려 해도 보험회사는 "이런

방대한 행사를 커버하는 상품을 본 적이 없다"며 고개를 흔들었다. 결국은 동부화재가 글로벌 보험사를 동원해 자전거 라이더들의 치질부터 납치 위험까지 보장받는 '원코리아 뉴라시아 전용 상품'을 개발했다.

가장 큰 난관은 원정단 차량 운송과 통관이었다. 현대차 맥스크루즈 3대와 스타렉스 2대, 원정 물품 수송을 위해 3.5톤 트럭 1대가 컨테이너에 실려 6월 23일 부산항을 출발, 7월 말 독일 함부르크항에 도착했다.

독일까지는 무사히 도착했지만 '통관'의 벽에 부딪혔다. 한국 번호판을 단 차량이 유럽에서 달리기 위해 직접 운반돼 와 통관을 시도한 사례가 없었기 때문이다. 뉴라시아 사무국과 현대차·CJ대한통운·주독한국대사관 등이 머리를 맞대고 관련 규정 등을 수차례 검토한 뒤 절차를 진행했음에도 함부르크 세관은 통관에 제동을 걸었다. 차량 배송을 맡은 CJ대한통운 관계자는 "독일 세관 측도 수출이 아닌 운행 목적으로 한국 차량이 들어온 것을 자주 보지 못해 난감해했다"고 말했다.

여름 휴가 시즌과 겹쳐 함부르크 세관의 절차가 더욱 지연되면서 원정단에는 비상이 걸렸다. 8월 13일 출정식 전에는 무슨 일이 있더라도 차량을 인도받아야 했다. 특히 현지 세관은 차량 6대의 ATA카르네carnet 서류에 문제가 있다고 지적했다. ATA카르네는 일시적인 수입·수출을 위해 복잡한 통관 서류나 담보금을 대신하는 증서로, 통관 절차를 신속하고 편리하게 하는 제도다.

통관을 앞당기기 위해 원정대와 실무를 담당한 CJ대한통운 등이 총력전을 펼쳤다. 국내에서 ATA카르네를 발급하는 대한상공회의소와 독일상공회의소까지 나서 본사 차량의 카르네 서류에 문제가 없음을 확인시켰다. 마침내 독일 세관 직원은 지난 8일 통관을 승인했고 원정 차량 6대는 출정식 이틀 전인 8월 11일 최종 검수檢收를 받았다.

통관이라는 고비를 넘기자 이번엔 '보험 가입'이라는 벽에 부딪혔다. 독일을 포함해 차량 6대가 원정 루트를 동행해 운행을 하려면 자동차 보험에 가입해야 했다. 그러나 독일 보험사들이 한사코 계약서 사인에 손사래를 쳤다. 이 또한 한국 번호판을 단 차가 유럽을 달린 전례가 없었기에 발생한 일이었다. 석달여 준비 기간 동안 별 문제 없을 것이라던 국내 운송·보험·여행업체들도 해법을 제시하지 못했다.

브란덴부르크문 출정식이 24시간도 채 남지 않았던 때 원정단은 이처럼 갖은 어려움으로 진을 빼고 있었다. 준비 기간 서너 달 동안 좀체 흔들리지 않던 이 광회 단장은 이때 처음으로 가슴통증을 호소했다. 돌아서며 "숨이 안 쉬어진다"면서도 직접 전화기로 국내 곳곳과 통화하며 보험 가입을 시도했다.

서울 본사 사무국에도 특명이 하달됐다. "보험사(동부화재)로 달려가라. 가입 해결 전까지는 철수하지 마라!" 서울 사무국과 베를린 현장팀은 식음을 전폐한 채 이 문제에 달라붙었다. '최악의 경우에는 렌터카로 출발한다'는 플랜B까지 생각해야 했다.

백방으로 수소문 한 끝에 결국 보험사를 찾았다. 폴란드 바르샤바에 있는 코트라 무역관에서 서울의 사무국으로 "폴란드의 한 보험회사의 자동차 보험을 가입할 수 있고, EU 국가 전역에서 운행할 수 있다"는 연락을 전해왔다. 즉시 폴란드 보험사에 차량 서류를 이메일로 보냈고, 결국 출정식 이후인 14일 오후 보험 가입증이 도착했다. 원정단에 환호성이 퍼졌음은 물론이다. 15일 원정단의 '한국' 자동차는 '폴란드' 보험으로 '독일' 땅 운행을 시작했다. 피말리는 순간을 뒤로 하니, 결과적으로 이런 과정이야말로 진정한 '뉴라시아 원정단'의 취지에 부합한다는 생각이 들었다.

POLAND

05 고도는 상처가 깊다
포즈난

정오가 가까워오자 사람들이 구시청 앞에 모여든다. 고개 젖혀 종탑 시계 위에 아궁이 문처럼 달린 철문을 쳐다본다. 정각 12시, 문이 열리고 두 마리 염소상(像)이 나온다. 몸을 돌려 마주서더니 박치기를 시작한다. 폭소와 박수 속에 열두 번 연달아 뿔을 겨루며 정오를 알린다. 별일 아니라는 듯 시치미를 떼고 문 뒤로 퇴장한다. 폴란드 포즈난의 구시가지 마켓광장에 460년을 내려오는 구경거리다.

중부·동부 유럽 구시청 시계탑에는 사람이나 동물상을 태엽으로 움직여 시각을 알리는 곳이 많다. 성인·영웅·광대·수탉은 봤어도 박치기하는 염소는 처음이다. 거기 유쾌한 이야기가 전해져 온다. 16세기 중반 시청을 새로 짓고 요리사가 축하 파티 음식으로 양고기를 굽다 태워먹는다. 요리사는 급한 대로 염소 두 마리를 훔쳐와

구우려다 놓치고 만다. 염소는 종탑으로 도망쳐 서로 박치기를 하며 싸우다 시청의 상징이 됐다는 얘기다. 염소상은 실은 시청을 지을 때 종탑·시계와 함께 만들었다.

박치기 쇼가 끝나자 인파가 흩어질세라 한 사내가 축구공 묘기를 펼친다. 공 두 개를 다루는 게, 보기에는 그저 그런 수준인데 구경꾼 반응이 여간 아니다. 어른, 아이 없이 사내가 틀어놓은 엘비스 프레슬리의 노래에 맞춰 손뼉을 친다. 아이들은 눈을 땡그랗게 뜨고서 넋을 빼앗겼다. 거리 공연도, 관객도 우리의 옛 장터처럼 순박하다. 쌓인 노독이 가신다.

마켓광장은 흔히 구시가지의 중심이 된다. 시청과 교구 교회가 들어선 광장에 시장이 섰기에 그렇게 부른다. 독일어권에서는 '마르크트플라츠marktplatz'이고 포즈난에서는 '스타리 리넥Stary Rynek'이다. 리넥은 시장·광장 또는 마켓광장을 뜻한다. 천년의 고도古都 포즈난에 가면 도시 한복판의 마켓광장을 빠뜨려선 안 된다.

르네상스식 3층 구시청은 전면에 기둥과 아치를 세워 회랑처럼 꾸몄다. 로지아loggia, 즉 외랑外廊 구조다. 푸른빛을 주조로 삼아 부드러운 파스텔톤으로 칠했다. 벽에 중세 폴란드 전성기의 왕들과 로마 위인들을 그려놓았다. 기둥 아치마다 꽃과 과일을 든 천사가 부조상으로 올라앉았다. '알프스 이북에서 가장 아름다운 시청'이라고 자랑할 만하다.

포즈난 시청은 1300년 단층 고딕 건물로 출발해 1536년 화재를 입었다. 불 탄 뒤 이탈리아 건축가 디 콰드로가 시청과 광장을 설계해 새로 지으면서 지금의 모습을 갖췄다. 1939년까지 시청이었다가 포즈난 역사박물관으로 쓰고 있다. 마켓광장은 시청을 가운데 두고 벽처럼 둘러친 건물들이 사방 140m 정방형을 이룬다. 차양 천막을 친 노천 식당과 카페들의 풍경이 서유럽 같다.

광장을 에워싼 고풍스런 건물들도 그림 같다. 주황·노랑·연둣빛 외벽이 화사하다. 구시청 남쪽에 길게 선 상가는 컬러풀하다. 16세기부터 생선·양초·소금을 팔던 시장이었다 한다. 지금은 기념품점이 많고 호텔도 있다. 상가 이름은 '돔키 부드니체'. 옛날 이곳 상인 길드의 이름 '부드니코프 형제애'에서 유래했다.

다락을 이고서 다닥다닥 붙은 3층 상가 여남은 채의 외벽은 그 자체로 미술 작품이다. 부조로 문양을 새기고 착색한 폴리크롬 회화로 장식했다. 청어와 종려나무 무늬는 옛 길드 문장紋章이다. 포즈난 화가 베드나로비치가 구시청 전면 벽화와 함께 1961년에 그렸다. 이렇게 아름다운 건물 벽은 본 적이 없다. 폴란드에 지녔던 선입견, 조금 거친 이미지가 사라진다. 우리 거리 미술은 어떤지 돌아본다.

구시청 앞에는 5m 기둥이 서 있다. 꼭대기에 칼을 든 기사 동상이 올라섰다. 구시청보다 10여 년 앞선 1535년에 세웠다. 기사상은 기둥에 범죄자를 묶어놓고 매를 때리던 중세 형리刑吏다. 낙인을 찍고 귀나 손가락을 잘랐다. 시청 앞 저잣거리에서 법의 엄정함을 알렸다.

광장 네 귀퉁이에는 19세기 말까지 식수로 썼던 작은 분수대 네 개가 있다. 17~18세기에 그리스 신화 속 인물을 조각해 분수대 위에 세웠다. 태양의 신 아폴론, 군신軍神 마르스, 바다의 신 포세이돈, 그리고 지하의 신 하데스와 페르세포네다. 하데스가 대지의 여신 데메테르의 아름다운 딸 페르세포네를 납치하는 순간이 역동적이다. 거무튀튀한 사암을 쪼아 늙음과 젊음, 폭력과 연약함, 미추美醜가 묘하게 엇갈리는 바로크 작품이다.

광장 동남쪽에는 12세기 체코의 순교자 '네포무크의 성 요한' 상

폴란드의 고도 포즈난의 구시가지 광장을 달리는 원정단원들.
광장을 에워싼 고풍스러운 건물들이 그림 같다.

이 있다. 사제 네포무크(네포무츠키)는 왕비의 외도를 고해성사로 알게 된다. 폭군 바츨라프 3세는 그를 다그쳐 고해 사실을 털어놓으라 한다. 네포무크는 비밀을 지킨다는 하느님과의 약속을 어기지 않으려고 입을 열지 않는다. 왕은 그의 혀를 자르고 돌을 매달아 블타바 강에 내던졌다. 네포무크는 체코를 비롯한 동부 유럽 사람들이 각별히 존경하는 성인이다.

포즈난은 폴란드 서부 비엘코폴스카(위대한 폴란드) 지역의 중심 도시이자 건국 발상지다. 동쪽 50km 그니에즈노에서 10세기 폴란드 최초의 국가 피아스트 왕조가 태어났다. 포즈난에는 첫 성당이 섰고 초기 왕들이 묻혔다. 13세기에는 수도가 됐다. 인구 55만으로 폴란드 5위 도시이지만 역사적 비중과 입지를 따지면 수도 바르샤바, 남부 크라쿠프에 이어 세 번째로 꼽힌다.

고도古都는 내력만큼이나 깊은 상처를 안고 있다. 폴란드는 내내 주변 강국에 유린당했다. 서쪽 독일, 동쪽 러시아, 남쪽 오스트리아, 북쪽 스웨덴의 등쌀에 시달리느라 바람 잘 날 없었다. 국경선이 하도 자주 바뀌어서 역사 교사에게 보너스를 준다는 우스개가 있다. 1772년에는 프로이센·러시아·오스트리아에 영토가 찢겨 120년 넘게 지도에서 사라졌다.

2차대전은 나치 독일이 폴란드를 침공하면서 시작됐다. 독일군 주력은 서쪽 포즈난으로 들이닥쳤다. '뉴라시아 원정단'이 국경 넘어 폴란드로 들어선 바로 그 길이다. 폴란드는 독일과 러시아에 의해 동서로 양분됐다. 2차대전 중에만 인구 20%, 600만 명이 희생됐다.

나치는 2차대전 말기 퇴각하면서 포즈난에 동부전선 최후의 방어선을 쳤다. 히틀러는 포즈난을 '요새'라고 불렀다. 마지막 공방전 와중에 구시가지는 폐허가 됐다. 마켓광장도 시청을 비롯한 건물 60%가 파괴됐다. 광장과 시청, 건물들은 전쟁 후 꾸준히 고치고 다듬어 오늘에 이른다. 동화처럼 아름다운 마켓광장에서 전쟁의 참화와 포즈난 시민의 복구 노력을 동시에 엿본다.

폴란드의 기구한 운명이 우리 역사와 비슷하다는 사람이 많다. 나라 잃은 젊은 시인 김광균도 그랬다. "낙엽은 폴란드 망명정부의 지폐 / 포화에 이지러진 / 도룬 시의 가을 하늘을 생각게 한다……" (「추일서정秋日抒情」). 김광균은 1940년 식민지 조선의 황량한 가을을 망국의 폴란드에 빗댔다. '도룬'은 폴란드 서북부 도시 토룬Torun을 말한다. 암흑의 중세에 "지구가 태양을 돈다"고 한 코페르니쿠스의 고향이다. 스물여섯의 김광균이 가봤을 리 없을 지구 반대편 도시 도룬이 늘 궁금했다. 아쉽게도 원정길은 그 도시를 남쪽으로 비켜 간다.

폴란드 사람들은 그러나 무기력하지 않았다. 폴란드군은 40만이 제 땅에 남아 나치에 저항했다. 11만은 런던 망명정부 지휘 아래 연합군에 편성돼 서부전선에서 싸웠다. 소련에 잡혀간 8만은 동부전선과 이탈리아 전선까지 갔다. 그 피의 대가로 폴란드는 연합 전승국의 지위를 따냈다. 전후 영토를 다시 정할 때 동부 땅을 승전 대국 러시아에게 내주고, 그 대신 포즈난을 비롯한 독일 땅을 얻었다. 수도 바르샤바와 독일 수도 베를린이 그래서 나라 서쪽에 치우치게 됐다. 연합국이 폴란드 서부에 살던 독일인을 쫓아내면서 단일민족 통일국가도 이뤘다. 폴란드 망명정부는 낙엽처럼 허망한 존재가 아니었다.

'뉴라시아 길'은 누구도 두 바퀴로 가본 적이 없다. 베를린에서 폴란드 국경으로 가는 막바지 도로는 뜻밖에 진창이었다. 폭우까지 쏟아졌다. 그래도 대원들은 당당했다. 오히려 즐겁다고 했다. 무사히 국경 넘어 숙소에 들어오자 대원 김희영 씨가 눈물을 흘렸다. 청각 장애를 딛고 미인대회에서 우승한 스물다섯 살 그가 너무 힘들어 흘리는 눈물인 줄 알았다. 얘기를 들어보니 그게 아니다.

그는 산악자전거가 아닌 도로용 자전거를 갖고 원정에 참가했다. 타이어 폭이 좁아 진창에 빠지면 기를 써도 헤어나기 어려웠다. 비가 오고 기온도 떨어졌다. 자전거를 탄 지 2년, 이렇게 힘들기는 처음이었다. 그를 다른 대원들이 이끌었다. 번갈아 그의 자전거와 바꿔 타주며 국경을 넘었다. 김희영 씨는 "감정이 북받쳐 나도 모르게 눈물이 흘렀다"고 했다. 이런 대원들 앞에 열리지 않을 길은 없다. '유라시아 로드'는 서로 의지하며 함께 가는 길이다.

··· **스타니슬라우스 성당**

마켓광장 남서쪽 모퉁이, 자갈이 깔린 포도鋪道로 들어서면 막다른 길 끝에 밝은 고동색 성당이 보인다. 포즈난에서 가장 아름다운 교회일 뿐 아니라 로만고딕 양식 교회로는 폴란드에서도 최고로 꼽히는 스타니슬라우스 성당이다. 1649년 예수회 성당으로 첫 삽을 뜬 뒤 곡절을 겪다 1701년 완공해 봉헌했다. 정문 아치에 '신의 집, 천국의 문'이라는 라틴어 문구가 붙었다. 그 위에 예수회를 창설한 성 로욜라 상이 올라서 있다. 파사드는 두 가지 색깔만으로 깔끔하게 처리했다. 고동색 벽, 하얀 기둥, 그리고 하얀 대리석 성인 상들. 이탈리아 건축가 조반니 카테나치 솜씨다. 안으로 들어서면 고동색 대리석 기둥이 높다랗게 늘어선 중앙제단이 장엄하다. 18세기 폴란드 화가 당크파르트가 파스텔톤으로 그린 제단 천장화가 푸근하다. 성당 이름이자 주보성인 스타니슬라우스는 폴란드인 최초의 성인이다. 11세기 볼레스와프 2세의 폭정에 맞서다 순교했다. 비잔틴풍 성모자상 아래 성 발렌타인 그림을 모신 소예배실에도 눈길이 머문다. 크진 않아도 로만고딕 양식의 진수를 맛볼 수 있는 성당이다. 섬세하고 화려한 고딕 양식에 비하면 장식이 단순하지만 절제된 아름다움이 경건함을 더한다.

밤베르카의 우물

마켓광장 구시청 뒤 우물에 독일 밤베르크 전통 의상을 입고 물지게를 진 소녀상이 서있다. 밤베르크에서 이주해온 사람들을 기념해 1915년 세웠다. 포즈난 시는 18세기 초부터 중반까지 네 차례에 걸쳐 밤베르크 농민 900여 명을 불러들여 살게 했다. 북방전쟁과 콜레라 창궐로 황폐해진 교외 농촌을 되살리려는 시도였다. 밤베르크 사람들은 우선 가난했기에 새 터전을 찾아왔다. 무엇보다 가톨릭 신자들이어서 종교개혁 후 루터교가 득세한 독일을 떠나 가톨릭 국가 폴란드로 기꺼이 왔다. 포즈난 사람들이 '밤브르지'라고 부른 이주민들은 폴란드 사회와 언어에 금세 적응했다. 폴란드 사람들과 잘 어울려 살면서 애국심 있는 폴란드인이 됐다. 프로이센이 포즈난을 비롯한 서부 폴란드를 통치하면서 밤브르지를 도로 독일화하려고 했을 때도 거부했다. 프로이센 통치를 무너뜨리려는 봉기에도 참여했다. 포즈난 시는 밤브르지를 기려 '밤베르카의 우물'과 소녀상을 세웠고 밤베르크 박물관도 만들었다.

06 혁명과 발라드의 거리를 걷다
포즈난 구시가지

구시가지 서쪽, 웅장한 석조 건물 '자멕' 앞에 검은색 대리석 비가 서 있다. 숫자를 암호처럼 가득 나열한 삼각기둥이다. 세 면에 하나씩 사람 이름이 붙었다. 2차대전에 앞서 나치 암호를 풀어낸 세 명의 수학자를 기념한다. 독일과 러시아 사이에 끼인 폴란드는 어떻게든 두 나라의 통신문을 해독해야 했다. 독일은 '수수께끼'를 뜻하는 암호 생성기 '에니그마'를 썼다. 날마다 암호 체계를 바꾸는 바람에 어렵사리 해독해도 이튿날이면 쓸모없어지곤 했다.

폴란드 정부는 독일 괴팅겐 대학에서 수학을 공부한 마리안 레예프스키를 포즈난 대학 조교수로 데려온다. 그는 제자 두 명과 함께 2년 만에 에니그마 해독기 '봄바(폭탄)'를 만들어낸다. 그러나 나치가 보안을 갈수록 강화해 1939년 독일의 침공을 알아내지는 못한다.

결국 천재 앨런 튜링을 비롯한 영국 수학자들이 봄바를 토대로 해독기를 완성한다. 봄바를 본뜬 '봄베'라고 이름 지어 폴란드 수학자들에게 경의를 표했다. 봄바 기념비에는 폴란드인의 자부심이 배어 있다. 폴란드는 논리와 수리에 강해 과학 분야에서 일곱 명의 노벨상 수상자를 냈다.

기념비를 앞에 둔 석조 건물은 '황제의 성Zamek Cesarski'이다. 흔히 줄여서 '자멕 성'이라고 부른다. 폴란드는 1772년부터 1918년까지 프로이센·오스트리아·러시아에게 영토가 찢겼다. 프로이센은 서부를 점령하고 포즈난의 독일식 이름을 붙여 포센 공국을 세웠다. 포센 대공은 프로이센 황제가 겸했다.

프로이센이 통일 독일을 이룬 뒤 1910년 황제의 폴란드 행궁行宮으로 세운 것이 자멕이다. 신로마네스크 양식 석조 건물에 586개의 방을 들였다. 서쪽에 75m로 솟은 비잔틴 양식 탑에는 황제 부부의 예배당이 있었다. 1차대전 종전과 함께 나라를 되찾은 뒤로 자멕은 대통령궁을 거쳐 포즈난 대학 캠퍼스로 썼다. 레예프스키가 교수로 재직하며 봄바를 만든 그 대학이다. 기념비가 그래서 자멕 앞에 서 있다.

나치는 2차대전 때 자멕을 히틀러의 숙소와 사무실로 고쳤다. 그러나 히틀러는 한 번도 머문 적이 없다고 한다. 전후 자멕은 다시 대학과 시청사로 쓰다 공연장과 전시장을 갖춘 '자멕문화센터'로 운영한다. 폴란드 사람들은 궁宮을 굳이 성城으로 불러 폴란드 왕궁과 구분한다.

포즈난 구시가지를 걸었다. 첫 행선지가 자멕이다. 숙소 안데르시아 호텔에서 서북쪽으로 1km밖에 안 된다. 천천히 걸으며 천년고도를 감상했다.

자멕 옆 미츠키에비치 공원 광장에 동상이 서 있다. 손에 시집을 들고 있다. 민족시인 아담 미츠키에비치(1798~1855)다. 그는 나라 잃은 암흑기에 대학생 비밀결사를 만들어 혁명운동에 나섰다. 1822년 첫 시집 『발라드와 로맨스』는 새로운 낭만주의의 선구였다. 「청춘에의 송시頌詩」는 자유와 박애와 진보를 향한 폴란드 청년들의 투쟁가가 됐다. 그는 체포돼 상트페테르부르크로 추방된다. 1830년 바르샤바 독립 봉기가 실패했다는 소식을 듣고는 파리로 망명한다. 거기서 1834년 걸작 대서사시 「판 타데우시」를 쓴다. 파리의 또 다른 폴란드 망명객 쇼팽이 이 서사시에서 영감을 받아 작곡한 것이 네 곡의 발라드다.

미츠비에츠키는 크림전쟁이 일어나자 이스탄불로 가서 폴란드 의용군을 만들려다 콜레라로 숨진다. 그는 불후의 시인이자 문학과 말과 행동이 일치한 독립운동가였다. 폴란드가 나라를 홍보하는 해외 문화원 이름도 '미츠키에비치 인스티튜트'다. 독일 문화원이 괴테를 내세운 '괴테 인스티튜트'이듯 말이다.

동상 서쪽 고풍스러운 건물은 아담 미츠키에비치 대학UAM 본관이다. 1919년 자멕에서 포즈난 대학으로 개교해 1955년 이름을 바줬다. 바르샤바 대학, 크라쿠프 야기엘론스키 대학과 함께 3대 명문에 꼽힌다. 폴란드인의 높은 교육열도 우리와 닮았다. EU 대학생 가운데 11%가 폴란드 출신이다. 영국 캠브리지와 옥스퍼드 유학생 중에서도 인도 다음으로 많다. 폴란드는 인력이 우수하다는 평판을 얻어 세계적 기업들의 연구개발 기지로 각광받는다. 그중에서도 포즈난은 대표적인 교육 도시다. 인구 55만 가운데 대학생이 13만 명, 대학이 서른 개다.

동상 뒤 두 십자가 모양 기념탑은 '포즈난 반공 봉기'를 기린다. 1956년 6월 기관차 공장 노동자들이 '빵과 자유'를 달라며 시위를 벌였다. 시위는 동맹 파업과 반정부 군중 시위로 번졌다. 공산당사와 비밀경찰 본부가 습격당하자 군대가 나서 발포했다. 열세 살 아이를 비롯해 공식 사망자만 예순일곱 명이었다. 봉기를 계기로 10월 공산당 지도부가 바뀐다. 새 정부는 일정한 범위에서 언론의 자유, 소비물자의 공급 개선, 외국여행 자유화를 약속했다. '10월의 봄'이다. 결국 폴란드는 동구 위성국 가운데 맨 먼저 민주화를 이뤄 공산권 몰락의 물꼬를 텄다.

동쪽으로 2km쯤 걸어가 '자유광장'에 들어선다. 광장 초입 아르카디아 빌딩 1층 관광안내소에서 영문 브로슈어부터 챙겼다. 조금 더 가 왼쪽에 자그마한 공연장이 있다. 프로이센 치하 1875년에 세워졌다. 민족 암흑기에도 폴란드어로 폴란드 문화와 폴란드인의 정체성을 구현하는 작품을 올렸다. 나라를 되찾은 뒤 '폴란드 극장Teatr

Polski'이라는 이름을 얻었다. 2차대전 후 시민들이 복구비를 모아 다시 세웠다. 정면에 새긴 글귀 '국민 스스로의 힘으로Narod sobie'에 시민의 극장이라는 자부심이 깃들어 있다.

자유광장은 18세기 말 프로이센 황제 이름을 붙여 '빌헬름 광장'으로 출발했다. 1차대전 후 자유광장이 됐다가 2차대전 때에 나치가 도로 빌헬름 광장이라고 불렀다. 그리고 전후에 다시 자유광장이 되는 곡절을 겪었다. 광장 북동쪽에 코린트식 기둥을 세운 저택이 있다. 베르사이유 궁을 본떴다는 라친스키 도서관이다. 대지주이자 계몽교육자·역사저술가 라친스키 백작(1786~1845)이 1828년 지었다. 그는 프로이센 치하에서 포즈난 의회 부의장을 지냈다. 식민통치에 협조하는 척하며 뒤로는 폴란드의 말과 글을 지키는 데 앞장섰다. 도서관에 폴란드 책을 감춰놓고 빌려줬다. 폴란드어 사용 허가를 얻어내고 미츠키에비치를 비롯한 폴란드의 문인·학자를 후원했다.

도서관 앞에 분수대를 겸한 여인 좌상은 건강의 여신 히게아다. 라친스키는 1831년 콜레라가 창궐하자 보건 교육을 실시하고 포즈난의 첫 상수도를 설치하기 위해 비용을 댔다. 두 업적을 기려 1941년 세운 조각상이다. 좌대에 라친스키 부조상이 붙어 있다. 여신의 얼굴은 아내 콘스탄체의 것이라고 한다.

광장 동쪽 끝 우중충한 사암 건물은 포즈난 국립박물관이다. 1904년 프로이센이 지은 '프리드리히 황제 박물관'을 독립 후 국립

박물관으로 바꿨다. 2차대전 때 불에 그을린 흔적과 총탄 자국을 그대로 남겨뒀다. 건너편 네오바로크 양식 건물은 '바자르Bazar'라는 이름을 달고 있다. 1842년 폴란드 상공인들이 상가를 세워 폴란드인만 장사를 하게 했다. 지금은 호텔이다.

300m쯤 가면 구시청이 있는 마켓광장이다. 아름다운 광장을 감상하고 다시 동쪽으로 500m를 걸어 '오스트루프 툼스키Ostrów Tumsky'로 간다. '성당 섬'이라는 뜻이다. 바르타 강이 갈라지면서 모래톱 섬을 만들었다. 폴란드 최초의 성당이자 건국 초기 역사 현장 성베드로바울대성당이 있다. 보통 포즈난 대성당이라고 부른다. 프랑스 왕국 발상지 파리 시테 섬과 노트르담 대성당이 생각난다.

폴란드 건국 발상지는 포즈난 동쪽 50km에 위치한 도시 그니에즈노다. 건국 왕 미에슈코 1세가 피아스트 왕조(960~1370)를 세우자 서쪽 게르만족이 괴롭혔다. 이교도 슬라브족을 개종시키겠다는 명분을 내세웠다. 미에슈코 1세는 966년 체코 공주와 결혼하고 서둘러 영세를 받아 나라를 안정시켰다. 그가 왕궁을 세우고 영세를 받은 곳이 강물에 에워싸인 이 천연 요새다. 2년 뒤에는 포즈난 대성당도 지었다. 성당에는 미에슈코 1세와 '용맹왕' 볼레스와프 1세 부자父子를 비롯해 여덟 명의 왕이 묻혔다. 현관에 서면 정면으로 높다란 중앙 제단이 보인다. 황금빛 제단 벽은 14세기 작품이다. 성모를 열네 명의 여자 성인이 호위하고 있다.

성당 섬을 이루는 동쪽 지류 시비나 강을 건넜다. 다리 이름이 조르단이다. 교황청이 미에슈코 1세에게 영세해줄 사제로 파견한 첫 성직자의 이름을 땄다. 조르단은 포즈난 대성당이 서면서 첫 폴란드 주교가 됐다. 조르단교는 2007년에 놓았지만 붉은빛 아치와 자갈길 바닥이 정취 있다. 아치와 대성당을 함께 잡은 야경 사진이 아름다운 포토제닉 포인트다.

다리 건너 말타 호로 갔다. 1952년 시비나 강에 댐을 만들면서 생긴 인공호수다. 동서로 2.2km를 뻗었고 너비는 460m다. 시민의 휴식처일 뿐 아니라 세계 조정·카누 선수권대회가 여러 차례 열렸다. 호숫가에 인공 스키슬로프, 아이스링크, 동물원, 미니 열차가 들어섰다. 볕 좋은 벤치에 앉아 쉬다 택시를 타고 호텔로 돌아왔다. 이날도 5km 넘게 걸었다. 베를린 구시가지 산책처럼 나른하면서도 달콤하다.

8월 중순, 폴란드는 가을이다. 낮 기온이 20도를 밑돌고 새벽에는 10도까지 내려간다. 햇살은 따가워도 서늘한 바람이 반팔 옷을 배낭 바닥으로 밀어넣었다. 베를린에서 바르샤바까지 북위 52도다. 서울 37도보다 훨씬 북쪽이다. 7월 말이면 서늘해지면서 우기가 시작한다. 적어도 하루 한 번 비가 지나간다.

바르샤바를 향해 다시 길을 나섰다. 폴란드를 동서로 가로지르는 내내 지평선이 지루하도록 이어진다. '폴란드'는 영어식 나라 이름이고 폴란드어로는 '폴스카'다. '너른 초원의 땅'이라는 뜻이다. 한반도의 1.5배 정도의 땅덩어리가 남부 타트라 산맥만 빼고는 해발

표고 120m밖에 안 되는 평원이다. 중동 사막과 비슷한 수준이다. 덕분에 식량난이라는 단어를 모르는 농업대국이다. 놀랍고 부럽다.

국도 휴게소의 파라솔 아래 앉아 점심을 기다리던 순간이 정지화면처럼 오래 남았다. 비가 지나간 하늘은 시리게 파랗고 공기는 달콤하도록 맑다. 어떻게 이런 곳까지 와 있는 것인지 믿기지 않는다. 그 속에 머물며 살아 있음에 감사했다. 가슴이 벅차오르면서 소름이 팔뚝을 쓸고 갔다.

··첨단 복합 쇼핑몰로 스타리 브로바르

포즈난 바르타 강 서안, 구시가지 남쪽에 거대한 적벽돌 쇼핑몰 '스타리 브로바르Stary Browar'가 있다. '옛 양조장'이라는 뜻이다. 1844년부터 1980년까지 '후거로프'라는 맥주를 빚었고 1998년까지 생수를 생산하던 곳이다. 민간 기업 포르티스 그룹이 사들여 6,600만 달러를 들인 리모델링 끝에 2003년 쇼핑과 엔터테인먼트·레저 공간으로 문을 열었다. 부지 3만 평 건물의 원래 뼈대를 그대로 살리고 전면을 유리로 처리한 설계가 빼어나 중동부 유럽에서 가장 아름다운 백화점으로 꼽힌다. 세계적인 건축상도 여럿 받았다. 일부러 건물을 보러 오는 외국인도 많다고 한다. 폴란드 사람들의 감각과 지혜가 돋보이는 건물이다. 이념에 경색된 사회주의에서 창의적이고 자유로운 시장경제로 가려고 20년 넘게 기울여온 노력의 상징이기도 하다. 가운데를 비우고 천장도 유리로 처리한 아트리움 방식으로 설계해 자연 채광만으로도 환하다. 3개 층에 세 줄 통로를 내 가게를 들였다. 하루 4만 명이 드나든다. 고급스럽되 음식 값은 합리적인 식당들이 다양하다. Półwiejska 42, 61-888 Poznań. 전화+48 61 859 60 50. 아침 9시부터 밤 9시까지.

07 첫 캠핑의 밤
코닌

폴란드 코닌Konin에서 첫 캠핑을 했다. 이날은 폴란드 경찰이 도로 주행을 처음으로 에스코트해준 날이기도 하다. 덕분에 안전하고 편안하게 주행할 수 있었지만, 경찰이 길을 잘못 들어 약 20km 이상을 더 돌았기 때문에 원정단은 상당히 지친 상태로 캠핑장에 도착했다.

호수를 끼고 있는 캠핑장은 생각보다 훨씬 쾌적했다. 나무로 둘러싸인 넓은 잔디밭은 텐트를 치기에 적당했다. 캠핑장 한쪽에 집을 짓고 살고 있는 주인 가족이 따뜻하게 맞아줬다. 인형같이 생긴 5살짜리 딸은 고사리 같은 손으로 원정단의 트럭에 응원 메시지를 남겼다.

원정단은 아직 포장도 뜯지 않은 채 트럭 한구석에 박혀있던 캠

원정단 지원차량에 응원글을 남기는 폴란드 소녀.

핑 장비들을 꺼내느라 고생 좀 했다. 취재팀이나 소구간 멤버 중에는 야외 캠핑이 처음인 대원들도 수두룩했다. 하지만 김창호 대장 등 '야외 캠핑 달인'들의 도움으로 순식간에 텐트 치는 작업이 끝났다. 텐트를 치자 물만 보면 수영 본능을 주체하지 못하는 박영석·최병화 대원이 웃통을 벗고 호수로 뛰어들었다.

음식준비도 착착 진행됐다. 한쪽에서 고기를 굽고, 한쪽에서는 반찬을 챙겼다. 허영주·김희영 등 요리 초보들은 야채를 씻고, 이광회 단장, 한기선 대표(두산 중공업), 성일환 전 공군참모총장 등 시니어 멤버들은 마늘을 까는 등 모든 멤버가 역할을 분담했다. 산악 베테랑 김영미·이상구 대원이 뚝딱뚝딱 끓여낸 닭볶음탕을 맛본 대원들은 모두 엄지를 치켜세웠다.

  8월 말 밤공기는 꽤 쌀쌀했지만, 대원들은 밤늦게까지 모닥불 곁을 떠나지 않고 맥주 한잔에 이야기꽃을 피웠다. 성치운 명파초등학교 교사는 강원도에서 공수해온 마른오징어를 꺼내놓았다.

  4명씩 조를 이뤄 취침한 텐트 안은 생각보다 아늑했다. 김창호 대장은 "산속에서의 극한 야영에 비하면 이는 호화스러운 캠핑"이라고 했다. 원정 후반 동절기 야영을 대비해 가져온 침낭은 성능이 좋아서 땀이 뻘뻘 날 정도였다. 다들 피곤했는지 코 고는 소리가 밖에까지 들렸다. 첫 캠핑의 밤은 이렇게 깊어갔다.

원정단의 첫 '야외취침' 장소였던 홀란드 코닌의 캠핑장. 넓은 잔디밭과 나무, 호수가 어우러진 멋진 곳이었다.

08 나의 심장을 조국 폴란드에 묻어주오
바르샤바

 청설모가 풀밭을 뛰어가다 카메라를 보고 멈칫한다. 큼직한 호두 하나를 입에 문 채 서서 눈치를 살핀다. 잿빛인 한국의 청설모와 달리 밝은 갈색이다. 볕에 앉아 해바라기를 하던 오리도 카메라 렌즈가 낯선지 한참을 쳐다본다. 깃털 화려한 공작은 누가 보건 말건 유유히 물가를 걸어 다닌다. 이른 아침, 사람 뜸한 숲길을 동물들이 산책한다. 사슴과 여우도 산다고 한다.

 베를린과 포즈난에서 그랬듯 폴란드 수도 바르샤바에서도 온전히 하루 시간이 났다. 첫 행선지는 비스와 강 서쪽 와지엔키 공원이다. 와지엔키를 걸어보지 않으면 폴란드를 모른다고 할 만큼 자국민들이 사랑하는 곳이다. 활엽의 거목이 우거진 76ha의 숲이 왕궁·공연장·동물원·온실을 복합단지처럼 품고 있다. 수도 복판에 이렇게 넓고 푸르른 공원이 있다는 게 부럽다. 하긴 바르샤바 녹지 비율이 26%다. 콘크리트 정글 서울과는 애초부터 다른 도시다. '중부 유럽의 파리', '꽃의 도시'라고 부른다.

사방에 난 출입구 열 곳 가운데 동북쪽 입구로 들어섰다. 어둑한 숲 오른쪽으로 호수가 강처럼 길게 뻗어간다. 거기 반영反影을 드리우고서 고풍스런 석조 건물이 서 있다. 인공 섬에 들어선 와지엔키 궁이다. '물 위의 궁', '섬 위의 궁'이라는 별명이 더 어울린다. 와지엔키라는 궁전·공원 이름은 엉뚱하게도 목욕탕을 뜻한다.

귀족들의 사냥터였던 숲을 17세기 말 사들인 이가 스타니스와프 루보미르스키 공작公爵이다. 와지엔키는 시인이자 철학자였던 그가 호사스럽게 지은 목욕시설에서 비롯한다. 숲과 와지엔키는 1764년 마지막 폴란드 왕 스타니스와프 포니아토프스키에게 넘어간다. 왕은 숲을 꾸미고 와지엔키를 여름 궁전으로 고쳐 짓는다. 신고전주의 양식에 로코코풍 장식을 하는 데 21년이 걸린다.

폴란드는 러시아·오스트리아·프로이센에게 영토가 찢겨 망하기 30년 전부터 러시아의 속국이나 다름없었다. 포니아토프스키는 한때 상트페테르부르크에서 사귀었던 예카테리나 여제가 앉힌 허수아비 왕이었다. 정사政事는 뒷전이고 예술에 관심이 많아 와지엔키에 몰두했다. 호수를 따라 조금 더 내려가 만나는 '섬 극장'도 그의 작품이다. 무대를 호수 위에 만들어 무대와 객석 사이에 물이 흐르는 낭만적 구조를 하고 있다. 무대에는 부서진 옛 돌기둥을 세우고 객석은 반원형으로 만들어 로마식 극장을 재현했다.

다시 숲길로 접어들어 서쪽으로 걷는다. 이국 취향을 지녔던 포니아토프스키는 중국 정원도 만들었다. 폐허처럼 버려졌다 몇 년 전 복원했다. 빨간 중국 등燈이 늘어선 길을 지나 '하얀 집'에 다다른다. 목조 건물에 석고를 입혀 장식했다. 왕이 숲에 제일 먼저 지어 와지엔키 궁을 만들 동안 살던 곳이다. 나중에 게스트하우스로 썼고 프랑스 혁명으로 쫓겨난 루이 18세가 5년을 지냈다고 한다.

이 집에는 재미있는 얘기가 전해온다. 손님이 눈치 없이 오래 머물면 접시에 자두를 올려 건네면서 떠나달라는 뜻을 넌지시 전했다고 한다. 강릉 명가 선교장이 어느 날 식객食客 상차림을 달리해 눈치를 줬다는 얘기가 생각난다. 손님 기분 상하지 않게 쫓아 보내던 방식이다. 궁을 장식할 오렌지와 레몬을 키우던 온실도 지난다. 지금은 연극 공연장이 됐다.

조용한 공원을 가로질러 서쪽 끝까지 가자 갖가지 나라말로 떠들썩하다. 독일·프랑스·이탈리아·러시아에서 온 단체 관광객이다. 둥근 연못가에 선 쇼팽 동상을 보러 온 것이다. 동상은 좌대를 빼고도 5m가 넘는다. 쇼팽이 나무 아래 눈을 내리뜨고 앉아 악상을 떠올리는 모습이다. 나무는 가지가 모진 바람에 쏠려 눕다시피 했다. 바르샤바 서쪽 40km 정도에 있는 쇼팽의 고향 젤라조바 볼라를 비롯한 마조비아에 많은 버드나무다. 폴란드 사람들은 버드나무를 '우는 나무'라고 부른다. 몰아치는 망국의 비바람에 흐느끼듯 날린다고 해서다. 동상의 버드나무는 건반 두드리는 쇼팽의 길고 가는 손가락도 함께 상징한다.

쇼팽은 폴란드의 국민 음악가이지만 순수한 폴란드 혈통은 아니다. '쇼팽Chopin'은 발음에서 알 수 있듯 프랑스 성이다. 그는 1810년 프랑스인 교사 아버지와 폴란드 피아니스트 어머니 사이에서 태어났다. 폴란드는 18세기 말부터 123년 동안 나라 이름을 잃고 '비스와 강변 땅'으로 불렸다. 학교에서는 러시아어나 독일어를 배워야 했다. 그 시절 나라를 등진 행렬에 열아홉 살 쇼팽도 있었다. 그는 오스트리아를 거쳐 파리에서 서른아홉 살까지 살며 다시는 고국에 돌아오지 못했다. 늘 폴란드를 생각하며 민족혼을 담아 곡을 썼다. 그의 음악은 슬픈 시대를 버티는 폴란드인의 희망이고 위안이었다.

폴란드 사람들은 1910년 쇼팽 탄생 100년에 맞춰 동상을 세우기로 했다. 바르샤바를 지배하던 러시아 황제의 허락을 얻어 돈을 모으고 작품 공모에 나섰다. 1908년 조각가 시마노프스키가 당선됐지만 작품이 너무 구식이라는 비난이 쏟아졌다. 조각가가 스트레스를 못 이겨 죽을 정도였다. 동상 건립은 1차대전으로 중단됐다가 독립 후 1926년에야 원래 안대로 이루어졌다.

쇼팽 동상 역시 폴란드 현대사의 곡절을 비켜가지 못했다. 2차대전 때 폴란드를 점령한 독일은 쇼팽의 의미를 잘 알았다. 쇼팽 음악을 금지했고 몰래 듣는 사람을 잡아 가뒀다. 1940년 나치는 쇼팽 동상을 폭파해버렸다. 잔해를 서부 공장으로 실어가 전쟁 물자로 쓰려고 녹여버렸다. 다행히 동상 주물을 떴던 틀이 살아남아 1958년 다시 만든 것이 지금 동상이다. 그 이듬해부터 동상 곁은 쇼팽 음악 공연장이 됐다. 여름 일요일 저녁마다 무료 콘서트가 열린다. 누구나 연못 주변 잔디밭에 편히 앉아 쇼팽을 즐긴다.

　북으로 3.5km 올라간 성십자가 교회에도 쇼팽은 살아 숨 쉰다. 그가 폴란드를 떠나기까지 근처 아파트에서 살며 다녔던 성당이다. 아름다운 18세기 바로크 성당에 첨탑 한 쌍이 솟아 있다. 정문 들어서는 난간 위에 십자가를 진 예수상이 손가락으로 천국을 가리킨다. 대리석상 좌대에 라틴어 'Sursum corda'라고 씌어 있다. 미사 때 사제가 외치는 환호성 '마음을 드높이'라는 뜻이다. 안으로 들어서면 황금빛 중앙제단을 향해 신자석이 놓여 있다. 그 양쪽으로 아치형 회랑을 이루는 하얀 석조기둥이 늘어서 있다. 들어서면서 왼쪽 둘째 기둥에 묘지석 같은 부조가 붙었다. 위쪽에는 남자 흉상, 쇼팽이다. '여기 쇼팽의 심장 잠들다'라고 씌어 있다.

　쇼팽은 임종을 지킨 누나 루드비카에게 유언을 남긴다. "내 몸은 파리에 있지만 내 심장은 늘 조국과 함께했습니다. 심장을 조국 폴란드에 묻어주오." 쇼팽의 장례가 늦어지는 사이 루드비카는 의사를 데리고 가 시신에서 심장을 도려냈다. 잘 소독한 크리스털 병에 넣어 봉한 뒤 마호가니와 참나무 단지에 담았다. 루드비카는 이듬해 쇼팽의 심장을 망토 안에 숨기고 돌아와 30년 가까이 보관한다. 그리고 1879년 이곳 성십자가 교회 기둥 안에 크리스털 병째 묻했다.

 2차대전이 터지고 나치가 침공하자 바르샤바 주교는 쇼팽의 심장을 꺼내 숨겨놓았다. 곡절 끝에 심장은 나치의 손에 들어갔고, 교회는 1944년 시민들이 나치에 대항해 일으킨 '바르샤바 봉기' 때 처참하게 파괴됐다. 십자가 진 예수상도 거리에 나뒹굴었다. 하지만 손가락만은 여전히 하늘을 가리켰다고 한다. 나치는 1945년 1월 퇴각하면서 교회를 마저 폭파했다.

 그래도 쇼팽의 심장은 살아남았다. 나치가 바르샤바 봉기 후 민심을 달래려고 바르샤바 주교에게 돌려주었기 때문이다. 주교는 심장을 바르샤바 외곽에 숨겨 마지막 교회 폭파의 화를 피했다. 그리고 1945년 10월 폴란드인의 감격 어린 환영을 받으며 성십자가 교회로 돌아왔다.

 쇼팽의 동상과 심장은 만신창이가 된 폴란드 근현대사 그 자체다. 쇼팽은 심장으로 말한다. 나라가 망해도 민족의 언어와 예술이 살아 있는 한 다시 일어서고야 만다고.

················· 문화과학궁전과 메트로폴 호텔

바르샤바 중앙역 북쪽 대로변에 높이 203m, 42층 건물이 솟아 있다. 폴란드에서 가장 높고 EU에서도 여덟 번째로 높은 건물이다. 스탈린이 뉴욕 엠파이어스테이트 빌딩 못지않은 건물로 소련의 위세를 과시하겠다며 1950년대 중반에 지은 '스탈린 문화과학궁전'이다. 모스크바 국립대학 건물과 닮은 '스탈린 고딕' 양식으로 동구권 일곱 나라에 짓게 했다. 폴란드는 스탈린이 죽자 건물명에서 그의 이름을 지워버리고 그냥 문화과학궁전이라고 부른다. 사회주의식 건물이 우중충하고 돌이키기 싫은 시대를 생각나게 하기 때문에 폴란드 사람들은 그리 좋아하지 않는다고 한다. 그래도 극장·전시장·박물관, 스포츠 시설을 들여 지금도 잘 활용하고 있다. 문화과학궁전 남쪽 예루살렘 로路 건너 원정단이 묵은 메트로폴 호텔이 있다. 전차와 차가 함께 지나는 드모프스키 론도(로터리)의 서남쪽 코너에 있다. 검소하고 실용적인 비즈니스 호텔이다. 침실도 욕실도 작지만 깔끔한 객실 192개를 갖췄다. 관광명소인 구시가지가 동북쪽에, 와지엔키 공원이 동남쪽에 있어 바르샤바 관광을 위해 머물기에 편리하다. Marszalkowska 99a. (48)22-3253100.

··· 체코식 선술집 '우 슈베이카'

'우 슈베이카U Szwejka'는 바르샤바에서 이름난 체코식 식당이자 선술집이다. 커틀릿, 소시지, 스테이크 같은 중부 유럽의 음식을 판다. 값도 합리적이라고 한다. 날마다 바꿔가며 싸고 푸짐한 특별 메뉴를 차린다. 큼직한 커틀릿에 감자튀김과 샐러드를 곁들이고 맥주 한 머그도 딸려 나오는 월요일 메뉴가 특히 유명하다. 바이올린·베이스·아코디언으로 구성한 트리오가 자리를 돌며 경쾌한 집시풍 체코 민속음악을 연주해준다. 가게 이름은 체코 소설가이자 무정부주의자 야로슬라프 하셰크가 1920년 쓴 「병사 슈베이크」에서 따왔다. 전쟁의 허망함을 풍자한 소설이다. 기둥마다 원 안에 소설 주인공 슈베이크의 얼굴을 그려놓았다. 메트로폴 호텔이 있는 드모프스키 로터리에서 마르샤우코프스키 대로를 따라 남쪽으로 1km 내려간 콘스티투치 광장가에 있다. 삼성 로고 광고판이 올라선 7층 건물 한쪽 1, 2층을 쓴다. 일층 인도 쪽 노천 좌석이 좋아 보인다. 가을부터는 추워서 비닐 천막을 둘러친다. 평일은 아침 8시부터 자정까지 영업한다. 토요일은 아침 10시, 일요일은 정오에 문을 연다. Pl. Konstytucji 1. (48)22-339-17-10.

09 침략의 역사, 불굴의 의지로 극복하다
바르샤바 역사지구

드골 로터리 남쪽 300m쯤에서 북으로 성십자가 교회 앞까지 2km를 가는 길이 '노비 시비아트Nowy Świat'다. '신세계'라는 뜻이다. 거리 양쪽으로 고풍스러운 파스텔 톤 건물들이 늘어섰다. 제1차 세계대전 후 나라를 되찾은 폴란드가 구시가지에 대비되는 젊음의 거리로 조성한 번화가였다. 큰 극장들도 여럿 있었다. 가이드 카롤리나는 오랜 전란에 지친 시민들이 울적할 때면 나들이 나오던 곳이라고 했다. 멋진 새 모자를 쓰고 극장에서 공연을 보며 기분을 풀었다고 한다. 그래서 '바르샤바의 샹젤리제'라고들 했다. 2차대전 후에는 신시가지 번화가에 밀려 아름답고 조용한 거리로 남았다.

노비 시비아트는 성십자가 교회 앞에서 조금 꺾이며 길 이름이

'크라쿠프 교외Krakowskie Przedmiescie'로 바뀐다. 바르샤바에 앞서 16세기까지 300년 수도였던 남부 크라쿠프에서 따온 듯하다. 크라쿠프에서 북으로 200km나 떨어진 바르샤바 중심가에 왜 그런 이름을 붙였는지는 명확치 않다. 재미난 것은 같은 이름의 길이 바르샤바 말고도 예닐곱 도시에 더 있다는 것이다.

크라쿠프 가는 왕궁 앞 잠코비 광장까지 1km쯤 이어지면서 고풍스럽고 중요한 건물들을 거느린다. 대통령궁을 비롯한 정부 부처, 바르샤바 대학, 옛 궁궐, 성당, 저택들이다. 유네스코는 크라쿠프 가 일대와 북쪽 구시가지 중심 마켓광장까지 '바르샤바 역사지구'를 1980년 세계문화유산으로 지정했다. 매우 이례적인 결정이었다. 고이 보존한 옛 시가지가 아니라 2차대전 후 대부분 새로 지은 곳이기 때문이다.

전쟁이 끝나고 연합군 사령관 아이젠하워는 폐허가 되다시피한 바르샤바를 보며 놀랐다. "파괴된 도시를 숱하게 봤지만 여기만큼 참혹한 곳은 어디서도 보지 못했다." 바르샤바는 나치 독일에게 점령당한 2차대전 6년 사이에 시가지 85%가 잿더미가 됐다. 130만 시민 중 절반인 65만 명이 목숨을 잃었다.

1939년 독일군은 폴란드를 침공하면서 바르샤바를 3주 동안 무자비하게 폭격했다. 1943년 '게토 봉기'와 이듬해 '바르샤바 봉기' 때 시가전이 벌어지면서 바르샤바는 또 한 번 화염에 휩싸인다. 봉기를 진압한 나치는 보복과 경고 삼아 폭약을 묻어 주요 건물과 시설을 폭파했다. 그리고 1945년 퇴각하면서 그나마 남은 유산마저 초토화했다.

바르샤바는 카르타고의 운명을 밟은 처지였다. 카르타고는 로마군에게 완전히 파괴돼 지상에서 사라진 고대 도시다. 전후 폴란드 정부는 남서쪽으로 120km 떨어진 섬유도시 우치로 수도를 옮길 생각까지 했다.

그러나 결국 폴란드 사람들은 바르샤바 구시가지를 복원하기로 결정했다. 그로부터 20년, 1960년대 중반까지 벽돌 한 장, 기와 한 장, 골목길에 깔렸던 돌 하나까지 복원해냈다. 옛 시가지에 관한 지도·서적·그림과 외국에 있는 사진 자료까지 모두 수집해 참고했다. 여간해서는 복원 문화재에 점수를 주지 않는 유네스코도 현대에 새로 건설한 바르샤바 역사지구를 인정할 수밖에 없었다. 바르샤바를 역사 속 도시로만 둘 수 없다는 폴란드 국민의 불굴의 의지가 이뤄낸 기적이다.

쇼팽의 심장이 묻힌 성십자가 교회를 나서 크라쿠프 가를 걷는다. 성당에서 북으로 작은 길 하나만 건너면 바르샤바 공립 미술아카데미 정문이 나온다. 문 왼쪽 길모퉁이에 3층 아파트가 서 있다. 이층에서 가족과 함께 쇼팽이 살았다. 쇼팽은 바르샤바 교외 젤라조바 볼라에서 태어난 지 반년 만에 바르샤바로 이사 온다. 10대 때 프랑스에서 이민 온 아버지가 어학원에 프랑스어 교사 자리를 얻으면서다. 쇼팽 가족은 길 건너 바르샤바 대학 안에 있던 집에서 살다

1827년 이 아파트로 이사했다.

　2층 외벽에 '쇼팽이 1930년 영원히 바르샤바를 떠나기까지 이 집에 살며 작곡했다'고 새겨놓았다. 이 아파트에는 이름난 미술가와 시인들도 살았다고 한다. 벽 오른쪽에는 19세기 시인 피프리안 노로비드가 살았다는 기록이 남아 있다. 아파트는 바르샤바 미술아카데미의 그래픽학부로 쓰고 있다. 이층 방 한 칸만 간단한 쇼팽 기념관으로 꾸몄다.

　길 건너 바르샤바 대학 정문이 나 있다. 1816년 세운 폴란드 최고 명문대다. 여느 유럽 대학처럼 본부만 여기 있고 단과대들은 시내 여기저기에 흩어져 있다. 한국학과가 있어 한 해 10여 명씩 졸업생을 배출한다. 정문 위에 대학 문장이 올라서 있다. 흰독수리가 왕관을 쓰고 있는 폴란드 국가 문장과 거의 비슷하다. 두 발에 월계수 잎을 쥐고 있는 것만 다르다. 안으로 들어가면 비스와 강변 도서관의 풍광과 전망이 빼어나다지만 그럴 여유까지는 없다.

　조금 더 올라가 큰길에서 왼쪽으로 꺾어 피우수트스키 광장 쪽으로 간다.

　광장 초입 주차장에도 피우수트스키 동상이 서 있다. 역시 나라의 앞날을 걱정하는 노(老)장군의 모습이다. 주차장에 군복 차림으로 서 있어 주차장 관리인 같다는 비판도 많다고 한다. 화강암 석판을 깐 피우수트스키 광장은 바르샤바에서 제일 큰 광장이다. 원래는 사스키 왕궁 터였다. 사스키는 독일 동부 작센을 가리키는 폴란드어다. 16세기 후반부터 18세기 후반부터 폴란드 왕은 폴란드·리투아니아 귀족 대표들이 투표로 뽑았다. 두 나라 연합국 시절 중부유럽의 맹주로 군림하던 폴란드는 그때부터 내리막길을 걸었다. 1697~1763년에는 독일 작센가문 귀족 두 사람을 연달아 왕으로 모셔왔다. 그 66년을 사스키 시대라고 부른다.

광장 이름 역시 파란만장한 폴란드 근현대사를 함축한다. 1814년 사스키 광장으로 출발했다가 1928년 피우수트스키 광장, 나치 점령기에는 히틀러 광장, 전후 잠깐 사스키 광장이 됐다. 1946년 소련 위성 정권이 출범하면서 승리광장이었다가 1990년 민주화 뒤 피우수트스키 광장이라는 이름을 되찾았다.

광장 복판에 화분과 꽃다발이 놓인 곳에 사람들이 모여 있다. 1978년 요한 바오로 2세가 교황에 즉위하고 이듬해 처음 고국을 방문해 50만 군중 앞에서 미사를 집전했던 곳이다. 교황이 1999년 폴란드인 순교자 108위를 시복諡福할 때는 100만 명이 모였다고 한다. 2005년 그가 선종하자 수십만 시민이 나와 이 자리에 꽃과 촛불을 바쳐 추모했다. 지금도 그를 기리는 헌화가 이어진다.

바닥에 1978년 미사에서 교황이 했던 말 한 구절이 새겨져 있다. "성령이 땅을, 이 땅을 치유하고 새롭게 하라." 그는 성경 구절에 '이 땅'이라는 말을 보태 폴란드 국민들의 가슴에 민주화의 열망을 심고 지펴줬다. 교황이 1978년 역사적 미사를 올리고 이틀 뒤 6월 4일 폴란드에서는 부분적이나마 첫 민주적 선거를 치렀다. 요한 바오로

2세는 그 존재만으로도 폴란드인의 숭앙을 받는다. 나아가 동구 공산권 붕괴의 첫 서막을 폴란드에서 연 주역으로 존경받는다.

광장 서쪽 안에 네 개의 기둥 선, 문처럼 생긴 곳에 관광객이 모여 있다. 사스키 왕궁이 2차대전 때 폭파되고 유일하게 남은 전면 회랑이다. 안에 총 든 군인 둘이 부동자세로 서 있다. 바닥에 놓인 장방형 대리석 구조물을 지킨다. '여기 나라 위한 전투에서 숨진 한 폴란드 병사가 잠들어 있다'는 글이 붙어 있다. 구조물 머리맡 청동화로에는 24시간 365일 불이 꺼지지 않는다. 위병 근무도 한 시간마다 교대하며 24시간 내내 선다. '무명용사의 묘'다.

대리석 아래에는 1차대전 때 전사한 어느 병사의 시신을 화장한 유해 단지가 묻혀 있다. 지금까지 폴란드가 겪은 전장戰場 서른 곳에서 가져온 흙도 각기 단지에 담아 함께 묻었다. 비록 조촐한 병사의 묘이지만 어떤 거창한 추모시설보다 그 울림이 크다. 대부분 군 관련 기념행사가 여기서 열린다. 폴란드를 방문한 외국 지도자도 으레 들러 꽃을 바친다. 청동화로 불까지 파리 개선문 아래 무명용사의 묘와 많이 닮았다. 개선문 묘는 1920년 1차대전 종전 기념일에 만들었다. 이곳 묘는 1925년 조성했다고 하니 파리에서 아이디어를 빌려온 게 아닌가 싶다. 정각마다 하는 위병 교대식도 간단하다. 조장이 병사 둘을 데리고 와 교대시킨 뒤 근무했던 병사를 데리고 떠난다.

광장 남쪽으로 보이는 고풍스러운 흰 대리석 건물은 국립미술관이다. 그 뒤로 높이 58m, 지름 33m 웅장하고 아름다운 푸른 돔을 인 교회는 개신교 삼위일체복음교회다. 국민 95%가 가톨릭 신자인 폴란드의 개신교회 가운데 제일 크다. 근처에 많이 사는 스웨덴 사람들이 다닌다. 무명용사의 묘 뒤에서 교회까지 15ha에 이르는 녹지 사스키 정원이 뻗어간다. 햇빛 좋은 날이면 여인들이 비키니 차림으로 누워 일광욕을 즐긴다고 한다.

다시 크라쿠프 가로 나온다. 길가 아크릴판 안에 옛 그림을 담은 안내판이 서 있다. 18세기 베네치아 화가 베르나르도 벨로토가 1780년에 그린 가르멜 교회다. 카날레토라는 애칭으로 불린 그는 유럽 여러 왕국의 초청을 받아 나라들을 돌며 작품 활동을 했다. 폴란드 왕 스타니슬라프로부터는 "벽의 금 하나까지도 충실하게 그려 달라"는 부탁을 받았다. 그는 바르샤바 구시가지의 궁전과 성당, 거리를 아주 사실적으로 그렸다. 그가 숱하게 남긴 바르샤바 풍경화는 구시가지를 복원할 때 가장 중요한 자료가 됐다.

길 건너 18세기 바로크 성당 성모방문교회도 그의 그림 그대로 서 있다. 화강암 기둥과 벽이 이룬 삼각형 전면구조가 독특하고 야무지다. 바르샤바 음악학원에 다니던 열다섯 살 쇼팽이 2년 동안 오르간을 연주했던 곳이다. 성당 앞 좌상은 스테판 비신스키 (1901~1981) 추기경이다. 폴란드 교회의 자유, 나라의 독립을 위해 나치는 물론 전후 공산정권과도 맞서 싸웠다. 요한 바오로 2세에 버금가는 종교 지도자로 존경받는다. 성당 앞 큰길에는 바르샤바 봉기 70주년을 기념하는 사진 자료와 그림을 전시하고 있다.

길 따라 성당 북쪽에 고풍스런 호텔이 있다. 마이클 잭슨이 사고 싶어했다는 폴란드 최고 호텔 브리스톨이다. 1901년 문을 열어 5성급 호텔로 번창하다 나치 점령군이 바르샤바 본부로 썼다. 덕분에 파괴를 면하고 온전히 살아남았다. 그리고 호텔 옆은 대통령궁이다. 1643년 대지주 귀족의 저택으로 출발해 러시아가 통치하던 1818년 총독 관저가 되면서 국가 소유가 됐다. 1994년부터 대통령 관저로 쓰고 있다.

대통령궁은 1939년 나치 폭격 때도 큰 피해를 입지 않았다. 나치 점령기에 '도이치 하우스'로 써서 폭파도 면했다. 하지만 나치가 워낙 많이 뜯어고치는 바람에 새로 짓다시피 복원했다. 1955년 소련과 동구 위성국들이 나토에 대항해 바르샤바 조약기구를 체결 조인하면서 냉전冷戰이 출발한 곳이다. 민주화 땐 자유노조와 공산당이 협상을 벌인 원탁회의가 열렸다. 궁 앞 큰길가에 유제프 포니아토프스키(1763~1813)의 기마상이 있다. 폴란드 마지막 왕의 조카이자 나폴레옹 군대 원수였던 맹장猛將이다.

폴란드가 1795~1918년 123년 동안 세 강대국에게 나라가 찢긴 망국의 시대 초기에 바르샤바 공국(1807~1815)이 있었다. 나폴레옹이 예나 전투에서 프로이센을 물리친 뒤 1807년 바르샤바에 입성해 세운 제후국이다. 포니아토프스키는 나폴레옹으로부터 폴란드군 지휘권을 받아 공국의 원수가 됐다. 그는 바르샤바에 쳐들어온 오스트리아군을 물리쳐 오스트리아가 분할 통치하던 영토를 되찾았다. 1812년 나폴레옹의 러시아 원정 때 폴란드군 10만 명을 이끌고 숙적 러시아를 쳤다. 돌아와서는 프로이센과 싸우다 1813년 나폴레옹이 패한 라이프치히 전투에서 전사했다. 오랜 세월 폴란드를 괴롭히고 침공하고 점령한 세 나라와 유일하게 겨뤄본 장군이다.

포니아토프스키 기마상 왼쪽에는 천을 씌운 대형 육면체 구조물이 서 있다. 앞면에 게리 쿠퍼 사진이 붙었다. 1952년 할리우드 서부극 「하이눈」에서 결투장으로 나서는 장면이다. 옆면에는 1980년 자유노조를 만든 바웬사, 1989년 부분 민주선거에서 자유노조가 압승해 총리가 된 자유노조 출신 마조비에츠키 사진이 있다. 바르샤바 봉기 70년과 함께 민주선거 25년을 기념하는 전시물인 것 같다. 2014년 6월, 25주년 선거일에는 오바마 대통령을 비롯한 40개국의 지도자가 찾아와 축하했다고 한다.

느닷없는 게리 쿠퍼 사진은 1989년 선거 때 자유노조가 내건 포스터다. 보안관 배지 위에 '자유노조'라고 써 붙이고 총 대신 투표용지를 들었다. 「하이눈」에서 보안관 케인이 악당을 물리치고 마을을 구했듯 투표로 공산정권을 물리치고 나라를 구하자는 뜻이다. 게리 쿠퍼 사진은 영화사 허락을 받아썼다고 한다.

북쪽으로 더 걷는다. 국민 시인 아담 미츠비에츠키 동상, 고풍스러운 관광부 청사, 중앙농업도서관을 지나 성안나 교회를 구경한다. 신전을 닮은 신고전주의 전면구조를 하고 있다. 내부는 화려하고 아기자기한 로코코풍으로 꾸몄다. 천장을 메운 프레스코화가 특히 아름답다. 중앙 제대에 성모 마리아의 어머니 성안나를 모셨다. 크라쿠프 가는 성안나 교회 앞에서 끝나고 구시가지 순례는 왕궁 광장과 마켓광장만 남았다.

폴란드를 가리켜 '신의 놀이터'라고 한 영국 사학자가 있었다. 중세 한 세기쯤만 중부유럽을 호령한 강국이었을 뿐 천년 내내 침략에 시달린 폴란드의 운명을 그렇게 표현했다. 땀과 정성으로 되살려낸 바르샤바 역사지구는 폴란드 국민이 그 운명에 결코 굴복하지 않겠다는 다짐의 징표였다.

·· 피우수트스키

쇼팽 동상에서 공원 밖으로 나가 조금 내려가면 벨베데레 궁 앞에 피우수트스키 동상이 서 있다. 유제프 피우수트스키(1867~1937)는 혁명가이자 민족 영웅, 정치인, 군대 원수, 20세기 초반 유럽 최고의 맹장, 그리고 독재자였다. 그는 1908년 비밀 군사조직을 만들어 독립운동을 하다 러시아에 붙잡혀 갔다. 1차대전이 끝나고 석방되자 돌아와 폴란드 최고사령관이 된다. 그는 러시아에 맞서 리투아니아·벨라루스·우크라이나까지 영토를 넓혔다. 나라 안에서는 대통령이 암살되는 혼란이 계속되자 1926년 쿠데타로 정권을 잡았다. 1935년 병으로 숨질 때까지 강력한 카리스마로 나라를 이끌었다. 독일과 러시아도 감히 폴란드를 넘보지 못했다. 집권 말기 그의 지지자들은 대통령에게 강력한 권한을 주는 헌법을 만든다. 박정희 대통령이 장기 집권을 하려고 연구했다는 신新대통령제다. 그에겐 '무서운 사자獅子'부터 '스트롱맨' '괴짜'까지 다양한 수식어가 따라다녔다. 현대에 올수록 어려운 시기 홀로 싸우며 나라를 지켜낸 외로운 지도자로 추앙받는다. 그래서 전국에 있는 동상은 대개 군복 차림으로 나라의 장래를 걱정하는 모습이다. 트레이드마크 격인 해마海馬 수염은 바웬사와 스포츠 스타를 비롯해 많은 사람들이 흉내 내 길

렸다. 동상이 서 있는 벨베데레 궁은 1822년 바르샤바를 다스리던 러시아 황제의 동생 콘스탄틴 대공의 관저로 지었다. 피우수트스키가 집권하는 동안 관저로 썼고 지금은 국가 영빈관이다.

··· 바르샤바 봉기

1944년 8월 1일 바르샤바 시민군은 런던의 폴란드 망명정부 명령에 따라 나치를 몰아내려는 시가전을 시작했다. 처음 조짐은 나쁘지 않았다. 소련군이 비스와 강 건너편 프라가Praga에 와 있었다. 영국으로부터 무기가 공수돼 왔다. 그러나 소련군은 구경만 했다. 연합국 지원도 흐지부지됐다. 나치는 지원군까지 데려와 시민 저항군을 맹공했다. 봉기가 두 달 뒤 진압되기까지 시민 25만 명이 숨졌다. 시민군 1만8,000명이 전사했고 1만7,000명이 포로로 잡혀갔다. 치열한 전투 끝에 독일군도 1만7,000명이 죽었다. 나치는 보복과 경고 삼아 시가지 곳곳에 폭약을 설치해 무자비한 파괴를 자행했다. 구시가지 서쪽에 바르샤바 봉기 기념물이 있다. 대법원 앞, 시민군이 전투를 벌이는 부조 군상이다. 전후 폴란드 공산정권은 시민군을 반공세력으로 잠정 판단하고 탄압했다. 바르샤바 봉기라는 말을 꺼내는 것도 금지했다. 공산체제 말기 1988년에야 기념물 건립을 허가하고, 이듬해 봉기 45주년에 맞춰 제막했다. 민주화 후 폴란드 정부는 기념물과 별도로 바르샤바 봉기 박물관을 세워 운영하고 있다.

······································· 드골 동상과 예루살렘 로 야자수

와지엔키 공원의 벨베데레 궁 앞에서 북으로 2km를 올라가면 드골 로터리를 만난다. 그곳을 동서로 지나는 대로의 이름이 예루살렘 로路다. 18세기 바르샤바 서쪽 마조비아에 들어선 유대인 마을 '새 예루살렘'에서 유래한다. 이 마을에서 바르샤바로 들어서는 길을 예루살렘 로라고 불렀다. 로터리 동남쪽 코너 증권거래소 앞에 군복 차림을 한 드골 동상이 있다. 옛 공산당사였을 만큼 중요한 곳에 프랑스의 영웅 동상이 왜 서 있을까. 1차대전 후 혼란기를 틈타 1920년 러시아의 붉은 군대가 유럽을 공산화하려고 파리를 향해 진군했다. 그러나 바르샤바 전투에서 폴란드군에게 뜻밖의 패배를 당하고 물러났다.

드골은 그때 프랑스 고문단으로 바르샤바에 와 폴란드군을 도왔다. 폴란드는 건국 이래 독일과 러시아에 내내 침략당하며 시달렸다. 그래서 상대적으로 프랑스에 대한 애정이 각별하다. 폴란드 정부는 공산정권이 무너지고 15년 뒤인 2005년 프랑스로부터 드골 동상을 기증받아 세우고 로터리 이름도 드골로 붙였다. 로터리 복판에는 15m 크기의 야자수가 솟아 있다. 폴란드 현대미술가 요안나 라이코프스카(1968~)의 작품「예루살렘로의 인사greetings」다. 예루살렘 분위기를 내려고 2003년 세웠다고 한다. 영구 전시하기로 해 바르샤바 중심가의 랜드마크가 됐다.

10 천 년간 이어진 폴란드와 유대인의 돈독한 역사

바르샤바

 광장 한쪽에 곰으로 분장하고 롤러스케이트화를 신은 거리 공연자가 있다. 공연할 생각은 하지 않고 그냥 보도 턱에 앉아 있다. 한 어린이가 다가간다. 두 손을 앞으로 모으고 공손하게 사정하는 표정과 몸짓으로 뭔가 부탁한다. 그러더니 공연자 앞에 놓인 통에 동전을 넣는다. 아이들이 원하는 건 별 게 아니다. 공연자에게 기대듯 나란히 앉아 기념사진을 찍는다. 그것도 매우 고마워하면서.

 바르샤바 왕궁 광장의 거리 공연자는 돈 벌기 참 쉽다. 그냥 앉아 있기만 해도 아이들이 즐거워해주니. 서부 고도古都 포즈난 마켓광장에서 어설픈 축구공 묘기에 넋을 잃었던 아이들이 생각난다. 대도시 아이들도 이처럼 순박한 곳이 폴란드인 모양이다. 젊은 여자가 비눗방울을 만들어 날린다. 아이들이 좋아 어쩔 줄 모른다. 사진을 몇 장 찍었더니 여자는 어색해하며 비눗방울 만들기를 멈춰버린다. 여행자 카메라에 낯을 가리는 거리 공연자도 처음 본다.

'크라쿠프 교외' 가街가 끝나는 곳에 긴 삼각형 모양의 광장을 만난다. 광장 오른쪽 붉은 벽돌 건물이 옛 왕궁 '자멕 크룰레프스키 Zamek Królewski'다. 영어로 하면 'Royal Castle'이다. 성城을 뜻하는 '자멕'에서 광장 이름 잠코비가 나왔다. 잠코비 광장은 그대로 번역하면 '성광장', 의역하면 '왕궁광장'쯤이다. 여행자와 시민들의 약속 장소로 인기라고 한다.

광장 복판에 22m나 되는 화강암 기둥 위에 서 있는 동상이 굽어본다. 폴란드가 리투아니아와 연합 왕국을 이뤄 중부유럽의 맹주에 올랐던 16세기에 통치했던 왕 지그문트 3세 바자다. 3대에 걸친 스웨덴 바자 가문 시대(1573~1672)를 연 첫 번째 왕이다. 당시 국왕 선출권을 지닌 양국 귀족의회는 주변 강대국에서 왕을 초빙해 오곤 했다. 프랑스 부르봉 왕조의 왕자를 모셔오려다 거절당하자 대신 스웨덴 바자 가문에서 찾아낸 왕이 지그문트 3세다. 그는 외가 쪽이 폴란드 혈통이었다. 지그문트 3세는 전쟁을 많이 일으켜 모스크바 공국까지 정복했다. 내치에는 소홀해 국력이 기우는 출발점이 됐다.

동상은 아들 브와디스와프 4세가 1644년에 세웠다. 명문銘文에 "가장 뛰어난 아버지께, 후세 사람들로부터 명예와 제왕 자격과 감사 인사를 받을 자격이 있는 분을 위해 이 동상을 세운다"라고 씌어 있었다. 지그문트 3세는 바르샤바의 중요한 인물이다. 1596년 수도를 남쪽 크라쿠프에서 바르샤바로 옮긴 왕이다. 호전적인 왕답게 동상도 갑옷 차림이다. 기둥은 1944년 바르샤바 봉기 때 나치에 의해 파괴됐고 동상도 많이 손상을 입어 1949년 보수해서 다시 세웠다.

왕궁은 지그문트 3세가 천도한 뒤 짓기 시작해 20년 만인 1619년 완공했다. 좌우 너비가 90m, 중앙 시계탑 높이가 60m에 이르는 바로크식 궁이다. 망국의 시대에는 러시아 황제의 행정청으로 썼다. 역시 바르샤바 봉기 와중에 나치가 다이너마이트를 묻어 완전히 무너뜨렸다. 1971년에야 복원에 착수해 1984년 공사를 끝냈다. 당시 공산정권이 계속 복원 결정을 미뤘기 때문이다. 왕정시대와 제국주의를 배척한 사회주의 체제 탓이었다. 그래도 마냥 방치할 수는 없어서 기념비적인 바르샤바 역사지구 복원의 마침표가 됐다. 왕의 침실과 집무실을 치밀하게 복구하고 미술품을 전시해 유료 박물관 구실을 한다. 일요일에는 입장료를 받지 않는다. 국빈 환영 행사와 국가적 회의도 자주 열린다고 한다.

광장 북쪽을 가로막듯 서 있는 타운하우스들의 오른쪽 골목으로 들어서면 바르샤바 대교구 성요한 대성당이 나온다. 성당을 구경하는 대신 가이드 카롤리나가 성당 남동쪽을 지나는 지에칸Dziekania 가로 데려간다. 거기서 도로 쪽을 향해 있는 성당 뒷벽을 보여준다. 표지석 아래 벽 속에 가로로 긴 쇠 구조물을 심어놓았다. 그 앞에

초와 꽃이 놓여 있는 걸 보니 기념물인 것 같다. 바르샤바 봉기 때 대성당을 파괴하고 저항군과 시민을 학살했던 독일군 탱크 '골리앗'의 캐터필러다. 뒷골목 작은 기념물이지만 나치의 폭력과 희생자들을 생각하며 숙연해졌다.

마켓광장으로 가기 앞서 바르샤바를 남북으로 관통하는 비스와 강을 보러 오른쪽, 동쪽으로 꺾어 든다. 골목 끝에서 시야가 툭 트이면서 강을 사이에 두고 양안에 숲이 무성하다. 비스와 강은 슬로바키아와 국경을 이루는 남쪽 카르파티아 산맥에서 발원한다. 북으로 1,068km를 흘러 그단스크에서 발트 해로 들어가는 폴란드의 동맥이다. 강 건너 바르샤바 동쪽 지역이 프라가다. 예로부터 러시아가 침공해 오면 언제나 1차로 점령하는 지역이어서 수난을 피할 수 없었다. 지금도 '러시안 마켓'이라고 부를 만큼 러시아 제품이 많이 들어와 있다.

1944년 바르샤바 봉기가 일어나자 폴란드 출신 군인들을 포함한 소련군 1개 사단이 프라가를 점령했다. 당시 소련군이 비스와 강을 건너 바르샤바 시민군과 합세했으면 나치를 물리칠 수도 있었다. 그러나 스탈린은 시민군이 나중에 폴란드 적화赤化를 방해할 반공세력이 될 거라고 판단했다. 소련군은 말 그대로 강 건너 불구경만 했다. 폴란드 사람들은 그때 소련군에 품은 감정을 두고두고 풀지 않는다고 한다. 프라가는 낙후한 지역이었다가 민주화 이후 고급 주택가가 생기고 생활환경이 좋아 개발 붐을 타고 있다.

시선을 동남쪽으로 돌리면 강 건너 바르샤바 국립경기장이 보인다. 폴란드 국가 문장의 왕관 쓴 독수리를 형상화했다고 한다. 독수리 둥지도 함께 상징한다. 2012년 우크라이나와 함께 유럽 축구 국가 대항 챔피언전 '유로' 공동 개최지가 되면서 지었다. 5만8,000명을 수용할 수 있는 규모로, 이곳에서 개막전과 준결승전이 열렸다. 지금은 바르샤바의 두 축구단 홈 경기장으로 쓴다.

골목을 돌아 나와 바르샤바 구시가지 걷기의 종착점 마켓광장에 들어선다. 파스텔 톤 건물들이 사방을 에워쌌다. 여러 나라 관광객들이 넘쳐나 바르샤바 어느 곳보다 활기차다. 포즈난 마켓광장 이름은 '스타리 리넥Stary Rynek'이었는데, 여기는 '리넥 스타레고 미아스타Rynek Starego Miasta'다. 전자는 '옛 광장', 후자는 '옛 마켓광장'을 뜻한다. 바르샤바 마켓광장의 역사는 13세기 후반 도시가 생기면서 출발했다. 포즈난보다 역사가 300년 짧고 16세기 말 수도가 되고서야 번창했다. 그래서 포즈난 마켓광장보다 작고 수수하다. 가로 73m, 세로 90m다.

마켓광장은 18세기 말까지 바르샤바의 중심이었다. 여느 중부유럽 마켓광장처럼 시청과 성당이 있고 시장이 섰다. 큰 행사, 정치 연설, 죄수 처형이 벌어졌다. 광장을 빙 둘러 부유한 상인들의 집이 들어섰다. 그런데 옛 시청이 안 보인다. 1492년 이곳에 세웠다가 1817년 헐어버리고 다른 지역으로 옮겼다. 시청 이전 후 광장은 도시 빈민의 슬럼으로 쇠락했다가 나치에 의해 폭파됐다. 1949~1953년 17

세기 전성기 모습으로 복원됐다.

광장을 에워싼 타운하우스들은 아래층에 선물가게·카페·식당이 들어섰다. 위층은 고급 아파트와 호텔로 쓴다. 남쪽 건물들의 맨 서쪽 끝 건물 모퉁이에 사자상이 튀어나와 있다. 옛날에는 번지수가 없어 동물상이나 그림을 표식 삼아 집을 부르고 구분했던 흔적이다. 이를 테면 이 집은 '사자 하우스'쯤이었겠다. 주인이나 건축가 이름을 붙이기도 했다고 한다. 서쪽 라인의 남쪽 집은 분홍빛 벽에 세 명의 젊은 여자 초상을 그려놓았다. 17세기 이 집에 살던 부자가 세 딸에게 청혼하는 남자가 없자 아이디어를 냈다. 화가에게 부탁해 실물보다 예쁘게 그려달라고 했다. 덕분에 세 딸을 쉽게 시집보냈다고 한다. 바르샤바 사람들은 '인류 최초 포토샵'이라고 우스개 얘기를 한다.

옛 시청이 있었을 법한 광장 복판에는 인어 동상이 서 있다. 그 앞에서 노인이 아코디언을 홍겹게 연주한다. 나이가 많이 들어 몸이 불편하지만 미소를 잃지 않는다. 날마다 나와 아코디언을 켜고 여행자들과 함께 사진을 찍어준다. 바르샤바에서 제일 유명하고 제일 나이 많은 거리 공연자다. 노인 연주자가 몇 명 더 있었지만 다 세상을 떠나고 혼자 남았다고 한다. 담뱃진이 노인의 수염을 노랗게 물들였다. 700년 된 마켓광장에서 그도 하나의 기념물이 돼 간다.

뒤에 선 동상은 코펜하겐 인어처럼 슬픈 인어가 아니라 창과 방패를 치켜들었다. 인어는 바르샤바의 상징이다. 1622년 시 문장에 등장하면서다. 그 무렵 나온 인어 전설은 이렇다. 비스와 강에서 바르스라는 어부가 사바라는 인어를 낚는다. 둘이 결혼하고 그 자손들이 만든 도시가 두 이름을 합친 바르샤바라고 했다. 바르샤바와 코펜하겐 인어가 발트 해에 함께 살다 헤어진 자매라는 설화도 있다. 하지만 코펜하겐 인어는 안데르센 동화 「인어 공주」를 소재로 삼아 20세기 초에 세웠다. 아무리 설화라고는 해도 앞뒤가 안 맞는다. 칼과 방패로 무장한 것은 천년 외침을 받아 온 나라였기에 조국을 지키겠다는 의지의 표현이다. 낭만적 인어라기보다 도시의 수호신이다.

북쪽 면 열한 채는 바르샤바 박물관이다. 1936년 시 정부가 세 채를 사들여 '옛 바르샤바 박물관'으로 열었다가 바르샤바 봉기 때 파괴됐다. 전후 다시 짓고 열한 채로 늘려 바르샤바 역사박물관으로 재개관했다. 고고학 자료부터 회화·조각·장식미술·건축도면까지 25만 점을 소장하고 있다. 2004년 이름이 '바르샤바 박물관'으로 바뀌었다. 광장 서북쪽 모퉁이 길로 빠져나왔다. 북으로 구시가지를 나서는 성문을 만난다. 거기서부터는 마켓광장 복원 전까지 시민들이 나와 즐기던 뉴타운이다. 지금도 노천카페와 음식점들이 늘어서 흥청인다.

택시를 타고 서북쪽으로 3km쯤 떨어진 주택가 무라누프로 간다. 2차대전 전까지 이 일대 2.5km²에 형성된 '큰 게토'를 중심으로 바르샤바에만 33만 명의 유대인이 살았다. 그 게토는 전통적이고 자연발생적인 유대인 거주지였다. 그러나 2차대전 때 나치가 동유럽 곳곳에 세운 게토는 수용소나 다름없었다. 그중에 가장 큰 게토가 무라누프에 있었다. 1940년 나치는 이곳 3.3km²에 높이 3m, 둘레 18km 담장을 치고 바르샤바와 근교에 살던 40만 명의 유대인을 몰아넣었다.

유대인들은 방 하나에 평균 열세 명이 끼여 살아야 했다. 배급식량의 열량이 하루 필요량의 10%밖에 안 되는 253칼로리였다. 위생도 엉망이어서 전염병이 돌았다. 하루에도 몇 백 명씩 죽어나갔다. 그나마 1942년 여름부터 수용소 이송이 시작됐다. 그해 25만 명이 트라블링카 수용소 가스실로 끌려가 학살당했다.

"우리는 인간답게 죽을 준비가 돼 있다." 1943년 1월 유대 젊은이들은 "죽느니, 저항하다 죽겠다"며 무장투쟁에 나선다. '게토 봉기'다. 젊은이들을 중심으로 1,000명 넘는 유대인 전투조직ZOB이 결성됐다. 1월 18일 독일군이 유대인을 수용소로 끌고 가려고 게토에 들어오자 기습해 쉰 명을 사살하고 무기를 빼앗았다. 뜻밖의 저항에 부딪친 나치는 수용소 이송을 석 달간 중단하고 기회를 보다 4월 19일 공격해왔다. 탱크를 앞세운 2,000 병력을 들여보내 시가전을 벌였다.

벙커에 숨어 있던 ZOB 대원들은 격렬한 전투를 벌이며 3주를 저항했다. 게토는 화염방사기 공격을 받아 불탄다. 게토 공방전은 폴란드 출신 로만 폴란스키 감독이 영화 「피아니스트」에서 생생하게 재현했다. 5월 8일 독일군은 마지막 벙커까지 찾아내 진압한다. 모르데차이 아니엘레비치를 비롯한 100여 명의 젊은 전사들은 자결하거나 서로를 죽였다. 나치에게 생포되지 않겠다는 자존의 결단이었다. 넉 달 사이 유대인 1만3,000명이 사살되고 5만6,000명이 마저 수용소로 끌려갔다.

무라누프 게토 역시 철저히 파괴돼 폐허가 됐다. 이제는 아파트 깔끔한 중산층 주택가다. 아파트촌 복판 소공원 찻길가에 게토 봉기 기념탑이 서 있다. 높이 11m 청동 부조상에 총과 수류탄과 화염병 든 남녀노소 유대인을 새겼다. 정식 이름은 '게토 영웅들에게 바치는 기념비'다. 공산정권이 바르샤바 봉기를 금기시했던 것과 달리 1948년 세웠다. 부조상 가운데 우뚝 선 젊은이가 ZOB 지도자 아니엘레비치다.

기념탑은 1970년 12월 세계의 이목을 끌어당겼다. 서독 총리로는 처음 바르샤바를 방문한 빌리 브란트가 스스로 기념비에 찾아와 무릎을 꿇었다. 겨울비 맞으며 눈물로 독일의 과거를 사죄했다. 폴란드 국민의 마음을 흔들었다. 아무도 기대하지 않았고 예상하지 못했던 사건이었다. 브란트의 사죄는 패전국이자 인종범죄국이었던 독일의 국제적 평판과 지위를 높이는 출발점이 됐다. 독일 지도자들의 끝없는 반성과 참회는 지금까지 이어지고 있다. 독일과 너무도 다른 우리 이웃나라를 생각하지 않을 수 없다.

기념탑을 마주보는 곳에 유리벽을 둘러친 '폴란드 유대인 역사박물관'이 서 있다. 폴란드 유대인역사협회가 2013년 완공해 임시 개관한 상태였다. 파란 유리벽과 가운데 높게 낸 출입구는 『성경』 출애굽 이야기의 갈라지는 홍해를 형상화했다. 나치 게토에 이르기까지 천년을 내려오는 폴란드와 유대인의 돈독한 역사를 보여주는 자료를 모아놓은 곳이다. 폴란드인에 대한 고마움이 담겨 있다. 박물관 이름 앞에 붙은 '폴린Polin'이라는 말부터가 그렇다. 유대인들이 폴란드를 가리키는 말이자, 히브리어로 '여기서 쉬소서'라는 뜻이다.

폴린 박물관 뒤로 돌아가면 아담한 잔디 공원이 있다. '빌리 브란트 소공원'이다. 안에 무릎 꿇은 브란트의 부조상이 있다. 브란트가 무릎 꿇은 지 꼭 30년 되던 2000년 12월 폴란드 정부가 세웠다. 독일의 진심에 폴란드가 건넨 화답이다.

호텔로 돌아오는 길에 남쪽으로 2km쯤 떨어진 구시가지 서쪽 노지크 시나고그에 들렀다. 유대인이 살던 '큰 게토' '작은 게토'를 연결하던 나무다리 근처에 있는 유대교 예배당이다. 노지크는 교회 창립자 이름이다. 지금은 순례지와 관광지가 돼 9월 초 유대 페스티벌이 열린다. 시나고그는 전쟁 중에 다 파괴되고 딱 두 곳이 남았는데, 나머지 하나는 비스와 강 건너 프라가에 있다.

폴란드는 중동부 유럽 공산권에서 맨 먼저 민주정부를 세웠다. 잿더미였던 도시를 '동유럽의 파리' '꽃의 도시'로 되살렸다. 한국인들을 닮은 높은 교육열과 성취욕으로 '유럽의 공장'이 됐다. 1913년

GDP 5,139억 달러는 체코·헝가리·슬로바키아의 GDP 합계보다 많다. 폴란드는 17세기 중부유럽을 제패했던 대국의 꿈을 향해 뛴다. 그 힘은 착실하게 일궈가는 자유민주주의와 시장경제에서 나온다. 원정단은 바르샤바에서 역사의 순리를 생생하게 봤다.

대원들과 함께 바르샤바까지 751km를 완주한 1구간 라이더들이 귀국했다. 걸그룹 스타와 청각장애 수퍼모델이 철인鐵人 대원들과 어깨를 나란히 했다. 넉 달 전 전역한 공군참모총장이 서툰 손으로 야영 텐트를 쳤다. 대기업 사장과 스님이 야영장 쓰레기를 주웠다.

바르샤바를 떠나는 날 1구간 대원들의 빈자리가 컸다. 자전거 행렬이 유난히 짧고 허전했다. 원정단을 따뜻하게 맞아 정성껏 저녁을 대접해준 교민회와 공관 사람들과도 헤어졌다. 폴란드 횡단 여드레 내내 열심히 안내한 여대생 카롤리나는 원정단과 일일이 작별하고도 이튿날 아침 다시 왔다. 대원들을 전송하러 온 것이다.

그렇게 인연 맺고 정 들이고 떠나면서 대원들은 한동안 말이 없었다. 저마다 소중한 순간들을 갈무리했다. 원정단은 만남과 이별을 거듭하며 1만5,000km를 갈 것이다. 리투아니아 국경을 넘자 장대비가 퍼부었다. 보란 듯 대원들의 페달질이 더욱 힘찼다.

유라시아 다이어리
여대생 가이드 카롤리나

스물네 살 카롤리나 스코우프스카는 폴란드 최고 명문 바르샤바 대학에서 체코어와 문화언어학을 전공한 뒤 같은 대학 비즈니스 스쿨에 다니는 재원才媛이다. 폴란드에서 원정단을 안내한 영어 가이드다. 독일 접경 도시 스우비체에서 동쪽으로 폴란드 대평원을 가로질러 수도 바르샤바까지 500km 가는 이레 내내 성심껏 일했다. 어려서부터 배웠다는 영어가 유창했다.

카롤리나가 어찌나 열심히 진지하게 안내하고 설명하는지 대원 모두가 감복했다. 제 나라 역사에 대한 자부심도 대단했다. 하나라도 더 보여주고 알려주려 해 때로 피곤할 정도였다. 가이드뿐 아니라 원정단 일정을 조정하고, 현지 언론사와 연락해 취재를 조율하는 일도 즐겁게 해냈다. 그녀는 부모로부터 독립해 혼자 살며 가이드 일로 학비와 생활비를 번다고 했다.

캠핑장에서 묵는 날에는 저녁 준비에도 팔을 걷어붙였다. 생마늘 까기도 서슴없이 거들었다. 하지만 마른 오징어 냄새만은 견딜 수 없었다고 했다. 대원 누군가 주전부리감으로 가져온 오징어를 짓궂게 맛보라고 했던 모양이다. 그녀는 원정단이 바르샤바를 떠나기 전날 저녁 대원들과 기념사진을 찍고 작별했다. 그러고도 이튿날 아침 대원들이 떠나는 호텔에 다시 찾아와 인사했다. 대원들을 전송하러 온 마음 씀이 고왔다.

두 달 뒤 카롤리나에게서 이메일이 왔다. 그녀는 바르샤바를 안내하면서 받았던 질문 하나에 대답하지 못했었다. 브란트 서독 총리가 왜 폴란드인이 학살당한 바르샤바 봉기 기념탑 대신 한 해 전 일어난 유대인 봉기 기념탑에 가서 무릎 꿇고 사죄했느냐는 질문이었다. 그녀는 그렇게 쉬운 질문을 왜 그땐 답하지 못했는지 모르겠다고 했다. 그러면서 뒤늦은 설명을 해줬다. 브란트가 왔던 때가 공산정권 시절이어서 나치의 바르샤바 학살을 방관했던 소련 눈치를 보느라 봉기 기념탑이 없었다고. 그 시대에는 봉기를 기념하지도 못하게 했다고. 착한 폴란드 여대생의 미소가 오래 잊히지 않는다.

유라시아 다이어리
폴란드의 유대인

유대인은 오랜 세월 유럽의 천덕꾸러기였다. 12세기 초 교황 알렉산더 3세가 공의회를 소집해 기독교도와 유대교도의 교류를 금하면서 본격적인 탄압과 배척을 받게 된다. 그런 가운데서도 폴란드 민족은 10세기 건국 이전부터 유대인을 차별 없이 받아들여 어울려 살았다. 워낙 인종차별이 적은 관용적 민족이었던 덕분이었다. 베트남 보트 피플이 세계를 헤매 다닐 때도 폴란드는 이들을 유럽에서 가장 많이 받아들여 조화롭게 산다. 14~17세기 유럽에서 박해가 극에 달하자 폴란드로 더 많은 유대인이 밀려들었다. 2차대전 전까지 인구의 13%, 350만 명에 이르게 된다.

게토ghetto란 인연을 끊자는 편지 절연장絶緣狀을 뜻하는 히브리어 'get'에서 유래한 이탈리아어다. 중세 유럽에서 차별과 천대를 받던 유대인이 도시 안에 따로 모여 살던 거주지를 가리킨다. 2차대전 때 게토는 유대인 말살에 광분했던 나치 독일이 동유럽 점령지 곳곳에 담장을 치고 유대인을 가뒀던 곳을 가리킨다. 그중에 가장 큰 곳이 바르샤바 게토였다. 이제 폴란드에 유대인은 2,000명밖에 안 남았다. 2차대전 후 연합국이 폴란드 영토를 새로 정하면서다.

2차대전 때 폴란드군은 40만이 제 땅에 남아 게릴라전을 펼쳤다. 11만 명은 런던 망명정부 지휘 아래 연합군에 편성돼 서부전선에서 싸웠다. 소련에 잡혀간 8만은 동부전선과 이탈리아 전선까지 갔다. 그 피의 대가로 폴란드는 연합 전승국이 돼 지금의 영토를 확보했다. 그러나 스탈린은 전후 국경선을 그을 때 집요하게 억지를 부려 전쟁 전 독·소 불가침조약에서 히틀러와 합의한 폴란드 영토 분할선을 되살린다. 그 분할선을 폴란드와 소련 사이 국경선으로 정해 폴란드 동부 영토를 소련방 백러시아 땅으로 차지하는 데 성공한다. 대신 폴란드와 독일 간 국경선은 서쪽으로 이동해 독일 동부 영토를 얻게 된다.

폴란드 지도는 정사각형에 가깝고 경계선이 자를 대 그은 듯 거의 직선이다. 전후 인위적으로 영토를 다시 정한 탓이다. 대신 소련 주도로 연합국은 폴란드 영토가 된 독일 동부의 독일인 주민을 내쫓아준다. 유대인을 비롯한 이민족도 모두 떠나게 한다. 소련이 편입한 폴란드 옛 영토의 폴란드인을 쫓아낸 대가 삼아 해준 일이다. 그래서 폴란드는 본의 아니게 폴란드인이 98%에 이르는 단일민족 국가가 됐다.

BALTIC COUNTRIES

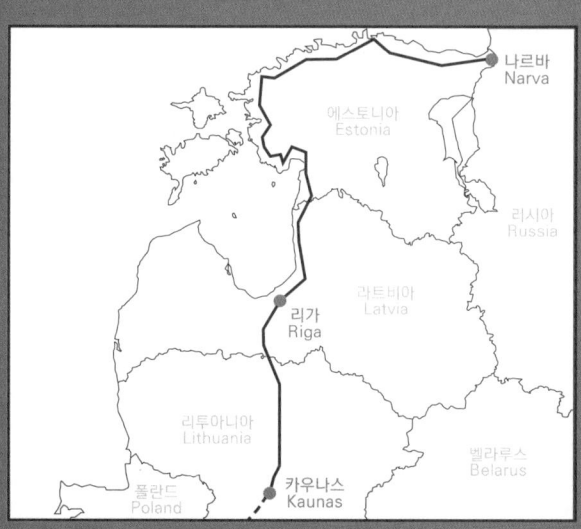

11 유대인을 도운 일본인 스기하라

리투아니아 카우나스

리투아니아 제2의 도시 카우나스Kaunas의 중심가를 '라이스베스 알레야Laisvės alėja', 즉 우리말로 자유로路가 가로지른다. 그 길이 끝나는 동쪽 언덕을 한참 헤맸다. 거목이 우거지고 고풍스러운 주택가 깊숙이 아담한 이층집이 숨어 있다. 울타리도 없이 낮은 쪽문이 달렸다. 양쪽 기둥에 리투아니아어와 일본어로 새겨놓았다. '희망의 문, 생명의 비자.' 1930년대 임시 수도 카우나스에 일본이 낸 옛 영사관이다.

지금은 대학 아시아연구소와 함께 '스기하라의 집'이 됐다. 2차대전 초기 1939년 여기에 살며 일했던 일본 영사대리 스기하라 지우네를 기린다. 리투아니아에는 폴란드 유대인 12만 명이 나치를 피해 와 있었다. 리투아니아 유대인도 20만 명에 이르렀다. 이들은 곧

닥칠 나치로부터 탈출해야 했지만 비자를 내주는 공관이 거의 없었다. 이듬해 소련이 리투아니아를 차지하고 외국 공관을 쫓아내면서 사정이 더 급박했다. 일본 영사관에도 유대인이 몰려왔다.

스기하라는 이들이 일본을 거쳐 3국으로 갈 수 있는 통과 비자를 주기로 마음먹었다. 본국에 세 차례 전문을 보냈지만 독일과 이탈리아와 삼국동맹을 앞둔 외무성이 펄쩍 뛰었다. 스기하라는 훈령을 어기고 아내와 함께 비자를 하루 수백 장씩 손으로 썼다. 한 달 만에 영사관이 폐쇄된 뒤 묵던 호텔과 떠나는 역에서까지 발급한 '생명의 비자'가 2,139장이다. 한 장으로 한 가족이 사용할 수 있어 6,000여 명이 소련을 지나 일본으로 갔다. 나치는 1년 뒤 리투아니아를 점령하고 유대인 20만 명을 학살했다.

3유로를 내고 '스기하라의 집'을 구경했다. 방 두 개에 집무실을 재현했다. 거기 스기하라가 남긴 말이 있다. "그들은 인간이었고 도움을 원했다. 그들을 돕겠다고 결심할 힘이 내게 있다는 것이 반가웠다." 15분 영상도 봤다. 블라디보스토크에서 스루가 항을 가는 배의 풍경으로 시작해 유대인들의 증언을 담았다. 일본 여자 내레이터가 감상적인 목소리로 '출애굽'에 비유했다. 스기하라는 전후 외무성의 압력으로 사실상 면직됐다. '카우나스의 불복종' 탓이다. 그는 러시아어 통역과 무역업을 하다 여든다섯에 세상을 떠났다. 일본 외무성은 2000년에야 그의 공적을 인정하고 명예를 되살려줬다.

그 이름을 뜻밖에 아베 총리에게서 들었다. 2015년 1월 예루살렘

114

에 이어 4월 워싱턴에서도 "스기하라의 용기를 배우고 싶다. 자랑스럽다"고 했다. 두 번 다 홀로코스트 추모관에서다. 독일 지도자들은 몇 십 년 거듭해 나치의 만행을 사죄하면서도 유대인을 구해낸 독일인 쉰들러를 언급하기는 삼간다. 진심이 흐려질까 봐 그럴 것이다. 아베 총리는 여전히 역사를 반성할 기미가 한 점도 없다. 스기하라의 용기를 배운 게 그것인가. 스기하라를 얘기하려면 침략의 과거사를 참회하고 피해자의 용서를 구한 뒤 할 일이다. 아베 총리는 스기하라의 인간애를 모독하고 있다.

12 노래하는 민족, 노래로 혁명하다
라트비아 리가

 들판이 끝도 없다. 발트 해에 접한 세 나라 리투아니아·라트비아·에스토니아를 관통하는 길은 지루하다. 몇 컷 찍다 그 풍경이 그 풍경이라 카메라를 내려놓는다. 폴란드는 대평원 남쪽에 타트라 산맥이라도 있지, 발트3국은 제일 높은 곳이 해발 318m다.
 '뉴라시아 원정단'은 리투아니아 도로 A10, 라트비아 A7·A1을 지나 에스토니아 A4를 달린다. 왕복 2차로이지만 폴란드와 러시아를 잇는 물류의 동맥이다. 25년 전 이 길을 따라 언어도 핏줄도 다른 세 나라 사람 200만 명이 늘어섰다. 670만 인구의 30%가 도시와 마을, 밭과 숲, 구릉과 개울을 넘나들며 손에 손을 잡았다. 그렇게 만든 인간 띠가 620km에 이르렀다. 인류사에서 몸으로 이어낸 가장 긴 줄 '발트의 길'이다.

뉴라시아 자전거 원정대원들이 리투아니아 도로 A10, 라트비아 A7·A1을 지나 에스토니아 A4를 달린다.

사람들은 이른 아침부터 설 자리를 찾아 길 위로 나섰다. 곳곳에 무대가 섰다. 민속합창단과 록밴드에, 불을 먹는 곡예사도 흥을 돋웠다. 축제처럼 춤추고 노래하며 하루가 기울었다. 아직 환한 여름 날 저녁 7시, 아이부터 노인까지 손을 맞잡았다. 15분 동안 입을 모아 외쳤다. "라이스베스" "브리비바" "바바두스". 나라마다 말은 달랐지만 뜻은 하나, '자유'를 소리쳐 불렀다. 2년 뒤 자유와 독립이 왔다. 피 한 방울 흘리지 않고 소비에트 연방의 굴레를 벗었다.

원정단이 폴란드 국경 넘어 리투아니아로 들어선 8월 23일은 25년 전 '발트의 길'이 열렸던 그날이다. 기적의 싹은 노래에서 텄다. 노래는 세 민족이 주변 강국의 지배를 받으면서도 천 년을 기대 온 기둥이었다. 민족을 묶는 힘이었다. 사람들은 크고 작은 일을 치를 때마다 민요를 불렀다. 가족·사랑·신화를 단순 소박하게 엮은 노래들이다.

세 민족은 나라 없던 1869년부터 4~5년마다 노래 축제를 열어 왔다. 해외에 사는 후손들까지 모여든다. 민속 의상을 차려입은 합창단 하나가 많게는 3만 명이다. 그 율동과 화음을 눈앞에서 보고 듣는다면 어떨까. 상상만 해도 경외롭다.

1980년대 후반 자유에 대한 갈망도 노래로 터져 나왔다. 수만 명이 거리에서 자유를 노래했다. 세 나라 독립운동 단체들은 1989년 8월 23일을 D데이로 잡았다. 50년 전 독일과 소련이 폴란드와 발트3국을 나눠 갖기로 비밀조약을 맺은 날이다. 그날에 맞춰 늘어선 200

만 발트인은 소련의 발트 점령이 무효라고 세계에 알렸다.

이듬해 리투아니아가 소비에트 연방 중에 처음 독립을 선언했다. 소련은 경제를 봉쇄하고 군대를 보냈다. 그러나 '발트의 길'에 감동한 세계인의 열망과 시대 흐름을 거스르지 못했다. 1991년 소련은 발트3국의 독립을 승인했다. 무기도 폭력도 없이 '노래하는 민족'이 이뤄낸 '노래하는 혁명'이었다.

라트비아 수도 리가는 13세기부터 독일 상인들의 발트 해 중개무역 거점이었다. 중세 북유럽 경제공동체 한자동맹의 주축으로 번창했다. 근대까지 독일인이 아름답게 가꾼 옛 시가지를 걸었다. 리가를 왜 '발트의 진주'라고 하는지 알았다.

13세기 초 처음 지은 돔 성당과 성베드로 교회 첨탑에 금빛 수탉이 올라앉았다. 예수를 부인하던 베드로의 죄를 깨닫게 했다는 수탉이다. 리가의 수탉은 해상무역의 길잡이 풍향계이자 '노래하는 수탉'이다. 금 수탉은 합창축제의 엠블럼이 돼 노래에 깃든 민족혼을 상징한다.

베드로 교회 뒤 당나귀·개·고양이·수탉 조각상도 목청껏 합창한다. 그림형제 동화에서 네 짐승은 인간에게 버림받고 브레멘 음악대원이 되겠다며 길을 나선다. 옛 한자동맹 파트너였던 독일 브레멘 시가 보내온 이 조각상 역시 리가의 명물이 됐다.

옛 시가지 입구 라이마 광장은 젊은이의 명소다. 시계탑 앞에서 아리따운 거리 악사가 바이올린으로 비틀스를 켠다. 바닥에 두 발

바닥을 눌러 찍은 동판이 붙어 있다. 서남쪽 리투아니아와 동북쪽 에스토니아로 내달려간 인간 띠의 출발점이다. 리투아니아 수도 빌뉴스의 대광장 표지석에는 '기적'이라고 새겨져 있다. 발트의 길에 이보다 잘 어울리는 말도 없다.

리가를 떠나 다시 발트의 길을 따라 에스토니아 수도 탈린으로 간다. 기온은 떨어지고 북국의 숲 자작나무가 늘어간다. 발트 해안은 가을 우기다. 시도 때도 없이 비가 쏟아진다. 앞길은 갈수록 더 혹독할 것이다.

김영미 대원은 체구가 작아도 스물여덟 살에 일곱 대륙의 최고봉을 정복했다. 그녀가 팔을 저으며 김민기의 「천리길」을 불렀다.

먹구름이 몰려온다 빗방울도 떨어진다
등 뒤로 흘러내린 물이 속옷까지 적셔도
소나기를 피하랴 천둥인들 무서우랴
가자 천리길 굽이굽이 쳐 가자…….

13 발트 해안의 빗소리를 들으며
라트비아 살락그리바

라트비아 수도 리가를 벗어나 살락그리바 캠핑장으로 향하는 길은 아름답고 상쾌했다. 이동하는 내내 왼쪽으로 발트 해의 푸른 물이 넘실거렸다. 차량도 많지 않아 자전거 라이딩의 묘미를 제대로 즐길 수 있었다. 대원들은 틈틈이 라이딩을 멈추고 해변을 뛰어다니며 사진을 찍었다.

원래 최초 루트에는 발트3국이 포함되지 않았다. 당초 계획은 폴란드에서 벨라루스를 통과해 바로 러시아로 넘어가는 것이었다. 이 루트가 최단거리이지만, 벨라루스의 비자 문제 때문에 방향을 수정해 발트3국을 거쳐 러시아 상트페테르부르크를 거치는 것으로 수정됐다. 이런 사연이 있지만, 결과적으로 발트3국 통과는 '신의 한 수'였다. 대부분 한국인에게 생소하기만 한 낯선 세 나라의 아름다운

풍광·문화·역사는 원정단에게 잊을 수 없는 추억으로 남겨졌다. 발트3국을 달린 제2 소구간 멤버들 가운데 일부는 "모르긴 몰라도 우리가 가장 축복받은 구간 아니냐"고 하기도 했다.

 살락그리바 캠핑장에는 넓은 천막과 나무 탁자, 바비큐 그릴 등이 갖춰진 공간이 있어 단체로 식사를 하기는 좋았다. 이날 저녁식사 무렵부터 폭우가 쏟아지기 시작했다. 말 그대로 양동이로 쏟아 붓는 듯한 엄청난 비였다. 발트 해안의 천막에서 빗소리를 들으며 삼겹살 쌈을 먹는 것은 운치가 넘쳤지만, 그칠 줄 모르는 비에 결국 텐트 치는 것은 포기해야 했다. 일부 대원들은 날씨와 상관없이 야영

라트비아 리가를 지나 살락그리바로 향하는 원정단.
발트해에서 불어오는 바람이 제법 쌀쌀했지만, 그럴수록 대원들은 더 열심히 페달을 밟았다.

을 해야 한다고 주장했지만, 다음 날 제대로 말리지 않은 장비들을 싣고 갈 경우 위생 등의 문제가 생길 수 있다는 의견이 우세했다.

    대신 캠핑장의 방갈로에서 취침하는 것으로 대체했다. 3~4명이 한 조로 들어간 방갈로는 침대와 샤워 시설 등이 잘 갖춰져 있었다. 샤워기에서는 비록 녹 냄새가 좀 나긴 했지만, 뜨거운 물이 콸콸 나왔다. 다들 땀과 비로 범벅이 된 몸을 씻고 빗소리를 들으며 잠을 청했다.

14 유럽으로 향한 창을 열어젖히다
에스토니아 나르바

핀란드 만으로 흘러드는 나르바Narva 강을 사이에 두고 두 요새가 마주 본다. 둘 다 철옹성처럼 높고 단단한 성벽을 둘러쳤다. 강 서쪽 언덕 에스토니아의 나르바 요새는 13세기 덴마크인이 처음 세웠다. 51m 헤르만 탑이 강 건너 러시아 땅을 굽어본다. 맞은편 이반고로드 요새는 15세기 러시아인이 지었다. 두 성채는 발트 해 동쪽 끝을 끊임없이 뒤흔든 수백 년 충돌을 상징한다. 러시아를 치려는 유럽과, 유럽으로 나서려는 러시아가 부딪쳐 온 역사다.

두 성의 발치에 걸친 다리는 이제 소통의 다리다. 출입국 심사를 통과한 사람과 차들이 줄지어 오간다. '뉴라시아 원정단'에게는 낯선 풍경이다. 원정단은 독일에서 폴란드를 거쳐 발트3국까지 오면서 한 번도 출입국 절차를 밟지 않았다. 모두 EU 국가여서다. 첫 출입국 심사를 앞두고 대원들은 긴장한다. 나르바 강은 단순한 국경선이 아니다. EU와 러시아를 가르는 경계선이다.

나르바 성 관리사무소 옆에 레닌 동상이 서 있다. 오른팔 내밀어 강 건너 러시아 쪽으로 손짓한다. 1991년 소련으로부터 독립한 발트3국에 단 하나 남은 레닌 동상이다. 나르바 시의 6만3,000 주민의 82%에 이르는 러시아계 덕분이지 싶다. 입구 기념탑도 옛 소련 국기의 낫과 망치와 별을 새겼다. '2차대전 때 우리를 지켜준 모든 러시아 영웅'을 기린다.

1941년 7월, 나치 독일 북부군이 발트3국을 지나 3주 만에 나르바 요새에 다다랐다. 이반고로드 요새의 소련군은 무기력했다. 독일군은 레닌그라드까지 150km를 단숨에 진격했지만 더 나아가지 못했다. 가장 길고 참혹한 도시전 '레닌그라드 봉쇄' 900일 끝에 퇴각해야 했다. 러시아 원정에 실패한 나폴레옹이 그랬듯 몰락의 길을 걸었다. 독일이 나르바에 저지선을 치고 버티면서 이 운명 궂은 국경 도시는 또 한 번 쑥대밭이 됐다.

나르바를 비롯한 에스토니아 북부는 13세기 덴마크, 14세기 독일 기사단, 16세기 스웨덴의 지배를 받았다. 18세기 벽두 러시아의 개혁 군주 표트르 대제가 얼지 않는 항구를 찾아 처음 출정한 곳도 나르바였다. 4만 러시아군은 나르바 요새의 8,000명 스웨덴군을 포위했지만 오히려 크게 패했다. 정신이 번쩍 든 표트르는 군대를 추스르고 키웠다. 20년 뒤 스웨덴을 물리치고 유럽으로 향한 창을 열어 러시아와 에스토니아는 나르바 강을 두고 국경을 이룬다. 강 왼쪽이 에스토니아령 나르바, 오른쪽은 러시아령 이반고로드 시. 이반고로드와 나르바는 도시 형성 시기는 달랐지만, 소련 시절 하나의 도시였다. 2차 세계대전 후 소련이 에스토니아를 강제 편입하면서 동일한 체제에서 살았지만, 1991년 에스토니아가 옛 소련에서 독립하면서 도시가 분단됐다.

나르바에 있는 성에서 원정대원이 통일을 염원하는 라이딩을 했다.
이곳이야말로 한반도 분단과 유사한 슬픈 역사 현장을 간직하고 있다.

젖혔다. 나르바 전투는 중세에 머물던 농업국 러시아를 유럽 강국으로 일으켜 세운 '쓴 약'이었다.

나르바 강을 건넌다. 한때 레닌그라드라고 불렸던 '베드로와 표트르의 도시' 상트페테르부르크로 간다. 동서 7,700km에 걸친 러시아를 두고 흔히 우랄 산맥 서쪽은 유럽, 동쪽은 아시아라고 일컫는다. 그건 사람들이 편리한 대로 그은 선일 뿐이다. 유럽과 아시아는 애초부터 한 덩어리였다. 이젠 유라시아라는 이름 하나로 충분하다. 원정단은 평화와 번영의 유라시아 길이 활짝 열리기를 염원하며 달린다.

베를린 브란덴부르크 문을 나선 지 스무 날이 넘었다. 어느 여행도 열흘 넘기면 몸은 피곤하고 신경은 곤두서게 마련이다. 그러나 대원들은 불평을 삼가고 서로를 배려했다.

자전거 행렬을 에스코트하는 운전만 해도 여간 까다롭지 않다. 안전하게 갓길을 가도록 뒤차들을 막아 속도를 떨어뜨렸다가 알맞게 터주기를 거듭해야 한다. 도로를 바꿔 탈 때는 앞서가 반대편 차를 경계한다. 지원 차량 여섯 대를 모는 운행팀은 점심을 조금 먹거나 아예 거른다. 오후에 졸지 않기 위해서다. 원정단은 말없이 서로를 떠받치며 유라시아를 간다.

RUSSIA
KAZAKHSTAN

15 러시아는 유럽이 아니다
러시아 입경

에스토니아에서 러시아 국경을 무사히 넘을 수 있을지 아무도 확신할 수 없었다. 주 러시아 한국대사관은 원정단에 관해 모든 것이 불안하다며 안절부절못했다. 대사관 측은 전화할 때마다 "브로커를 쓰는가?"라고 묻고 "브로커 없이는 국경 통과가 불가능하다"고만 했다. 베를린에서 출발해 에스토니아까지 오는 구간은 국경 통과에 부담이 없었다. EU 국가 사이에는 국경 통과에 별다른 절차가 없기 때문이다. 에스토니아 국경을 지나 러시아로 입경하는 것은 처음으로 겪는 최대 난관이었다. 한마디로 러시아는 유럽이 아니기 때문이다.

이동거리 1만5,000km 가운데 70%를 차지하는 러시아·카자흐스탄은 실질적으로 원정의 성공 여부를 결정하는 구간이라 모두 긴장감을 감추지 못했다. 에스토니아에서 러시아 국경을 통과하기 닷새 전 사전 답사를 갔을 때만 해도 뭐 하나 결정된 게 없었다. 전직 러시아 경찰 고위 관계자와 상트페테르부르크와 모스크바 고위 관리를 포함한 지인들과 접촉하면서 방법을 총동원했다.

사전 답사 때 차량이 국경을 통과하기 위해 1km 이상 긴 행렬을 이루고 있었다. 이런 구간을 통과하려면 하루 정도는 족히 걸릴 정도였다. 머리가 복잡해졌다. 러시아 측 세관 담당자와 국경수비대 담당자들을 만나 인사하고 기념품도 전달하는 등 사전 작업을 했다. 무엇보다 문제는 원정단이 소유한 물품과 장비들이 워낙 많은 데다 복잡한 것들이어서 통관에 대해 100% 보장을 받기 어렵다는 것이었다. 원정단이 러시아 입경 7일 전 8월 28일 러시아 공관을 통해 받은 메일은 그야말로 절망적이었다.

어제 유선으로 말씀 드린 대로 이반고로드 세관에 오늘부터 신임 세관청장이 업무를 시작했는데 이전 청장과는 다르게 깐깐하게 이것저것 묻고 따지고 있습니다. 어제 상의 드린 대로 다음 사항 조치 부탁합니다.

1. 의료품은 러시아 국경 들어오기 전 모두 처분.
2. 식료품은 1인당 5kg으로 맞추고, 나머지는 국경 들어오기 전 모두 처분.

전구간 원정대원과 원정 소구간인 2구간 라이딩에 참가한 대원들이 러시아 첫 라이딩 직적 안전과 멋진 라이딩을 위해 손을 모아 단합을 과시하고 있다. 구자열 LS그룹 회장과 가수 김창완 씨가 합류하면서 원정단은 탄력이 붙었다.

3. 방송장비의 경우 카르네(허가서류) 필히 받아 오십시오. 방송장비는 이반고로드 세관 관할하는 상부기관의 법무팀 검토까지 받아올 것. 이번 국경 통과에 가장 큰 문제가 될 듯합니다.

요지는 방송장비 반입과 반출이 문제라는 뜻이었다. 한국상공회의소가 발행한 카르네가 없으면 세관 레드존으로 물품을 통과 반입 반출하는 데 문제가 생긴다는 것이다. 물품 수량이 부족할(분실 등) 때 소명자료가 필요하다. 자료가 없을 때는 세관당국에서 관세가액을 산정하는데, 카르네가 없으면 장비가액의 산정이 어려워 통관 자체가 어려울 수 있다는 것이었다.

이메일을 받고 더 이상 대사관과 총영사관과는 대화할 의미가 없다고 생각했다. 또 이런 이메일을 받기 하루 전 모스크바 대사관에서는 원정단을 더욱 실망시키는 이메일이 왔기 때문이다.

조선일보 측에서 구상 중인 경로를 자전거로 안전하게 이동하기는 매우 어려울 것으로 판단됨. 10월부터 시베리아의 기후는 예측 불가능하고, 어디서든 갑자기 혹한이 엄습하고 눈이 내릴 수 있으며, 눈이 내리고 나서 결빙과 해빙이 반복되어 도로가 진흙탕이 됨. 그런 데다 도로 사정이 열악하여 이 시기에 자전거로 이 지역을 통과하는 것이 안전 측면에서 바람직하지 않음. 갑작스러운 혹한 엄습 등 날씨 예측이 어려운 상황에서 아무런 시설이 없는 곳에서 야영한다는 것은 더욱더 생각할 수 없는 일임. 시내통과 시 지역 주민들에게 불편을 초래하고 원정단의 안전도 담보하기 어려울 것으로 우려됨.

한마디로 원정 불가능하고 원정단에 대한 지원도 어렵다는 입장이었다. 결국 공관 입장을 어느 정도 이해하고 수용하는 선에서 당초 계획을 누그러뜨렸다. '자전거 이동이 어려운 구간은 차량으로 이동하고 안전한 구간만 자전거로 이동하겠다. 야영은 최대한 자제하고 호텔 숙박을 고려하겠다. 시내 라이딩은 콘보이가 없으면 불가능하니 자제하겠다'는 내용으로 대사관 측에 답 메일을 보냈다.

일단 러시아 국경 통과일이 다가오자 국경 통과에 가장 한가한 시간을 택했다. D데이 9월 3일 오전 9시.

이 시간을 정하고 나서 러시아 대사관, 상트페테르부르크 총영사관 그리고 에스토니아에 확정한 일정을 통보했다. 국경에 도착해 혼자서 러시아 국경을 통과해 에스토니아로 걸어서 입경했다. 국경 근처 호텔로 가 원정단과 합류했다. 호텔 로비에서 인사를 나누고 바로 러시아 국경 통과에 대한 오리엔테이션을 했다.

"자, 러시아는 유럽이 아닙니다. 이제부터 긴장해야 합니다."

국경 통과는 생각보다 길어졌다. 최대한 신속하게 하려 했지만 서류가 워낙 많고 장비와 물품들이 많아 확인이 필요했다. 하지만 절차는 원칙적이었고 원정단도 원칙에 따랐다. 보여달라는 것은 다 보여주고 서류는 모두 다 작성했다. 거의 4시간이 걸려 국경을 통과했다. 일일이 설명하기 곤란하지만 난관도 있었고 복잡한 상황이 전개될 뻔도 했다. 그때마다 세관청장과 대화로 해결했다. 새로 온 관세청장은 처음에 무척이나 까다로웠지만, 대화를 거듭하자 조금씩 이해하는 방향으로 선회했다. 구체적인 내용을 다 밝히기도 그렇다. 러시아는 정말 인맥이 넓어야 하고, 길 없는 길을 알아야 일처리가 가능하다.

러시아 원정에서는 경찰의 지원이 절대적이었다. 러시아는 교통경찰·내무경찰·철도경찰·세무경찰(국세청)·FSB(KGB 후신인 러시아

자! 러시아로 간다. 에스토니아에서 러시아 국경을 통과한 뉴라시아 원정단이 러시아에서 첫 라이딩을 하고 있다. 유럽연합이 아닌 첫 국가인 러시아에서의 라이딩이라 단원들은 긴장감과 설렘이 공존했다.

연방보안국)·산하국경수비대 등 치안과 보안 당국의 협조가 절대 필요했다. 유럽이야 안전이 보편적으로 인정할 만한 수준이지만 러시아는 일반인이 모르는 특수한 상황이라 한시도 방심할 수 없었다. 러시아 입경 전 오랫동안 러시아 정부와 주러 한국대사관을 통해 신변 안전과 교통경찰의 에스코트를 부탁했다. 매번 불가능하다는 대답이 돌아왔다.

하지만 어떤 형식으로든 러시아 경찰의 협조가 필요했다. 이들은 항상 불가능하다는 말을 하면서도 여지를 남긴다. 그 여지를 파고드는 것이 러시아 삶의 지혜. 지인들을 통해 집요하게 협조 요청을 했다. 결국 러시아 교통경찰은 국경 통과 30분 전에 콘보이를 제공하겠다고 알려왔다.

불가능하다는 국경 통과도 가능으로 바꿨다. 대사관과 총영사관은 그 사실을 믿으려 하지 않았다. 그런 시간 안에, 그리고 아무 문제없이 국경 통과했다는 사실을 믿을 수 없다는 것이었다.

러시아 이반고로드 국경 검문소를 통과해 상트페테르부르크로 향하는 길에 전화를 받았다. 상트페테르부르크 총영사관 직원은 "비결이 뭐냐. 브로커를 쓰지 않고 국경을 통과한 것도 그렇고, 이런 대규모 원정단이 물건 하나 압수당하지 않고 러시아에 입경한 것은 처음이다"라고 했다. "뇌물을 얼마나 썼느냐?"고도 했다. 러시아를 첫 방문한 지 25년이 지났다. 그동안 축적된 러시아 경험이 국경 통과의 비법이라면 비법이었다.

유라시아 다이어리
러시아에서의 첫날 밤

라이딩에 가장 중요한 것은 안전이었다. 라이딩할 때나 투숙할 때나 첫째도 둘째도 마지막도 안전이었다. 러시아에서 첫날 묵은 호텔 시설은 그야말로 형편없었다. 말이 호텔이지 우리의 여인숙 수준보다 못했다. 어딜 도착하나 차량과 자전거 보관이 우선 문제였다. 이광회 원정단장과 협의해 자전거는 호텔 내 창고에 보관하기로 했지만 차량 6대가 난관이었다. 호텔 앞 공터에 차량을 주차했는데 도착하자마자 아이들과 동네 청년들이 몰려들면서 불안감이 생겼다. 운행팀과 상의한 뒤 와이퍼를 비롯해 외부에서 손으로 뗄 수 있는 부품들은 모두 분리해 방으로 가져가기로 했다. 운행팀 일부는 "지나친 경계 아니냐"고 했지만, "당연한 것이다"라고 말했다. 와이퍼 도난 등이 발생하면 그만큼 문제가 생기기 때문이다. 불침번을 세우진 못하더라도 최소한 안전조치를 취하는 것이 맞다는 결론에서였다.

지금은 나아졌지만 1990년대 러시아에서 자동차 도난 사건은 비일비재했다. 자고 나면 와이퍼와 백미러, 타이어 도난 사고가 속출했다. 이런 경험을 한 사람은 돌다리도 두드리며 건넌다는 말을 실감한다. 국경 지역의 허름한 호텔, 더구나 외국인 투숙자의 차량이라면 당연히 표적이 될 수 있다. 원정 차량은 흰색과 빨간색의 화려한 외형 때문에 금세 알아보는 수준이었다.

방 하나에 5~7명이 배정됐다. 나르바 국경 통과 후부터 합류한 구자열 LS그룹회장(대한사이클연맹회장), 가수 김창완 씨도 예외가 아니었다. 대원들은 방바닥에 침낭을 깔고 자야 했다. 화장실도, 샤워실도 공동으로 써야 했다. 다음날 새벽 가장 먼저 일어나 차량을 살폈다. 무사했다. 러시아 일정의 순조로움을 알리는 신호로 받아들였다. 하루하루 숨죽이면서 살얼음판을 걷는 듯한 러시아 원정이 본격적으로 시작된 것이다.

··· 나르바~이반고로드 국경

이반고로드는 러시아 제2의 도시 상트페테르부르크에서 150km 떨어진 곳에 있는 국경 도시이다. 나르바 강을 사이에 두고 에스토니아와 국경을 이루고 있다. 이반고로드는 지난 1991년 에스토니아가 옛 소련에서 독립하면서 도시 자체가 분단됐다. 러시아령 이반고로드와 에스토니아령 나르바로 나뉘었다. 그래서 주민 절반 이상이 이산가족의 슬픈 사연을 간직하고 있다. 이반고로드의 국경 검문소와 나르바 국경 검문소는 차량과 도보로 국경을 넘어 들어오려는 사람들로 북적인다. 차량은 500여m~1km 이상 긴 줄을 서면서 대기하는 경우가 일반적이다. 두 도시는 형성 시기가 달랐지만, 소련 시절 하나의 도시였다. 2차대전 후 소련이 에스토니아를 강제 편입하면서 동일한 체제 속에서 살았다. 하지만 1991년 에스토니아가 독립하면서 전혀 다른 상황이 됐다. 50년 동안 동일한 사회·정치·문화 속에서 살던 이곳은 순식간에 이산의 도시가 됐다. 또 러시아식 생활 보존과 탈러시아라는 대립구도 속에 살고 있다. 현재 러시아령 이반고로드에는 1만 5,000명, 에스토니아령 나르바에는 6만 명이 산다. 인구와 도시 기능 면에서 나르바가 이반고로드를 압도한다. 나르바 인구 중 2만 명이 러시아인이다. 이반고로드의 러시아인들은 아직도 옛 소련 시절 강대국 의식을 고스란히 간직한 채 에스토니아인들을 무시하고 있고, 나르바의 에스토니아인들은 에스토니아 정부의 친서방 정책으로 러시아와 멀어져 가고 있다. 2005년 에스토니아가 나토와 유럽연합에 가입하면서 러시아와 더욱 소원해졌다. 이반고로드의 카페는 국경을 사이에 두고 흩어진 이산가족이 서로 만나 술을 마시는 곳으로 유명했다. 마치 우리의 남북 이산가족 상봉장 같은 분위기다. 세계 각국의 국경이 허물어지고 있지만, 이곳은 마치 대한민국의 분단 상황과 같은 슬픈 현실이 존재한다.

16 러시아의 인디언 서머, 그 찬란한 계절을 느끼다
볼로소보·상트페테르부르크

원정단은 러시아 볼로소보에 들어서자마자 구경거리가 됐다. 상트페테르부르크 서쪽 소읍 사람들 눈길을 끌어당겼다. 자전거 스무 대와 낯선 차량 여섯 대가 줄지어 들이닥쳤으니 그럴 만도 했다. 아시아인이 마흔 명이나 한꺼번에 온 것도 아마 처음이었을 것이다.

오토바이 탄 청년들이 호텔까지 따라와 차 안을 기웃거렸다. 그 수상한 눈초리에 대원들이 긴장했다. 와이퍼와 안테나를 뽑아 간수하자는 얘기가 나왔다. 한나절 85km를 두 바퀴로 달려온 라이더들이 스트레칭으로 몸을 풀자 동네 조무래기들이 에워쌌다. 중년의 사내 몇은 머플러 뗀 차를 요란스런 소리를 내며 타고 왔다. 노인과 아낙들은 멀리서 지켜봤다.

대원들은 러시아 사람이 거칠고 무뚝뚝할 거라고 생각했다. 이방인을 보는 시선도 곱지 않으려니 했다. 지레짐작이었다. 손짓 섞어 아이들과 말문을 트자 마음도 열렸다. 예닐곱 살 여자아이들이 싸이의 말춤을 췄다. 서너 살 사내아이는 두 보조 바퀴를 뗀 자전거로 묘기를 뽐냈다. 자전거 고수들 앞에서 갑자기 멈춰 앞바퀴를 추켜올렸다. 박수와 환호가 터지자 아이는 더욱 신바람을 내며 호텔 앞을 누볐다.

아이들은 대원들과 어울려 사진을 찍었다. 소녀들은 수줍어하면서도 렌즈를 쳐다봤다. 소년 한 무리가 축구공을 몰고 왔다. 젊은 대원들이 공을 가로채 거리 축구가 벌어졌다. 긴 늦여름날 땅거미 지도록 떠들썩하게 축구판이 이어졌다. 대원들은 차 와이퍼도 안테나도 떼어내지 않았다.

호텔은 이름일 뿐 게스트하우스에 가까웠다. 한 방에 서너 명씩 침대를 들였는데도 객실이 모자라 바닥에 침낭을 폈다. 공동 욕실 겸 화장실은 깨끗하지 못했다. 물에서는 녹 냄새가 심하게 났다. 마을에서 꽤 괜찮다는 호텔이 그랬다. 점심 먹을 음식점 만나기도 어려웠다. 걸핏하면 노상에 취사장을 차렸다. 버너로 물을 끓여 컵라면에 햇반을 말아 먹었다. 봉지에 담긴 '전투식량'을 뜨거운 물로 불려 점심을 때웠다.

발트3국을 지날 때는 날씨도 험악했다. 하루도 비를 거르지 않았다. 잿빛 구름 짙고 날은 쌀쌀했다. 리투아니아에서는 내내 비가 오고 맞바람이 불었다. 트럭들이 지나가며 일으키는 바람에 자전거가

휘청거렸다. 차들은 물보라까지 끼얹었다. 대원들은 한 치도 움츠러들지 않았다. 자전거로 신천지를 내달리는 즐거움 앞에서는 궂은 날씨, 불편한 점심도 대수롭지 않았다.

9월 3일 에스토니아에서 러시아로 넘어오자 기온이 22도까지 올라갔다. 발트3국보다 5~6도 높다. 하늘은 파랗고 햇볕은 따갑고 공기는 보송보송했다. 전날만 해도 상트페테르부르크 기온이 3도까지 떨어지고 우박이 퍼부었다는데……. 축복하듯 그날부터 '바브이 레타'가 시작했다. 가을이 깊어갈 무렵 다시 오는 늦더위 '인디언 서머'다. 열흘쯤 가장 찬란한 날이 이어진다고 했다. 경찰차 콘보이를 받으며 시골길로 접어들자 그 말이 맞았다.

길은 부드럽게 휘며 들판을 나아갔다. 길가에 키 큰 분홍꽃이 지면서 하얀 홀씨를 날렸다. 갓털이 눈부시게 빛나며 떠다니는 모습이 봄날 같다. 우리 분홍바늘꽃 비슷한 '이반-차이'다. '리비나'는 난대림 나무처럼 빨갛고 자잘한 열매를 잔뜩 매달았다. 진홍빛 여름 꽃이라도 핀 듯하다. 흰 바탕에 코발트빛 색을 칠한 러시아 정교회들이 여름 풍경을 거든다. 노랗게 물들기 시작한 자작나무는 가을이다.

이튿날 볼로소보에서 상트페테르부르크로 갈 때도 낮 기온이 20도였다. 발트 해안 에스토니아의 수도 탈린에 첫눈이 왔다는 날이다. 도중에 자전거 대원들만 23km 길을 달렸다. 너비 2~3m밖에 안 돼 차가 따라갈 수 없었다. '운하의 도시' 상트페테르부르크로 흘러

가는 수로 곁으로 난 길이다.

  여느 때보다 곱절 걸려 두 시간 뒤 합류한 대원들은 흙탕물투성이다. 곳곳에 고인 물을 지나고 무릎까지 빠지는 웅덩이도 있었다고 한다. 자전거째 넘어져 흙탕물을 뒤집어쓰고도 상기된 얼굴로 "행복하다"고 했다. 서른 살 황인범 대원이 말했다. "자작나무 숲길에 뱀들이 기어 다녔다. 자동차에 신경 안 쓰고 맑은 공기 마시며 모두 한 호흡으로 달렸다. 속도는 느리고 힘은 들어도 마음의 속도는 빨랐다. 심신이 위로받았다."

  러시아에서 계절다운 계절은 5월 봄부터 9월 가을까지 다섯 달이다. 일곱 달은 햇빛 없이 음산하고 눈보라가 몰아친다. 7일 볼가 강변 스타리차로 가는 길가 한 예쁜 마을에 잠깐 섰다. 목조 집들은 작고 소박해도 경쟁하듯 색색의 꽃을 가꿔놓았다. 짧아서 더 소중한 '햇빛의 계절'을 누리는 방법이다. 꽃들은 그렇게 피어나 이웃과 지나는 차들과 함께하고 있었다.

  마을 사람들이 손을 흔들어줬다. 며느리·손녀와 함께 집 앞에 서 있는 어느 할머니에게 원정 루트가 찍힌 기념 손수건을 건넸다. 할머니가 집 안에서 병을 들고 와 대원 손에 쥐어줬다. 야생 딸기로 담근 잼이다. 할머니는 검지와 중지를 모아 허공에 거듭 십자가를 그렸다. 모난 데 하나 없는 표정으로 가는 길 무사하기를 빌었다. 러시아 시골은 온화했고 사람들은 순박했다.

  10일 모스크바까지 한 달 넘게 원정단과 함께 다녔다. 그러면서

원정 소구간인 2구간 라이딩에 참가한 대원들.
뒷줄의 가운데가 구자열 LS그룹 회장, 그 앞에는 가수 김창완 씨.
이들은 제정 러시아 수도 상트페테르부르크 시내를
라이딩하는 영광을 누렸다.

부러웠다. 대원들은 느리게 두 바퀴로 가며 행복해했다. 길에서 마주치는 자연과 풍광과 사람에 고마워했다. 그들의 힘찬 기운을 나눠 받아 덩달아 젊어지고 행복했다. 이런 길을 언제 다시 갈 수 있겠는가.

17 기적 같은 상트페테르부르크 시내 라이딩
상트페테르부르크

러시아 국경을 통과한 뒤 분위기는 무척이나 가벼워졌다. 최대 난관으로 생각했던 에스토니아와 러시아 간 국경을 무사히 통과하면서 자신감도 생겨났다. 여세를 몰아 사상 유례가 없는 상트페테르부르크 시내 라이딩을 추진했다.

러시아 국경 도시 이반고로드를 출발한 원정단은 러시아에서 첫날 숙소인 볼로소보까지 거침없이 라이딩했다. 이 구간 역시 사전 답사를 마친 구간이라 어려움이 없었다. 러시아 교통경찰이 에스코트를 시작하면서 보다 안전하게 라이딩할 수 있었다.

하지만 다시 어려운 문제가 생겼다. 제정러시아 시대 찬란한 역사와 문화의 도시 상트페테르부르크로 라이딩하는 일정을 조율하는 일이었다. 러시아 교통경찰, 내무부, 상트페테르부르크 총영사관은 입국 전부터 시내 라이딩만은 자제해달라고 했다. 평소에도 극도의 차량 정체에 시달리는 도시 여건상 시민에게 불편을 주는 행위는 금기로 여기기 때문이었다.

원정단은 러시아의 상징적인 도시 상트페테르부르크와 모스크바에서 라이딩하는 기록을 남기고 싶은 마음 간절했다. 그런 만큼 이 계획을 관철하는 데 상당한 품을 들여야 했다. 안드레이 오제로프, 알렉산드르 미로노프 등 경찰팀과 원정단은 문제가 되는 요소들을 하나하나 설득하면서 해결해나갔다. 경찰 차량과의 간격유지, 교통 신호 문제 등 세밀한 부분까지 합의했다. 그러면서 절대 불가능할 것으로 생각했던 시내 라이딩이 마침내 성사됐다.

상트페테르부르크 시내 입성일은 목요일 평일이었다. 퇴근 시간을 피해 오후 3시 정도 시내 라이딩을 마치게 루트를 짰다. 대부분 2차선인 상트페테르부르크 진입 도로 여건에도 전 구간과 소구간 라이딩 팀을 별도 운영하면서 시내로 접근했다. 시민들은 한결같이 손을 흔들며 환영했다.

도시의 상징인 네프스키 프로스펙트(대로)를 접어들자 감회가 남달랐다. 대원들 일부는 감격의 눈물을 흘렸다. 러시아 경찰이 속도를 내자 라이딩 팀은 바짝 따라붙으며 네프스키 프로스펙트를 가로지르면서 숙소인 노보텔까지 질주했다. 역사적인 라이딩을 한 것이다. 시내 라이딩은 고속도로나 일반도로 라이딩과 달리 아슬아슬한 과정이 워낙 많아 원정단은 사분오열되다시피 했다. 취재 차량과 지원 차량 6대가 경찰 에스코트를 따라가는 라이딩 팀을 놓치는 상황도 발생했다. 정작 진입하는 순간 사진기자, 다큐멘터리 팀 모두 이 장면을 담지 못하는 우를 범하기도 했다.

하지만 김창호 대장이 리드한 라이딩 팀은 한 치 오차 없이 호텔까지 라이딩의 진수를 맛봤다. 원정단은 욕심이 났다. 도시 진입 때 라이딩했으니 나갈 때도 당당하게 라이딩하면서 러시아 언론이나 시민에게 대한민국에서 온 뉴라시아 자전거 평화원정단의 활약을 알리고 싶었다. 이재오 국회의원 등이 합류하면서 분위기를 부추겼다. 이 의원은 어떻게든 시내 라이딩을 하고 싶어하는 눈치였다. 이광회 원정단장은 상트페테르부르크를 떠나기로 한 오전 6시쯤 객실로 전화를 했다. "어떻게든 라이딩할 수 있는 방안을 마련해보라"고 했다. 참으로 난감했다.

하지만 다시 경찰을 설득해보기로 했다. 경찰 담당자들과 조율을 시작했다. 무조건 안 된다던 입장이 누그러지는 듯했다. 3시간 동안 설득 끝에 출발 직전 허가를 통보받았다. 대신 신속하고 정해진 시간 안에 통과하라는 전제 조건이 붙었다.

그런데 라이딩 팀이 호텔에서 1km 정도를 지나자마자 "펑" 소리와 함께 돌발 상황이 벌어졌다. 자전거 한 대가 펑크 난 것이다. 경찰과 원정단은 당황하며 큰 사고인 줄 알고 모두 몰려들었다. 하지만 안영민 대원의 신속한 조치로 몇 분 만에 수리를 마치고 라이딩을 재개하면서 시내를 빠져나왔다. 지체가 되어 교통에 문제를 주

었다면 러시아 경찰의 협조를 더 이상 받기 어려웠을 것이다.

결국 뉴라시아 자전거 평화원정단은 제정 러시아의 수도를 자전거로 관통하는 전례 없는 기록을 세웠다.

상트페테르부르크~모스크바 소구간 라이딩에 합류한 이재오 국회의원은 이런 과정을 보고 놀라움을 금치 못했다. 친러파 의원으로 알려진 그는 "역시 조선일보 맨파워가 대단하다"고 말했다. 러시아라는 환경이 그 특유의 복잡함이 있어서 아무리 설명해도 안 되는 게 많지만 큰 어려움 없이 행사를 치러냈으니 실로 큰 성과였다.

러시아에서 기분 좋은 라이딩을 시작한 대원들은 제정 러시아 수도 상트페테르부르크 시내를 관통하는 과감한 라이딩을 했다. 당초 러시아 당국이 시내 라이딩 불가 입장을 밝혔지만 한반도 평화통일 세계 평화를 위한 라이딩 취지를 설명하자 어렵게 라이딩 허가를 해줬다.

상트페테르부르크 일정이 모두 순조롭게 진행되자 주러시아 대사관이 적극적인 움직임을 보였다. 경찰 에스코트와 시내 라이딩 등 요청한 사항에 대해 불가 통보를 해왔지만, 정작 러시아 경찰 당국이 에스코트해주고 시내 라이딩에도 성공했다는 소식이 전해지자 우호적인 분위기로 바뀐 것이다.

··· **러시아 최후의 관광상품 볼가 강 크루징**

러시아 운하를 만들어낸 볼가 강은 유럽에서 가장 길다. 러시아의 젖줄로서 자국민에게 '러시아의 어머니'로 불린다. 모스크바 북서쪽에서 발원해 카스피 해까지 장장 3,688km를 흐른다. 유속이 빠르고 수심이 깊어 선박의 이동에 거침이 없다. 이 강은 러시아 남부 스텝 지역까지 고루 물을 제공한다. 돈 강과 연결되어 카스피 해나 흑해까지 이어지는 수상 교통로가 만들어져 사실상 모스크바에서 전 세계로 통하는 수상로가 구축된 셈이다. 볼가 강 크루징은 모스크바 운하가 건설된 이후 가능해졌다. 18세기에 표트르 대제가 운하 건설을 구상했지만, 그로부터 200년이 지난 1937년 스탈린 시대에 이르러서야 비로소 완성되었다. 러시아인들은 평생 두 가지 여행을 꿈꾼다. 시베리아횡단열차TSR 여행과 볼가 강 크루징이다. 볼가 강 크루징은 배로만 접근이 가능한 오지에서 러시아의 숨겨진 자연을 만끽할 수 있다. 러시아 키지 섬 등 역사 현장을 찾아가는 여행이기도 하다. 흔히 러시아 최후의 관광상품이라고 말한다. 볼가 강 크루징은 러시아의 현재 수도 모스크바와 제정 러시아의 수도였던 상트페테르부르크를 오가는 노선과 모스크바 강~볼가 강~돈 강을 따라가는 모스크바~볼고그라드~로스토프 노선이 대표적이다. 모두 러시아 크루징의 백미로 꼽힌다. 특히 모스크바~상트페테르부르크 노선 6박 7일간의 크루징이 가장 인기가 높다. 러시아 최대 관광지인 두 도시 가운데 한 곳을 목적지로 정하기만 하면 된다.

··· **황제들의 여름궁전 페테르고프**

'페트로드보레츠(표트르 대제 궁전)'로 불리는 이곳은 황제들의 여름궁전이다. 에르미타주 박물관이 겨울궁전이라면 이곳은 여름궁전으로 더없이 좋다. 20개가 넘는 궁전이 핀란드 만을 따라 뻗은 드넓은 정원에 흩어져 있어 아름다움의 극치를 보여준다. 1709년 이 지역을 눈여겨본 표트르 대제는 1715년부터 1724년에 걸쳐 장-바티스트 알렉상드르 르 블롱과 니콜로 미케티에게 설계를 맡기고 2층짜리 궁전을 짓게 했다. 궁전의 일부는 현재의 대궁전 심장부에 여전히 남아 있다. 궁전 내부는 라스트렐리의 바로크 양식과, 유리 펠텐 등이 예카테리나 대제를 위해 장식한 방들의 신고전주의 양식이 공존한다. 대궁전과 핀란드 만 사이에는 거대한 폭포와 해양 운하가 연결돼 있다. 표트르 대제가 분수를 만들기 시작한 이후 19세기에 이르기까지 황제들이 제각각 하부 공원에 폭포와 분수 작업을 계속하면서 세계에서 가장 아름다운 수상공원을 완성했다. 정원에 흩어져 있는 다양한 바로크풍 건축물은 르 블롱 등의 작품으로 1714년부터 1726년에 걸쳐 지어졌다. 가장 두드러지는 건물은 동쪽에 있는 스트렐나의 콘스탄틴 궁전(1797~1807)과 별장 궁전(1826~1829), 서쪽에 있는 로모노소프의 중국궁전(1762~1768)이다. 상트페테르부르크를 방문한 관광객이라면 꼭 들러야 할 명소다.

18 볼가 강변에서 추석 차례를 지내다
볼가 강

출발 전에 이광회 단장을 비롯한 몇몇 대원들은 '볼가 강변 캠핑'을 꼭 해보고 싶은 목록의 하나로 꼽았었다. 볼가 강은 유럽에서 가장 긴 강이다. 러시아 하천 수송량의 절반 이상이 볼가 강 수계를 통과하고 있으며, 수산자원도 풍부해 '러시아의 젖줄', '러시아의 축'으로 불린다. 러시아의 묘미를 제대로 즐기기 위해서는 볼가 강 캠핑만 한 게 없다는 공감대가 형성됐다.

하지만 많은 사람들이 "강변 캠핑이 안전하지 않을 수 있다"는 조언을 잇따라 했다. "유럽 캠핑장과는 다르다. 인적 드문 강변에서 무슨 일을 당할지 모른다"는 것이었다. 반신반의 하면서도, 안전을 최우선 덕목으로 꼽는 원정단은 무리하지 않고 캠핑을 포기하고 볼가 강변의 펜션 숙박으로 대체했다. 많은 대원들이 아쉬움을 표했다.

하지만 결과적으로 '신의 한 수'가 됐다.

원정단이 대체 숙소로 구한 곳은 러시아 토르조크 시 인근 볼가 강변의 '핀카 리블로바Finka Ryblova'라는 별장형 펜션이었다. 9월 7일 한참 동안 자갈밭을 헤쳐나간 끝에 도착한 원정단 앞에는 한 폭의 풍경화가 펼쳐졌다. 말 그대로 그림 같은 볼가 강의 풍경과 어우러진 통나무 펜션은 운치가 넘쳤다. 펜션 건물 시설도 대원들이 러시아 시골에서 기대하던 것보다 훨씬 훌륭했다. 큰 별장에 딸린 방 6개, 5명이 들어갈 수 있는 작은 별장 2개를 빌리는 데 3만 5,000루블. 한국돈으로 68만 원쯤 하는 가격도 적당했다.

단원들은 저마다 방에 짐을 풀어놓고 강변을 산책하며 사진 찍기에 바빴다. 일부는 해먹에서 낮잠을 청했고, 김창호 대장은 펜션에 설치된 탁구대에서 대원들과 100루블(약 2,000원)짜리 내기 탁구시합을 했다. 원정단을 이끌 때 한 치의 오차도 허용하지 않는 냉철함을 유지하는 김 대장이었지만, 이날 판판이 깨지면서 "한 판만 더"를 애처롭게 외치는 그의 모습은 대원들에게 큰 웃음을 안겼다.

저녁식사의 하이라이트는 '돼지고기 수육'이었다. 요리 실력이 나날이 발전하는 대원들은 러시아 마트에서 사온 돼지고기에 된장을 풀어 삶아냈다. 새우젓이 아쉬웠지만, 볼가 강변에서 먹는 수육 한 점과 보드카 한 잔은 피로를 날리기에 충분했다.

그래도 야외 캠핑에 대한 미련은 남아 있었나보다. 황인범 부대장을 비롯해, 김영미·이상구 대원, 윤솜이 소구간 대원은 이날 밤

유라시아트렉 이철민 팀장이 캠핑도구를 챙기며 특유의 환한 미소를 짓고 있다.

멀쩡한 실내 잠자리를 마다하고 강변에 텐트를 쳤다. 김영미·이상구·윤솜이 대원은 아예 텐트 밖에서 침낭만 갖고 비박을 했다. 영상 10도 안팎의 쌀쌀한 날씨였지만 "오히려 정신이 맑아졌다"며 즐겁게 아침 인사를 했다.

8일은 추석날이었다. 아침부터 대원들은 부지런히 움직이며 강변에 합동 차례상을 차렸다. 물안개가 피어오르는 가운데 해가 떠오르는 모습은 장관이었다. 하늘은 높고 맑고, 바람 한 점 없었다. "더도 말고 덜도 말고 러시아의 한가위만 같아라"라는 박영석 대원(의사)의 말에 웃음이 터졌다.

차례상에는 청주와 송편 대신 보드카와 초코파이가 준비됐다. 현지에서 구한 멜론·수박과 한국에서 긴급 공수해온 햇밤·대추·북어가 어우러졌다. 차례상도 원정단 취지에 맞는 '유라시아 화합형' 모양새가 갖춰졌다.

"원정단이 지나가는 모든 지역에 평화의 전도사가 될 수 있도록 도와주십시오. 원정단의 안전과 성공, 한반도 통일을 위해 조상의 음덕을 기원합니다."

이광회 단장이 먼저 기원문을 읊고, 이어 김창호 대장이 술을 올리고 모두 함께 절을 했다. 약 한 달 동안 집을 떠나온 대원들은 모두 고개를 숙인 채 가족과 고향 생각에 잠겼다. 김 대장은 "이국땅에서 추석을 맞은 대원들에게 가족과 고향 생각이 얼마나 절실하겠느냐. 전 세계에 평화와 통일이라는 메시지를 전한다는 뚜렷한 목표를 향해 앞으로도 쉬지 않고 달려갈 것"이라고 했다.

소구간 원정대원으로 참여한 이재오 새누리당 의원도 "추석에도 휴식 없이 자전거 행진을 하는 대원들이 대견하다"며 "원정단의 행진이 계속될수록 유라시아의 간격도 좁혀질 것"이라고 했다.

원정단이 가는 길은 항상 특별했다.
고성古城 정교회 성당 등 때로는 고색창연한 건물들 사이로 라이딩하면서
더없이 행복한 순간을 맛보기도 했다.

# 크렘린 궁 앞에서 라이딩 활극을 벌이다
모스크바

9월 10일, 드디어 모스크바 입성이다!

　모스크바 근교 즈베니고로드를 떠나 모스크바 진입까지 한 치 오차 없이 움직여야 했다. 이른 아침부터 도로경찰과 내무부 등에서 전화가 줄기차게 걸려왔다. 경찰 에스코트, 숙소인 아르바트 호텔까지 무난히 시간 내 들어가려면 보통 신경을 써야 하는 게 아니었다. 인구 1,200만 명의 모스크바는 교통지옥이라 만약의 경우 예정보다 두세 시간, 아니 그 이상 지연될 수 있었다. 더구나 숙소 호텔은 시내 최중심 아르바트 거리에 있어 경찰과도 밀접한 조율이 필요했다.

　원정단은 경찰이 제시한 가장 무난한 길을 택했다. 호텔에서 주러시아 대사관 주최로 환영식을 준비하고 있었고, 도착하자마자 크렘린 궁 라이딩이라는 프로젝트를 수행해야 했기 때문이다. 다행히도 이날 교통 상황을 세심히 점검한 경찰 덕분에 호텔까지 무난히 도착했다. 날씨도 좋았다. 호텔에는 위성락 대사와 이석배 공사 등 원정단에 관심을 갖고 지켜본 분들이 총출동했다. 도착하자마자 간단한 환영식이 열렸고 일부 지상사 대표들도 환영에 동참했다. 원정단 내부에서는 러시아 수도 모스크바까지 왔으니 앞으로 무슨 일이 벌어져도, 설사 원정이 중단된다 해도 목표의 한 부분은 달성했다는 이야기가 나왔다. 하지만 이광회 단장은 "이제부터 진정한 원정의 시작"이라며 박차를 가했다.

사실이었다. 우랄 산맥, 시베리아 등 앞으로 갈 길이 얼마나 험난할지 아무도 예상하지 못했다. 환영식이 끝나고 라이딩 팀에게 준비를 시켰다. 모스크바, 아니 러시아 심장부인 크렘린 궁을 향해 라이딩하기 위해서였다. 하지만 러시아 교통부와 내무부, 주러 대사관 등이 사전 "크렘린 궁 라이딩은 꿈도 꾸지 마라"고 한 터라 조심스러웠다. 더구나 러시아 측 허가를 받지 않은 상태에서 기습적인 주행을 감행할 수밖에 없었다. 행정적으로 허가받기에는 시간적 여유도 없고 러시아 정부에서 허가를 내줄 리 만무하다는 사실을 잘 알고 있던 터였다. 러시아에서 다양하게 경험한 바, 일단 공격적으로 일처리를 해보자는 시도였다.

물론 라이딩 팀은 돌발적인 상황이 발생하면 크렘린 궁 근처도 못 가보고 되돌아올 수 있었다. 모스크바 지리를 꿰고 있는 상태여서 일단 루트를 확실히 잡았다. 크렘린 궁에서 다시 호텔까지 돌아오는 데는 약 5km 정도 거리다. 이 과정에서 문제가 없으려면 경찰에게 절대 제지당하면 안 된다. 먼저 트베르스카야 대로를 통해 크렘린 궁 정면으로 라이딩을 한 뒤 볼쇼이 극장~KGB(현 FSB, 연방보안국) 본부~바실리 사원~붉은광장 루트를 잡았다.

30명 정도가 라이딩하는데 흐름도 순조로웠고 교통신호도 별 문제가 없었다. 태극기와 러시아 국기를 자전거에 단 라이딩 팀이 크렘린 궁에 나타나자 도로 위의 차들은 놀랐다. 엄청난 행사가 치러지는 것은 아닌가 하면서 바라보았다. 경적을 울리며 환영하기도 했다. 경찰도 대사관 차량이 비상등을 켜고 선도하자 이상한 느낌을 받았는지 무전기를 들고서 긴급히 연락을 하는 듯했다. 라이딩 팀은 가급적 빠른 속도로 블라디미르 푸틴 러시아 대통령 출근길을 따라 크렘린 궁, 또 바실리 성당 쪽으로 진입했다.

크렘린 궁 앞에 도착해서는 크렘린 궁 경호대와 담당 교통경찰이 제지하기 전 미리 다가가 협조를 요청하는 기지를 발휘하기도 했다. 경찰은 예상하지 못한 부탁에 대로의 차량 이동을 멈추게 한 뒤 바실리 성당으로 건너가도록 도움까지 주었다. 이렇게 크렘린 궁 라이딩도 성공했다. 내친 김에 바실리 성당에서 크렘린 궁 방향으로 서너 차례 라이딩을 반복하면서 멋진 사진 촬영에도 성공했다.

사진기자 오종찬이 배를 바닥에 대고 누워 카메라를 허공으로 들어올려 작품 촬영에 성공했다. 마치 광화문 광장에서 자유롭게 사진을 찍는 판이었다. 이 사진은 조선일보 1면 톱으로 나갔다. 바실

내친 김에 크렘린궁까지!
뉴라시아 자전거 평화원정단은 크렘린궁 라이딩이라는 도박을 했다.
크렘린궁 경호당국과 러시아 교통경찰 등이 라이딩 절대불가 입장을 밝혔지만
어찌 보면 기습적인 라이딩을 추진하면서 가장 화려한 라이딩 기록을 만들었다.
대원들은 평생 잊지 못할 라이딩 순간을 경험한 것이다.

리 성당을 배경으로 자전거를 타는 모습이 그토록 아름답게 촬영됐다는 사실이 믿어지지 않을 정도였다. 원정을 시작한 뒤 가장 근사한 사진이 신문 1면에 게재된 것이다.

김창호 대장이 이끄는 전 구간 라이딩 팀은 물론 이재오 의원 등 상트페테르부르크~모스크바 소구간 참가자들도 기적적인 라이딩을 해냈다. 상트페테르부르크 네프스키 대로 라이딩에 이어 모스크바 심장부인 크렘린 궁 라이딩을 이뤄내면서 뉴라시아 자전거 평화원정단은 엄청난 결과를 만들어낸 것이다. 지금에서야 웃으며 말하지만 상트페테르부르크와 모스크바 라이딩은 피를 말리는 과정이었다.

크렘린 궁 앞 교통경찰은 "외국원정대는 물론 러시아 팀도 자전거로 크렘린 궁을 라이딩하는 행사를 가진 적 없다"며 "한국 원정단이 처음"이라고 말했다.

크렘린 궁 앞에서 라이딩 활극을 벌인 뒤 호텔로 돌아왔다. 모두 행복감에 젖은 얼굴이었다. 라이딩에 성공한 다음 날, 무역협회와 경제포럼 개최, 문체부와 협조하여 비보이 공연을 하는 등 행사를 개최했다. 유라시아 공동체와의 경제협력, 한류 전파, 그리고 원정대의 목적인 한반도 평화 정착과 통일 염원 의지를 알렸다.

원정단은 바쁜 일정 때문에 모스크바에서도 자유시간 없이 행사에만 참여했다가 떠나야 했다. 임민혁 기자 등 뉴라시아 사무국에서 고생한 기자들은 크렘린 궁이나 아르바트 거리 등 시내 한번 제대로 구경하지 못하고 짐을 챙겨 다음 일정을 시작했다. 아쉬움이 컸지만, 행사가 먼저고 안전이 우선이라 긴장감을 늦출 수 없었다.

모스크바에서 마지막 밤을 보낸 원정단은 다음 목적지인 우랄 산맥을 향해 다시 긴 여정 준비에 여념이 없었다.

러시아 심장부 크렘린궁 붉은광장성 바실리사원을 배경으로 한 전구간 라이딩 대원 7명은 이 순간을 놓칠 수 없었다. 크렘린궁 라이딩을 기념한 점프를 하지 않을 수 없었다. 대원들은 더 높게 뛰어올랐다.

유라시아 다이어리
러시아의 수돗물

뉴라시아 자전거 평화원정단의 숙소는 야영, 학교 기숙사, 게스트 하우스 등 다양했다. 호텔은 3등급 이하를 이용했다. 이러다 보니 에피소드가 많았다. 유목민처럼 매일 이동해야 하는 일정을 소화해야 해서 숙소에 도착하면 씻고 쉬는 것이 급선무였다.

사실 러시아나 카자흐스탄 등 독립국가연합CIS 나라들을 여행할 때는 불평이 절로 나올 수밖에 없다. 가장 큰 고통은 물이었다. 수도꼭지를 틀면 물이 제대로 나오는 숙소가 거의 없었다. 물이 아예 나오지 않거나 찬물만 나오거나 어떤 곳은 뜨거운 물만 나오기도 했다. 멀쩡한 물이 나오는 경우는 정말 어쩌다 한 번이고, 흙탕물은 물론 검은색 물이 쏟아지기도 했다. 단체 대화방에 사진을 올리며 단원들은 수도꼭지에서 온천수, 블랙커피, 원유가 쏟아진다고 말할 정도였다. 심해도 보통 심한 게 아니었다.

사실 러시아나 CIS 출장 경험을 통해 찬물이든 더운물이든 물만 나오면 만족해야 한다는 것을 익히 알고 있었다. 하지만 단원들에게는 이해가 안 되는 대목이었다. 이런 나라 국민들은 수도꼭지에서 물만 나오면 된다고 생각한다. 황당한 일은 또 있었다. 수도꼭지가 파란색이면 냉수, 빨간색이면 온수가 나온다고 알고 있는 게 상식인데, 러시아나 CIS에서는 대부분 그 반대다. 그러다 보니 찬물 틀려다 뜨거운 물을 뒤집어쓰는 경우가 비일비재했다. 이는 소련 시절부터 특별한 표준이 있었기 때문이다. 서유럽과 달리 수도꼭지는 물론 상하수도관의 기준이 맞지 않아 그렇다는 것이다. 1급 호텔들도 예외가 아니다. 히딩크가 러시아 축구팀 감독으로 부임한 뒤 첫 에피소드도 물이었다. 호텔에서 수도꼭지를 돌리니 흙탕물이 나와 기겁했다는 소식이 외신을 타기도 했다. 하여튼 러시아나 CIS 국가를 여행할 때는 뜨거운 물이든 찬물이든 수도꼭지에서 물이 나온다는 사실에 그저 감지덕지해야 한다.

유라시아 다이어리
러시아 경찰

마린스크에서도 힘겨운 일정이었다. 이곳을 출발하면 시베리아 벌판 600km를 횡단해야 하는 고행길이 시작되는데, 출발 전부터 문제가 생겼다.

동트기 전 시베리아횡단철도가 지나는 마린스크 역사驛舍에서 다큐멘터리 팀과 라이딩 팀이 촬영하느라 분주했다. 사진기자 오종찬이 동트는 순간에 맞춰 생동감 있는 장면을 촬영했고, 다큐멘터리 팀이 ENG와 헬리캠을 동원해 촬영을 시작하자 아니나 다를까 귀신같이 경찰이 와 제지했다. 어제 내무부 소속 경찰과 교통경찰에 통보했다고 하는데도, 역사의 철도경찰은 막무가내였다. 아마 통보를 받지 못했던 모양이다. 내무경찰에 확인전화를 해준다고 하는데도, 세 명 가운데 유독 젊은 경찰 하나만 믿지 않고 고집을 피웠다.

러시아 경찰들! 무소불위의 권력자라는 사실을 아는지라 상황을 지켜보기로 했다. 기차역과 열차 대상 테러가 잦은 러시아에서는 철도경찰의 힘이 세다. 물론 원정단의 행동은 제지 받은 게 당연했다. 대화로 쉽게 풀리고 했지만 원정허가, 촬영허가 공문까지 보여달라고 하니 문제가 복잡해졌다.

경찰을 유도해 역사에서 잠시 벗어나 주차장 쪽으로 갔다. 원정단의 취지가 담긴 러시아 정부가 발행한 공문을 보여주었다. 고압적인 자세가 좀 누그러졌다. 서류 확인을 위해 경찰과 대화하는 동안 다큐멘터리 팀의 촬영은 마무리됐다. 또 하나의 과정이 끝난 것이다. 늘 헬리캠이 문제였다. 다큐멘터리 팀이 멋진 영상을 담으려고 수시로 하늘에 띄웠기 때문이다.

원정단이 지나는 동안 경찰과의 협조도, 갈등과 위기도 계속됐다. 러시아 경찰에게는 차량 색상, 유리선팅, 차량번호 등 뭐 하나 마음에 드는 게 없었다. 러시아 차량이나 원정단이었다면 백발백중 문제 삼았을 것이다. 다행히 러시아 경찰과 협상이나 대화가 다양한 방법으로 이뤄지면서 일정에는 차질이 없었다.

사실 경찰과의 문제가 생길 때마다 목소리를 높였다. 상대에게 제압당하지 않기 위해서다. 러시아 경찰은 약자에게 강한 권력을 행사하고, 강자에게는 적당히 물러선다는 사실을 잘 알고 있었다. 이날도 경찰과 실랑이가 벌어지면 몇 시간 동안 애를 먹을 수 있어 현장에서 모든 걸 해결하는 데 집중했다. 아침부터 경찰에 연행될 이유가 없기 때문이었다.

·· 크렘린 궁

크렘린 궁은 러시아 권력의 심장부다. 모스크바 창건자 유리 돌고루키 공公이 1156년 무렵 작은 언덕 위에 숲과 목책으로 요새를 구축한 것이 오늘날 크렘린 궁의 시작이다. 14세기 타타르족의 침입에 대비해 떡갈나무로 두터운 성벽을 건설했고, 1367년 하얀 돌로 대체했다. 크렘린 궁은 오랫동안 러시아 황제의 거성居城이었지만, 18세기 초 상트 페테르부르크에 에리미타주라는 겨울궁전이 생기면서 그 기능을 잃었다. 하지만 1917년 러시아혁명 이후 모스크바가 수도가 되면서 소련 정부의 본거지가 됐다. 크렘린 궁은 모스크바 강을 따라 한 변이 약 700m인 삼각형 모양을 이루고, 높이 9~20m, 두께 4~6m의 벽으로 둘러싸여 있다. 장식적인 성벽의 첨탑, 피라미드형 탑, 시계탑 등은 17세기에 증축됐다. 성내에는 3대 성당인 성모승천교회, 성수태고지교회, 대천사교회 등 많은 교회당을 비롯해 수도원·궁전·탑이 있다. 중앙에는 높이 100m의 대종탑(이반 대제의 종탑)이 서 있는데, 이 자리는 모스크바의 정중앙이라고 알려져 있다. 적이 침입하면 종탑에 있는 21개의 종이 일제히 울렸다고 한다. 대부분 건물은 15~16세기에 이탈리아 건축가들이 설계해 지었다.

20 민영환의 좌절된 꿈길을 달리다
니즈니노브고로드·카잔

9월 12일, 모스크바 성과 바실리 성당을 뒤로하고 러시아 제3의 도시 니즈니노브고로드를 거쳐 이튿날인 13일, 볼가 강가에 있는 타타르스탄 자치공화국 수도 카잔에 도착했다. 허리를 하얗게 드러낸 자작나무가 끝 모르게 이어졌고 광활한 해바라기 밭이 몇 km씩 나타났다 사라지곤 했다. 카잔은 2014년 세계 리듬체조 월드컵 대회가 열려 한국 체조요정 손연재가 종합 5위를 한 곳으로 우리에게도 친숙한 도시다. '볼가 강의 진주'라는 별칭답게 카잔은 깨끗하고 아름다웠다. 그러나 유럽과 아시아가 맞닿는 경계에서 아픔을 겪어야 했던 시기가 있었다.

오랫동안 러시아 사람들은 '타타르의 멍에'를 말하며 치를 떨곤 했다. 몽골의 무자비한 지배가 몰고 온 공포와 학살의 기억 때문이다. '타타르'는 13~16세기 러시아를 지배했던 몽골족 후예와 투르크족을 아우르는 말이다. 러시아에 쳐들어간 칭기즈칸은 몽골 병사들에게 "동정은 후회의 씨앗"이라고 가르쳤다. "문명적 관용은 필요 없다. 짓밟을 때는 인정사정없이 짓밟아라." 러시아 사람들은 타타르의 지배가 나라의 근대적 발전을 가로막은 멍에가 됐다고 생각한다. 근대화에 낙오한 결과, 러시아의 전제정치가 긴 꼬리를 남겼고 이는 러시아에 사회주의 혁명이 일어나는 한 원인이 됐다. 카잔은 그런 몽골 지배의 전진기지였다.

16세기 러시아 이반 대제는 몽골로부터 카잔을 되찾으며 이를 기념하기 위해 모스크바에 지상에서 가장 아름다운 성당을 지어 성모 마리아에게 바쳤다. 그곳이 바로 모스크바 한복판 크렘린 옆에 동화 속 궁전처럼 서 있는 성 바실리 성당이다. 그는 성당을 지은 건축가들을 불러 잔치를 베풀고 뒤로는 부하를 시켜 그들의 눈을 못쓰게 만들었다. 바실리 성당처럼 아름다운 건물을 더 이상 짓지 못하도록 하기 위해서였다. 바실리 성당에서 카잔에 이르는 광활한 땅을 달리며, 동물의 왕국과는 달리 인간의 역사에는 절대 왕좌가 없다는 사실을 실감했다. 길가의 미루나무와 푸른 하늘의 뭉게구름은 말이 없었다. 지배와 피지배, 민족의 영고와 성쇠는 대륙의 유장한 역사 속에서 펼쳐지는 짧은 단막극일 뿐이다.

모두에게 어제 오늘 달린 길은 하나같이 초행길이었다. 오로지 내비게이션 하나에 의지해 낯선 길에 나서는 것은 때로는 신선하고

원정대원 모두에게 어제, 오늘 달린 길은 하나같이 초행길이었다.
오로지 내비게이션 하나에 의지해 낯선 길에 나서는 것은 때로는 신선하고 때로는 비장했다.

때로는 비장했다. 모스크바와 니즈니노브고로드 구간에서는 선도차와 자전거 대열 사이에 사인이 맞지 않아 서로 다른 길을 간 적도 있었다. 선도차의 역할은 몇 킬로미터쯤 앞서 가며 교통량이나 도로 상태 등을 점검해 자전거 대열에 알려주는 일이다. 길 안내뿐 아니다. 그날그날 점심식사를 할 수 있는 장소를 미리 물색해놓는 것도 맡겨진 일이다.

한적한 시골 마을 공터에 짐을 풀어놓고 땅바닥에 앉아 서울에서 가져온 군용 전투비빔밥으로 한 끼를 때운다. 꿀맛이다. 낯선 방

니즈니노브고로드는 볼가 강이 흐른다. 러시아 문호 고리끼의 고향으로 알려진 곳으로, 러시아인들이 사랑하는 도시 중 하나이다. 볼가 강은 러시아의 젖줄이라 불리며, 고리끼는 『어머니』라는 소설을 썼다.

문객들의 식사 모습을 신기한 듯 쳐다보던 마을 주민이 손가락으로 한쪽을 가리킨다. 사과밭에 발갛게 물들기 시작한 사과가 주렁주렁 열려 있었다. 하나 따먹어보라는 뜻이다. 국적과 피부 색깔은 달라도 그들의 맑은 웃음과 선한 마음에 대원들의 고단함은 눈 녹듯 사라진다.

니즈니노브고로드에서 묵은 호텔은 볼가 강과 오카 강이 만나는

러시아인들은 결혼 등 축하의 순간엔 전몰용사비 충혼탑,
그리고 도시의 상징인 조형탑 등에서 늘 파티하고 그날을 기념한다.
러시아인이 볼가 강이 내려다보이는 언덕에서 축복의 순간을 누리고 있다.

풍광이 한눈에 내려다보이는 언덕에 자리 잡고 있었다. 니즈니노브고로드는 『어머니』를 쓴 러시아 문호 막심 고리키의 고향이기도 하다. 어려서 고아가 된 고리키는 하층민들과 어울리며 없는 자의 좌절과 불평등한 사회현실에 눈을 뜬 사회주의 리얼리즘의 대표 작가로 성장했다. 니즈니노브고로드는 소련 시절 이 도시가 낳은 위대한 작가의 이름을 따 '고리키' 시로 불리다가 공산주의 붕괴 후 옛 이름을 되찾았다.

니즈니노브고로드는 1975년 노벨평화상 수상자인 소련 핵물리학자 사하로프의 유배지로도 유명하다. 1980년, 그는 소련의 아프가니스탄 침공을 비난했다는 이유로 이곳에 갇혀 바깥세상과 단절된 삶을 살았다. 사하로프에게 오는 모든 편지는 검열을 받았고 전화는 차단됐다. 1987년 12월 15일, 두 사람의 KGB 요원이 찾아와 그의 집에 전화기를 설치하고 이렇게 말했다. "내일 중요한 분한테서 전화가 올 것입니다." 다음 날 한 통의 전화가 왔다. 소련의 개혁 개방을 이끌던 최고 지도자 고르바초프가 직접 석방 사실을 알려주었다. 이날로 사하로프는 유배에서 풀려나 전국을 돌며 민주화와 개방을 촉구하는 활동을 했다.

120년 전, 니즈니노브고로드를 지나간 한국인이 있었다. 러시아 황제 니콜라이 2세의 대관식을 축하하러 당시 러시아 수도 상트페테르부르크에 왔던 조선의 특명 전권공사였다. 1905년 을사늑약으로 나라의 주권을 빼앗기게 되자 분을 못 참고 자결한 사람, 바로 충

정공 민영환이다. 그는 니콜라이 2세 대관식 후 모스크바~니즈니노브고로드~카잔~시베리아를 거쳐 귀국길에 올랐다. 원정단이 달리는 길과 같은 코스다.

19세기 말, 니즈니노브고로드는 '러시아의 돈주머니'라는 말을 들을 만큼 번영을 누렸다. 이곳에서 해마다 열리는 박람회는 당시 지구상에서 가장 큰 산업박람회였다. 민영환은 일기에서 박람회장의 모습을 이렇게 묘사했다.

"본래 나무가 거칠게 우거졌던 곳이었으나 박람회를 위해 새롭게 개척했다. 둘레는 가히 10여 리나 되고 층층으로 된 누각과 큰 창고가 숲처럼 솟구쳐 있고 꽃밭과 풀밭길이 별과 바둑처럼 펼쳐져 있다. 이 누각과 창고에는 온 나라에서 생산되고 제조한 물건들을 모아 분류하고 나열하여 우열을 비교할 수 있다."

민영환은 중앙아시아와 시베리아, 투르크 등지에서 온 신기한 특산품과 이것들이 거래되는 새로운 방식을 보며 "눈이 어지러워 응대할 겨를이 없다"고 썼다. 박람회장에 간 그는 당시 조선에서는 듣지도 보지도 못했던 열기구를 타보기도 했다. 그러고는 "풍선에 바람을 넣은 가벼운 둥근 물체에 올라타서 하늘을 배회하니 날개를 단 신선 같았다"고 했다. 지구상에서 가장 힘없고 가난한 '고요한 아침의 나라'에서 온 그의 눈에는 하나하나가 놀라움 그 자체였을 것이다.

당시 조선의 왕은 궁 안에서 일인(日人) 폭도의 손에 왕비를 잃고 러시아 공사관에 피신해 있었다. 역사책에서 하는 '아관파천'이다. 조정이 민영환을 러시아 황제 대관식에 보낸 데는 러시아의 힘을 빌려 청나라와 일본을 견제하려는 목적이 있었다. 그러나 러시아는 민영환의 차관 제공, 왕실 수비병 파견 요청을 들어주지 않았다. 힘의 논리로 득실을 따지는 국제관계에서 약소국 사신의 목소리는 들어설 곳이 없었다. 민영환은 귀국 후 세계 일주에서 얻은 근대국가 경영에 대한 안목을 바탕으로 개혁 보고서를 냈으나 받아들여지지 않았다. 그가 을사늑약 후 자결하면서 남긴 유서에는 이렇게 쒸어 있다. "나라의 수치가 여기까지 이르렀으니 우리 백성은 장차 생존경쟁 가운데 모두 진멸당하려 하는도다." 그로부터 5년 후 조선은 망했다.

　니즈니노브고로드 숙소에서 짐을 풀고 식사를 끝내자 어둠이 도시를 덮고 있었다. 민영환을 놀라게 했던 니즈니노브고로드의 옛 박람회장 흔적을 찾아 나섰다. '강의 북쪽 넓은 들에 사방 십리'였다던 박람회장은 대부분 아파트 단지와 주택가가 됐다. 지나가는 주민들을 몇 사람이나 붙들고 물었으나 이곳에 옛날 무엇이 있었는지 알지 못했다. 근처에는 거대한 호텔이 들어서 있었다. 20세기 초 박람회장 본관으로 지어졌다는 웅장한 건물 하나가 남아 은행과 상가 등으로 쓰이며 희미한 옛 자취를 이어가고 있었다.

　민영환이 걸었을 니즈니노브고로드 거리를 우리 번호판을 단 한국산 자동차의 선도를 받으며 달렸다. 원정단이 입고 있는 유니폼에 태극기 문양이 선명하다. 러시아 다른 도시들과 마찬가지로 이곳에서도 한국산 자동차가 많이 달리고 있다. 민영환이 이 모습을 보았다면 어떤 생각이 들었을까. 러시아에 갔을 때 그는 상투 틀고 갓 쓰고 도포를 입고 있었다.

대륙은 살아 있는 생물처럼 끊임없이 변하고 있다는 사실을 자전거 페달을 밟으며 날마다 확인하고 있다. 문제는 수많은 등장인물이 나타났다 사라지는 대륙 역사의 무대 위에 과연 누가 올라가 주인공이 될 것인가.

유라시아 다이어리

민요 속에 살아 있는 영웅 '스텐카 라진'

니즈니노브고로드에서 카잔을 향해 갈 때 차창 밖 볼가 강을 내다보며 몇 번이나 흥얼거린 곡조가 있었다. "넘쳐 넘쳐 흘러가는 볼가 강물 위에／ 스텐카 라진 배 위에서 노래 소리 들린다／ 페르샤의 영화의 꿈 다시 찾는 공주의／웃음 띠운 그 입술에 노래 소리 드높다／ 동편 저쪽 물 위에서 일어나는 아우성／ 교만할손 공주로다 무리들은 주린다"

이 노래는 대학 다닐 때 시위를 하거나 학교 근처 막걸리집에서 불렀던 러시아 민요 「스텐카 라진」이다. 볼가 강을 직접 마주하니 한동안 까맣게 잊고 지냈던 옛 가사가 생생하게 되살아났다.

니즈니노브고로드와 카잔은 17세기 볼가 강을 무대로 활약했던 러시아 농민 반란 지도자 스텐카 라진의 전설이 깃든 곳이다. 처음에 라진은 볼가 강 주변 마을을 털거나 지나가는 선박의 통행세를 받아 챙기던 카자흐 출신의 비적이었다. 그러다 차르의 가혹한 수탈을 견디지 못해 탈출한 농노, 하층 도시민, 소수민족을 받아들이면서 막강한 세력으로 성장했다.

1667~1669년, 라진은 부하들을 이끌고 카스피 해 건너 아제르바이잔, 페르시아에까지 약탈 원정을 갔다. 돌아오는 라진의 배에는 진기한 물건과 먹을 것이 가득했다. 배에는 페르시아에서 포로로 잡아온 공주가 타고 있었다. 민요에 나오는 대로 라진은 공주의 아름다움에 사로잡혀 자기 배에서 날마다 잔치를 벌이기 일쑤였다. 어느 날 라진은 부하들이 페르시아 공주에 푹 빠진 자신을 원망하며 한탄하는 소리를 들었다. 그는 조용히 일어서 공주를 번쩍 안아 들었다.

"자유로운 사나이 동지들 사이에 분란이 일어나서는 안 된다. 볼가여, 어머니 같은 볼가여, 당신은 우리에게 금은보화를 주셨나이다. 이제 우리의 귀한 선물을 받아주소서."

그러고는 공주를 강물에 던져버렸다.

라진은 한낱 변방의 도둑에서 역사에 이름을 남긴 혁명의 지도자로 다시 태어났다. 그는 모스크바를 진격 목표로 삼았다. 온 러시아가 술렁거렸다. 차르 정권을 뒤엎고 민중의 자유와 생존을 쟁취하려는 라진의 휘하로 사람들이 구름같이 몰려들었다. 니즈니노브고로드와 카잔도 라진의 손아귀에 들어왔다. 그러나 반란군은 뜻만 앞서고 숫자만 많았지 훈련받은 병사도 무기도 없었다. 라진은 결국 붙잡혀 모스크바 붉은 광장에 내던져졌다. 뼈를 하나하나 부러뜨리는 끔찍한 고문이 진행되는 동안 그는 신음 한 번 내지 않았다. 끝까지 자기 죄를 인정하지 않았다. 그리고 마침내 사지가 찢겨 죽었다.

혁명은 실패했으나 스텐카 라진은 죽어서 더 큰 영웅이 됐다. 그의 행적은 민요로, 그림으로, 춤으로 만들어져 후세에 전해졌다. 러시아 민중들은 그가 살아 돌아와 차르의 압제에서 자신들을 구해주리라 믿었다. 라진이 '어머니 같은 강'이라고 불렀던 볼가 강은 수많은 사연들을 품고 말없이 흐르고 있었다.

21 유럽과 아시아의 경계, 우랄 산맥을 넘다

첼랴빈스크

9월 15일 아침, 우랄 산맥 서쪽 산기슭 도시 우파를 떠나 저녁에 우랄 산맥 동쪽 도시 첼랴빈스크에 도착했다. 산맥을 넘으니 대륙이 바뀌어 있었다. 다른 대륙들과 달리 유럽과 아시아는 거대한 하나의 땅덩어리로 이어져 있다. 18세기 러시아 지리학자 바실리 타티셰프는 우랄 산맥을 중심으로 동쪽과 서쪽이 수자원과 식물 분포가 다르다는 사실을 발견했다. 그의 주장에 따라 우랄은 유럽과 아시아를 나누는 기준이 됐다.

한국인들은 두 발로 국경을 넘어본 기억을 잊은 지 오래다. 남북이 분단되면서 대한민국은 삼면이 바다로 둘러싸이고 북쪽은 DMZ에 가로막혀 섬 아닌 섬나라가 돼버렸다. 한국인이 국경을 넘으려면 비행기나 배를 타는 방법밖에는 없다. 그러니 국경을 넘어 외국을 간다는 것은 까다로운 절차가 필요하고 때로는 다소 긴장도 해야 하는 일이 됐다. 두 발로 국경을 넘는 것은 한국인의 오랜 로망 중 하나였다. 그런데 국경도 아니고 대륙의 경계를 자전거로 넘다니!

우파를 떠나 서너 시간 되니 멀리 야트막한 산들이 나타나기 시작했다. 곧 있으면 태백산맥의 한계령이나 진부령 같은 가파르고 꾸불꾸불한 고갯길이 나타날 것이다. 능선과 능선 사이를 흐르는 계곡도 있을 것이다. 그러나 아무리 가도 높은 고개는 보이지 않았다. 기암괴석은 눈을 씻고 둘러봐도 없었다. 우랄은 우리가 알고 있는 산맥과 달랐다.

한국 대형 마트에 있는 에스컬레이터 정도의 기울기라고 할까. 산맥의 평균 높이가 300~500m라고 하니 그럴 만도 했다. 밋밋한 경사의 오르막길 양쪽으로 광대한 평원이 이어졌다. 방목한 수백 마리의 소가 유유히 풀을 뜯고 있었다. 산에 흐르는 물은 계곡물이라기보다는 유장하게 흐르는 강물 같았다. 정상 가까이 있는 마을 길가에서 우리네 바다 물놀이 용품 같은 고무보트와 낚시 도구들을 팔고 있었다.

자연은 인간에 의해 망가지기도 하지만 인간의 손길로 아름다워지기도 한다. 인간이 밭을 갈고 가축을 키우고 나무를 심으며 자연과 더불어 살아가는 모습은 아름답고 때로는 숭고하게 보인다. 우랄을 넘어가는 길 양편 옥수수밭과 유채밭, 벌판에 쌓여 있는 낟가

유럽과 아시아의 경계인 우랄산맥을 넘다가 전망대에서 소련 시절 전투기를 생산하는 마을을 지나갔다.
우랄산맥을 통과하면서 원정단은 이제 아시아 땅으로 접어들었다.

리들이 그랬다. 검은 흙에서 자란 나무와 식물은 푸르다 못해 검은 빛이었다. 지평선 끝까지 정갈하게 이랑을 파놓은 모습은 자연의 질서만큼 정갈했다. 「닥터 지바고」에서 혁명에 지친 자유주의자 지바고가 어머니의 품인 듯 찾아간 곳도 우랄이었다. 흰 눈 덮인 우랄 산자락을 바라보며 지바고는 말한다. "우리는 저리로 갈 거야. 산을 지나 숲 속으로. 그곳은 훨씬 따뜻할 거야."

원정단이 거쳐간 길은 아시안 하이웨이AH 6번 도로였다. 시베리

21 유럽과 아시아의 경계, 우랄 산맥을 넘다 191

유럽과 아시아의 경계비.
이 경계비는 유럽과 아시아를 표시하는 두 방향을 가리키는 표지판이다.
이상구 대원이 '아시아'라고 쓰인 방향에서 태극기를 펼쳐보이고 있다.
대원들이 더 힘찬 라이딩을 할 자극을 만났다.

아를 거쳐 우리 동해안 7번 국도에 이어져 부산까지 가는 길이다. 드라이빙 팀의 현광민 선생은 감회어린 표정이다. 그는 몇 년 전 거꾸로 러시아 동쪽 끝 블라디보스토크에서 출발해 이 길을 타고 모스크바를 거쳐 벨라루스까지 자동차를 몬 적이 있었다. 이 길의 끝에 우리들 가족과 집이 있다. 이는 대원 모두에게 한반도는 대륙의 일부라는 사실을 새삼 일깨워주었다.

우랄 산맥은 북극해부터 카자흐스탄까지 남북으로 2,000km나 이어져 있다. 이 긴 산맥에 아시아와 유럽의 경계를 가리키는 표지석은 잘 알려진 것만도 40여 개나 된다. 그 중 가장 유명한 표지석은 원정단이 간 길보다 북쪽, 에카테린부르크에서 유럽으로 넘어가는 길에 있다. 우파를 떠나 290km쯤 되는 지점에서 마침내 유럽과 아시아를 나누는 하나의 표지석을 만났다. 8월 13일, 독일 베를린을 떠난 지 34일 만이었다.

"야! 저기다."

누군가 큰 소리로 외쳤다. 돌로 받침을 쌓고 그 위에 철 구조물을 올린 20m 남짓한 높이의 탑 하나가 도로 옆 꽤 넓은 광장에 우뚝 서 있었다. 탑의 한쪽 면에 러시아어로 '아시아', 맞은편에는 '유럽'이라고 쓴 표지판이 붙어 있었다. 막내인 이상구 대원이 탑 기단 위에 올라가 태극기를 흔들자 모든 대원들이 일제히 환호성을 질렀다. 이 대원은 "유럽과 아시아의 경계선에 서니 우리가 정말 유라시아 대륙을 횡단하고 있다는 게 실감 난다"고 했다. 대륙을 넘는다는 감흥에 너나없이 한쪽 발은 유럽에, 다른 한 발은 아시아에 놓고 기념사진을 찍기 바빴다. 우리는 두 대륙에 서 있는 한국인들이었다.

우랄 경계탑은 이 지역 신혼부부들이 결혼식을 마치고 신혼여행을 가는 길에 들르는 명소라고 한다. 신랑은 탑에 올라가 신부에게 사랑을 맹세한다. 경계탑 옆에는 우랄 산맥의 울창한 숲을 그린 유화와 기념 배지 등을 파는 노점상들이 있었다. 관광객으로 보이는

21 유럽과 아시아의 경계, 우랄 산맥을 넘다 193

중년의 부부에게 말을 걸었더니 근처 군부대에 근무 중인 아들 면회를 왔다가 동쪽에 있는 집으로 돌아가는 길이라고 했다. 그에게 "당신은 아시아인이냐 유럽인이냐"고 물었다. "나는 러시아인"이라는 대답이 돌아왔다. 우문현답, 질문은 유치했으나 대답이 의미심장했다. 또 다른 관광객은 "유럽과 아시아를 나누는 담이나 철책이 있는 것도 아닌데 이 탑 하나로 대륙을 구분한다는 게 신기하다"며 셔터를 눌러댔다. 자기들도 평생 한 번 올까 말까 한 곳인데 대륙의 끝에 있는 나라에서 수십 명이 자전거를 끌고 이곳까지 왔다는 게 마냥 신기한 모양이었다.

우랄의 정상에 서니 빗방울이 흩뿌렸고 바람도 세찼다. 아무리 밋밋한 산맥이라고 해도 기온은 아랫자락에 비해 한참 내려간 듯했다. 경계탑이 있는 광장에서 즉석 닭백숙과 삼겹살, 닭똥집구이로 든든하게 배를 채웠다. 우파를 떠나면서 시장을 봐온 것들이다. 한층 여유로운 마음으로 탑을 바라본다. 대륙은 말이 없는데 경계선을 그리고 이거다 저거다 이름을 갖다 붙이는 게 인간의 속 좁은 마음이다.

우랄 산맥을 넘은 이후 갑자기 날씨가 쌀쌀해졌고, 도로 상황도 열악했다. 털모자와 털장갑 차림의 현지인도 적지 않았다. 여기서부터 사실상 시베리아의 시작이다. 서西시베리아의 중심도시 첼랴빈스크는 1905년 블라디보스토크까지 연결된 7,400km 시베리아횡단철도TSR의 기점이었다. 이후 첼랴빈스크부터 모스크바까지 서쪽

구간을 연장해 9,200여km에 달하는 현재의 TSR이 됐다. 첼랴빈스크는 작년 2월 운석이 비처럼 쏟아지면서 국제적인 관심을 끌었다. 원정단은 당시 600kg에 달하는 가장 큰 운석 조각이 떨어졌던 체바르쿨 호수를 방문, 안전과 무사 귀환을 기원했다.

  원정에 나선 지 한 달이 지나면서 대원들의 머리카락이 덥수룩하게 자랐다. 첼랴빈스크에서 하루 쉬면서 대원들은 오랜만에 손톱 발톱도 깎고 이발도 하면서 외모를 단장한다. 누구 보여줄 사람은 없지만 각자 나름대로 자기를 간수하는 방법이다. 아직도 여정이 70일이나 남은 탓인지 김창호 대장은 아예 머리를 시원하게 밀어버렸다. 이발사는 해병대 수색대에서 이발병으로 복무하다가 갓 제대한 최병화 대원이다. 이발 기계는 폴란드에서 산 것이다.

  첼랴빈스크의 상징은 낙타다. 서울의 명동에 해당하는 키로프 거리에 낙타 두 마리가 물을 먹고 있는 모습의 동상이 서 있다. 선생님 따라 야외학습 나온 아이들이 낙타의 긴 목에 매달리고 등에 올라타며 신나게 장난을 친다. 낙타는 아시아와 유럽을 잇는 실크로드의 가장 유용한 교통수단이었다. 지금도 모스크바에서 많은 공산품들이 첼랴빈스크를 거쳐 중앙아시아로 향한다. 낙타가 하루 쉬고 길을 가듯 원정단은 첼랴빈스크에서 하루 머물고 중앙아시아 카자흐스탄으로 향했다. 반대편 길로는 이제 비단과 향료 대신 '검은 황금'이라는 석유와 천연가스, 각종 광물질이 유럽을 향해 가고 있었다.

22 카자흐스탄 고려인에게 경의를 표하며
코스타나이·아스타나

카자흐스탄 국경을 넘어오자 사람들 얼굴이 달라졌다. 왠지 친근함이 느껴진다. 이 나라 주류 인종이 칭기즈칸의 피가 흐르는 몽골계 투르크인들이기 때문이리라. 국경 초소를 빠져나오니 '통합의 힘 카자흐스탄'이라고 쓴 초대형 간판이 원정단을 맞는다. 제각각 독특한 민족의상을 차려입은 20여 명의 여성들이 나자르바예프 대통령을 둘러싸고 찍은 사진이 그 아래 걸려 있다. 그 중에 한복을 곱게 차려입은 고려인 여성도 두 명 보인다. 동서 교류의 한복판에 있는 중앙아시아는 '인종의 전시장'이라고 불린다. 카자흐스탄에만도 120여 민족이 어울려 살고 있다. 이들을 하나의 국민으로 묶는 통합과 소통의 힘이 그만큼 필요할 것이다.

지평선만 보이는 평원이 끝없이 펼쳐진다. 러시아 평원은 비할

바 아니다. 지겹던 자작나무도 사라지고 위협적인 침엽수도 자취를 감췄다. 야트막한 언덕 하나 없는 완벽한 평지다. 아무렇게나 풀어놓은 망아지들이 뛰노는 모습이 그 옛날 유목민족이 말달리던 초원을 떠올리게 한다. 길을 가는데 한 무리의 말이 차도를 건넌다. 수백 마리가 건너는 동안 모든 차가 제자리에 멈춰 다 지나가기를 기다린다.

원정단의 하루는 유목민의 하루와 본질적으로 다를 게 없다. 선발대가 가서 식당을 찾아놓으면 배를 채우고 진군한다. 마땅한 식당이 없으면 차를 세워놓고 컵라면이나 전투식량으로 허기를 달랜다. 정해진 것은 없다. 하늘이 어둑해지면 비바람 피할 숙소를 찾아 들어가 다음 날 주행을 위해 휴식한다. 한 군데도 이틀 이상 정주하는 곳은 없다. 옛날에 실크로드를 가려면 샘이나 우물이 있는 곳에서 하루를 쉬어야 했다. 이런 샘터와 우물가가 발전해 지금 원정단이 쉬어가는 도시가 됐다.

9월 19일, 카자흐스탄의 첫 도시 코스타나이에 도착했더니 아라켈란 프롬지크 부시장 일행이 환영한다고 찾아왔다. "우리는 찾아온 손님을 환대합니다." "우리는 같은 시베리아 사람들입니다." 카자흐스탄은 지리적으로 남시베리아에 해당한다. 그들은 저녁에 시내 고급 음식점으로 우리를 초대하더니 말고기를 실컷 먹으라고 했다. 말고기가 부위별로 여러 종류 나왔다. 독한 보드카가 이어졌다. 유목민족의 피가 흘러서 그런지 역시 화끈했다. 말고기는 차게 해

22 카자흐스탄 고려인에게 경의를 표하며

이제 중앙아시아 카자흐스탄이다! 러시아 국경을 통과해 카자흐스탄에 입경하자 양국 대통령이 우호를 상징하는 대형 표지판이 서 있다. 표지판 왼쪽에는 블라디미르 푸틴 러시아 대통령과 '러시아'라는 글자가, 오른쪽엔 누르술탄 나자르바예프 대통령과 '카자흐스탄'이라는 글자가 쓰여 있다. '최고 수준의 신뢰'라는 글귀와 더불어 양국 대통령, 양국의 언어로 적혀 있다.

서 먹는 게 좋다며 남은 음식을 싸주기까지 한다. 그들은 다음 날 우리가 가는 길 20km 지점까지 말젖, 훈제 말고기, 소시지, 정어리 통조림 같은 걸 들고 따라왔다. "한국까지 갈 길이 머니 영양 보충을 해야 한다"며 '노상 환송연'을 열어주었다.

나뭇잎이 노랗고 빨갛게 물들고 어떤 것은 벌써 잎을 떨구기 시작했다. 9월 23일, 끝없는 벌판이 지루하게 이어지던 가운데 갑자기 먼 곳에 고층 빌딩 숲이 보였다. 카자흐스탄 수도 아스타나였다. 세계적인 건축가들이 지은 첨단 빌딩이 하늘을 향해 다투듯 서 있다. 마치 연극 무대의 세트처럼 비현실적인 풍경이다. '제2의 두바이'라 불리며 석유와 천연가스로 한창 뜨고 있는 나라답게 거리에 벤츠, BMW, 아우디, 렉서스 같은 고급 외제차들이 심심치 않게 지나다닌다. 간간히 현대·기아차도 눈에 띈다. 이 나라는 1991년 러시아에서 독립한 중앙아시아 국가들 가운데 가장 부유하다. 석유 매장량이 176억 배럴로 미국 총 매장량 220억 배럴에 가까운 양이다. 금속 광물 등 천연자원도 무궁무진하다. 요즘 카자흐스탄에서는 "앉아 있는 시간이 짧을수록 돈을 번다"는 말이 유행하고 있다고 한다. 면적이 남한의 26배로 세계에서 아홉 번째로 큰 나라다.

아스타나는 옛 소련 시절 '아크몰라'라고 불렸다. '하얀 무덤'이란 뜻이다. 아스타나의 겨울 기온은 영하 40도까지 내려가 밖에 나가면 입김이 눈썹에 허옇게 얼어붙는다. 그래서 스탈린 시절, 이곳에는 악명 높은 유배지가 많았다. 아스타나에 도착해 카자흐스탄 주재 백주현 대사에게 귀가 번쩍 트이는 얘기를 들었다. 이곳에서 그리 멀지 않은 알지르라는 곳에 1930년대 고려인의 피와 눈물이 서린 유적지가 있다는 것이었다. 안 그래도 카자흐스탄 국경을 넘어 오면서부터 가슴속에 숙제 같은 것이 있었다. 카자흐스탄은 1937년 연해주에 살다가 스탈린에 의해 강제 이주당한 고려인들이 가장 먼저 정착한 곳이다. 그들의 한맺힌 역사의 흔적을 어디선가 꼭 찾아보고 싶었다.

22 카자흐스탄 고려인에게 경의를 표하며

알지르 여자 수용소는 아스타나에서 20km쯤 떨어진 벌판에 흔적이 남아있었다. 스탈린은 2차대전을 앞두고 정치범이나 사회 '이질 분자'들을 재판 없이 총살하거나 수용소에 가두었다. 알지르는 그들의 아내를 격리, 강제노동을 시킨 수용소다. 알지르에는 초소와 철조망, 수용수들이 생활하던 흙벽돌집, 그들을 심문할 때 쓰던 고문 도구들이 남아있었다. 1937년부터 1953년까지 이곳에 1만8,000명이 수용돼 절반가량이 죽었다. 알지르 경비병들은 수용수가 탈출해도 총을 쏘지 않았다고 한다. 멀리 못 가 얼어 죽거나 굶어 죽으리란 걸 알았기 때문이다. 이곳 박물관 광장에 무고하게 희생된 9개 나라 여성들의 넋을 위로하는 추모비들이 서 있었다. 그 가운데 하나가 고려인 여성 추모비다.

1937~1945년 당시 중앙아시아의 고려인들처럼 절망적인 인생들이 있었을까. 러시아 극동 연해주에 살던 17만 고려인은 1937년, 하루아침에 정든 집과 논밭을 빼앗기고 강제로 중앙아시아행 기차에 올라타야 했다. 소련과 일본이 전쟁을 하면 고려인들이 일본 편을 들거나 그들의 스파이 노릇을 할 수 있다는 이유에서였다. 소련으로서는 중앙아시아의 황무지를 개간할 노동력을 확보하기 위한 속셈도 컸다. 볼가 강 주변에 살고 있던 독일인들도 비슷한 이유로 카자흐스탄에 끌려왔다. 인권이나 인간의 존엄성은 아랑곳하지 않고 언제든 마음만 먹으면 사람을 강제 이주시키고 학대할 수 있는 것이 공산당 전체주의다.

고려인들은 중앙아시아에 와서도 2등 인생이었다. 손발이 부르트도록 땅을 일구어도 국민으로 인정을 받지 못했다. 2차대전이 일어나자 국가에 대한 충성을 과시하기 위해 이듬해 파종할 볍씨를 빼고는 모든 쌀을 헌납했다. '사회주의 조국' 소련을 지키겠다고 앞다투어 군대에 자원했다. 그래도 소련은 '적성敵性 민족' 고려인을 전투부대에 받아들이지 않았다. 대신 18~50세 남자 대부분을 노동군대에 동원해 탄광, 군수공장, 건설현장, 벌목장에서 혹사시켰다. 언동이 이상하다 싶으면 이질 분자로 몰아 아예 수용소로 보냈다. 남편이 수용소에 간 아내는 알지르로 끌려가야 했다.

지금 카자흐스탄 고려인은 옛날의 고려인이 아니다. 고려인은 10만 명으로 전체 국민 1,700만 명의 0.5% 정도다. 그러나 카자흐스탄 정부나 국민이 고려인을 보는 눈은 다르다. 고려인은 특유의 근면함과 강인한 생명력으로 나라 발전을 이끄는 원동력으로 자리 잡았다. 신생 카자흐스탄의 헌법을 기초한 사람은 고려인 법학자 게오르그 김 박사다. 고려인은 현재 상원의원 9명, 민족대표 21명을 차지하고 있고, 특히 학문과 기업 계통에서 뛰어난 인물들을 많이 배출했다. 나자르바예프 대통령은 입버릇처럼 "한국 사람처럼 일하자"고 얘기한다고 한다.

고려인들이 절망을 딛고 일어서는 동안 조국은 그들에게 해준 게 없다. 유라시아 대륙과 교류가 활발해지면서 고려인 사회를 대륙 진출의 전초기지로 활용하자는 말들을 한다. 그러나 지금은 '전략'

카자흐스탄은 곡창 지대의 연속이었다. 해바라기밭과 밀밭, 지평선이 보이는 이름 모를 잡초과 꽃들이 라이딩 코스를 수놓았다. 대원들은 아름다운 풍광이 펼쳐질 때마다 숲이건 들판이건 가리지 않고 찾아들어가 라이딩했다. 카자흐스탄은 고려인들의 슬픈 역사를 간직한 곳이기도 하다. 1937년 극동의 고려인들이 스탈린의 강제이주 정책에 의해 열차에 태워져 짐승처럼 버려진 곳이다. 고려인들이 황무지에서 손으로 땅을 파고, 이름 모를 씨앗을 심고 개척하면서 생명을 부지해왔다.

이나 '활용'을 얘기하기보다 진심으로 그들을 껴안고 그들의 눈물을 닦아줘야 할 때다. 해원解寃이다. 고려인들은 대륙에 한국인의 존재를 알리기 위해 살아온 것이 아니다. 국적이나 이념보다 살아남는 게 절박했고, 필사적으로 몸부림친 결과 대륙에 없어서는 안 될 존재가 된 것이다. 연민이나 실리주의보다 앞서야 할 것은 극한 상황을 뚫고 일어선 그들 의지에 대한 인간으로서의 경의다.

아스타나로 돌아오는 길, 비스듬한 언덕에서 한 대원이 힘들어하자 다른 대원이 한 손으로 핸들을 잡고 다른 손으로 그의 등을 밀어주었다. 자전거 주행 중 힘들 때는 옆 사람이 등에 손가락을 대주는 것만으로도 큰 힘이 된다고 한다. 그 모습을 보며 한국과 중앙아시아의 고려인이 함께 나아갈 길을 떠올렸다.

23 시베리아 없는 러시아라면 택하지 않겠다
노보시비르스크

9월 28일, 시베리아 중심 도시인 노보시비르스크를 지날 때 누군가 이런 농담을 했다. 러시아가 어떤 나라인가 알려면 '4·4·4'를 알아야 한다는 것이다. 영하 40도 이하가 아니면 춥다고 하지 말 것, 알코올 도수 40도 이하는 술이라고 하지 말 것, 그리고 4,000km 이하는 멀다고 하지 말 것.

옛말에 '진주 천릿길'이라고 했다. 경상남도에 있는 진주가 그만큼 멀다는 뜻이다. 그런데 '천리'라는 게 따지고 보면 400km에 불과하다. 그러니 4,000km는 우리에게는 잘 상상이 안 되는 거리다. "이 정도가 되지 않으면 감히 멀다고 하지 말라"고 그네들은 얘기하고 있는 것이다. 현지의 KOTRA 지사장에게서 또 다른 일화를 들었다. 바이어를 초대하기 위해 전화를 걸어 "멀지 않으면 오시라"고 했더니 "멀지 않다"는 답이 돌아왔다. 그래 "얼마나 떨어져 있냐"고 물었더니 "600km"라고 하더란다.

유라시아 대륙을 자전거로 달리다 보면 '막막하다'는 느낌에 빠질 때가 많다. 대평원을 가르며 수십 km 자로 잰 듯 쭉 뻗은 길이 연이어지니 며칠 전 간 길을 또 가는 것 아닌가 하는 착각이 들기도 했다. 시베리아 숲길을 지날 때 어디선가 산불이 났는지 연기가 자욱했다. 연기는 수십 킬로미터를 달려도 가라앉지 않았다. 놀랍게도 산불을 끄려고 출동한 소방차나 헬기 하나도 보지 못했다. 아니, 사람을 보지 못했다. 그들에게 불은 알 수 없는 이유로 일어났다가 언젠가 알 수 없는 방법으로 꺼지는 어떤 것인 모양이었다.

이런 드넓은 대지에서 수천 년을 살다보면 자연스럽게 생각의 스케일도, 방식도 달라질 수밖에 없을 것이다. 유라시아 대륙을 자전거로 달린다는 것은 광활한 대륙의 일원으로 우리가 사는 방법을 배우는 과정이기도 했다.

'노보시비르스크'는 '새로운 시베리아'란 뜻이다. 지도를 펴놓고 보면 이 도시가 위치한 곳은 러시아의 정중앙, 배꼽에 해당한다. 노보시비르스크를 중심에 놓고 보면 모스크바는 러시아의 귀퉁이에 있는 도시다. 노보시비르스크는 블라디보스토크에서 모스크바까지 동서를 가로지르는 시베리아 횡단철도의 한가운데에 있고 북극해에서 우즈베키스탄 남부에 이르는 남북의 중심에 있기 때문에 물류의 요충지가 될 수밖에 없다. 노보시비르스크 역은 하루 여객열차가 150편, 화물열차가 100편 지나가는 러시아 최대의 기차역이다. 시민들은 또 러시아에서 가장 큰 오페라·발레 극장과 도서관이 있다는 걸 자랑으로 여긴다.

노보시비르스크는 우리의 대덕연구단지 같은 러시아 과학 연구의 중심 도시다. 1950년대 미국과 과학기술 경쟁을 하던 흐루쇼프는 이곳 도심에서 30여 km 떨어진 곳에 아카뎀고로도크라는 과학도시를 세웠다. 우주과학, 핵물리학, 특수금속학 등 첨단 분야 과학자들이 속속 초빙됐다. 미국을 충격에 빠트렸던 최초의 소련 인공위성 스푸트니크호가 바로 이곳에서 탄생했다.

원정단은 이튿날 아침 오페라·발레 극장이 있는 레닌 광장을 달리다 노보시비르스크 역까지 갔다. 광장에 10m는 족히 넘어 보이는 레닌 동상이 서 있었다. 공산주의가 붕괴하고 시장경제가 들어서면서 모스크바는 레닌의 흔적을 많이 지워가고 있다. 그러나 러시아 지방 도시들에는 여전히 옛 소련의 잔영들이 남아있다. 레닌 동상 근처에 우리 기아자동차의 광고 간판이 걸려 있는 모습이 전환기 시베리아의 현주소를 함축하고 있는 것 같았다. 1939년에 세워진 기차역은 올리브색에 하늘색을 더한 듯 산뜻한 외관이었지만 세월의 관록이 묻어났다. 내부는 현대식 설비를 갖추었고 전광판에선 수많은 기차의 도착과 출발을 알리는 빨간 글씨가 숨 가쁘게 돌아갔다. 기념사진을 한 장 찍으려고 카메라를 꺼내자 어디서 봤는지 경찰이 와서 제지한다. 하루에 수십만 명이 이용하는 기차역에

23 시베리아 없는 러시아라면 택하지 않겠다 207

　서 사진 찍는 걸 막다니. 소련 시절 공산당 식의 통제가 이런 것 아니었나 싶었다.

　날씨가 영하 2도를 기록했다. 일부 대원은 장갑을 꺼냈고 마스크를 하기도 했다. 시베리아 한가운데 있는 노보시비르스크는 1년 중 일곱 달이 겨울이다. 그러다보니 우울증 환자가 적지 않다고 한다.

　이런 악조건을 가진 시베리아를 가리켜 케네디 전 미국 대통령은 "러시아가 미래를 정복할 비밀병기"라고 했다. 러시아 사람들에게 '러시아 없는 시베리아'를 택할 것이냐, '시베리아 없는 러시아'를 택할 것이냐 물으면 '러시아 없는 시베리아'를 택할 것이란 이야기도 있다. 시베리아의 막대한 자원 때문이다. 도대체 땅 밑에 무엇이 묻혀 있는지 알 수 없는 곳이 시베리아다. 석유, 석탄, 각종 광물자원

러시아 운하를 만들어낸 볼가 강은 유럽에서 가장 긴 강으로, 러시아의 젖줄이다. 볼가 강은 러시아 사람들에게 '러시아의 어머니'로 불린다. 모스크바 북서쪽에서 발원해 카스피 해까지 장장 3,688km를 흐른다. 유속이 빠르고 수심이 깊어 선박의 이동에 전혀 거침이 없다. 이 강은 러시아 남부 스텝 지역까지 고루 물을 제공한다. 그래서 젖줄이고, 어머니라 불리는 것이다. 돈 강과 연결돼 카스피 해, 흑해까지 이어지는 수상 교통로로 연결돼 모스크바에서 전 세계로 통하는 수상로를 구축했다.

매장량과 생산량은 세계 1~2위를 다툰다. 하늘을 향해 쭉쭉 뻗은 침엽수는 세계 침엽수림의 60%를 차지한다. 시베리아 서쪽 끝 블라디보스토크에서 나무를 벌목하기 시작해 모스크바까지 가면 블라디보스토크에 새로운 나무가 자라 있을 것이란 말이 있을 정도다. 이런 강력한 '비밀병기'를 갖고 새로운 시베리아가 꿈틀거리고 있었다.

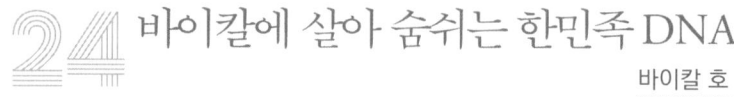

24 바이칼에 살아 숨쉬는 한민족 DNA
바이칼 호

10월 4일, 원정단은 건너간 바이칼 호수 알혼 섬에서 한국인 부녀 관광객을 만났다. 쉰네 살 아버지가 스물다섯 살 딸의 휴가에 맞춰 함께 온 여행이었다. 이날은 온종일 바이칼의 물결을 보며 걸었고 다음 날은 자전거를 빌려 가는 데까지 가보겠다고 한다. 딸과의 여행은 모든 아버지들의 꿈이다. 딸에게 휴가 여행을 왜 하필 바이칼로 왔느냐고 물었더니 "한국인이라면 누구나 가슴 설레게 하는 무엇이 있잖아요"라는 대답이 돌아왔다. 배낭을 짊어지고 바람 부는 호숫가를 따라 걸어가는 부녀의 뒷모습이 행복해 보였다.

"나는 바이칼 호의 가을 물결을 바라보면서 이 글을 쓰오. 고국서 칠천리. 이 바이칼 호는 남북 만리를 날아다닌다는 기러기도 아니 오는 시베리아가 아니오."

1933년 『조선일보』에 연재돼 독자들을 사로잡은 춘원 이광수의 소설 「유정有情」은 이렇게 시작한다. 춘원에게 바이칼은 속세의 허위를 비웃는 순수의 상징 같은 곳이었다. 학교 교장인 주인공 최석은 죽은 친구의 어린 딸 정임을 데려다 키운다. 아이가 점점 자라 숙녀가 되면서 최석은 아이에게 연정 같은 것을 느낀다. 이 사랑의 감정은 남녀의 육체적 관계와는 거리가 멀다. 그러나 최석의 아내나 주변 사람들, 사회는 최석과 정임의 관계를 불륜으로 몰아 손가락질을 한다. 고뇌하던 최석이 결국 찾은 곳이 바이칼이었다. 대부분의 한국인이 처음 바이칼을 알게 된 건 「유정」을 통해서였을 것이다.

바이칼의 관광도시 리시비앙카에서 명물인 청어과 생선을 훈제해 파는 상인들은 한국말로 "안녕하세요. 냠, 냠, 냠"을 외치며 손님을 부르고 있었다. 이런 가게가 수십 군데나 됐다. 그만큼 많은 한국인들이 바이칼을 찾는다는 얘기다. '시베리아의 파란 눈'이란 별명을 가진 바이칼은 한반도의 3분의 1이나 될 만큼 크다. 그 물은 깊이 40m에 잠긴 지름 40cm 쟁반을 육안으로 볼 수 있을 만큼 깨끗하다. 어떤 곳은 1,700m에 이를 만큼 수심이 깊다. 그러나 이런 외형상의 기록만 갖고는 바이칼이 한국인을 끌어당기는 진정한 매력을 설명할 수 없다.

이르쿠츠크를 떠나 바이칼이 가까워질수록 가슴을 두근거리게 하는 무언가가 있었다. 초원이 길게 이어지더니 야트막한 산과 숲이 하나 둘 나타났다. 중앙아시아에서는 못 보던 소나무들이 모습을 드러내면서 왠지 우리 산하를 닮은 듯한 풍경이 펼쳐졌다. 길가에 서낭당 비슷한 돌무더기와 나무 기둥이 서 있었다. 차를 몰고 가던 현지 청년 하나가 내려 동전을 던지고 두 손 모아 합장을 한다. 주행 중 안전과 가족의 건강·행복을 비는 것이라고 했다. 우리 땅에선 사라져 가고 있는 모습들이 거기에는 남아있었다. 원정대원들도 서울까지 아무 탈 없이 주행하기를 기원하며 나무 기둥에 동전을 던지고 보드카를 뿌렸다.

알혼 섬에 도착하기 직전 부랴트족 민속박물관을 들렀다. 부랴트족은 몽골족의 한 분파로 한국인과 가장 가까운 생김새와 DNA를 지니고 있는 것으로 알려져 있다. 우리처럼 어렸을 때 천한 이름으로 불러줘야 오래 산다고 해서 이곳 아이들 중에는 '사바까'란 이름을 가진 애가 많다고 한다. '개'라는 뜻이다. 그러니까 우리 식으로 '개똥이'가 되는 셈이다. 대원들은 부랴트 원주민과 어울려 전통 씨름을 하고 강강술래처럼 여럿이 둥글게 서서 손을 맞잡고 추는 요호르 춤도 추었다. 박물관에 걸려 있는 이곳 샤먼(선지자)의 탈들은 우리 하회탈인가 싶을 정도로 닮았다. 비로소 우리를 두근거리게 했던 것의 정체를 알 것 같았다. 그것은 그리던 고향 마을이 가까워졌을 때의 설렘 같은 것이었다.

6만 년 전, 아프리카에서 기원한 인류의 조상 한 갈래가 바이칼 주변에 이동해 왔다. 1만여 년 전 만주를 거쳐 한반도에 정착해 농경생활을 시작한 이들이 한민족의 조상이다. 알혼 섬의 주인은 코리족이었다. 코리족 기원 설화에 따르면 알혼 섬의 황소가 하늘에서 내려온 고니와 결혼해 코리족 시조 11형제를 낳았다고 한다. 우리의 '나무꾼과 선녀' 설화와 비슷한 이야기 구조다. 이 '코리'와 '고려', '코리아'는 어떤 관계가 있는 것일까.

알혼 섬에 전기가 들어온 것은 2004년 무렵부터였다. 우랄 산맥 서쪽 모스크바 사람들에게도 알혼 섬은 가보고 싶은 곳이기는 하다. 그러나 그것은 미지의 땅에 대해 누구나 갖는 동경 같은 것이다. 한국인들이 민족의 고향을 찾는 듯한 심정으로 바이칼을 향하는 것과는 다르다. 한적한 알혼 섬 마을에 현대식 설비를 갖춘 목조 호텔이 여기저기 들어선 이유는 몰려드는 한국인을 맞기 위해서다. 바이칼에 온 한국인들이 "우리 고향에 왔다"고 하면 현지인들은 "그래, 너희 고향 맞다"고 한다는 것이다. 그들 나름으로 먹고 사는 지혜이다.

알혼 섬의 모든 도로는 모래와 자갈투성이 비포장 길이었다. 대원들은 이날 평소보다 자전거 타이어의 바람을 많이 뺐다. 그래야 미끄러지지 않기 때문이다. 하지만 공기압 적은 바퀴로 이런 길을 달리려면 평소보다 몇 배의 힘이 든다. 게다가 이따금씩 지나가는 차량이 일으키는 흙먼지가 고역이었다. 그런데도 신이 났다. 말로만 듣던 할아버지의 고향을 처음 찾아와 익숙하게 뛰어노는 어린아이들 같았다.

숙소에 짐을 풀고 부르한 바위로 향했다. 알혼 섬에서 가장 큰 마을인 후즈르 마을에서 1km 정도 떨어진 곳에 있는 부르한 바위는 시베리아에 기원을 둔 여러 종족이 가장 성스러운 장소로 떠받드는 곳이다. 기氣가 있는 사람들은 이곳에 와서 몸이 떨리고 하늘과 교감하는 경험을 하게 된다고 한다. 시베리아 샤먼들은 하늘이 뻥 뚫리는 느낌을 받게 된다고 한다. 명상하는 사람, 춤추는 사람들이 와서 오랜 시간을 보내는 곳이기도 하다. 마침내 박영석 대원과 최병화 대원이 "바이칼의 기를 받겠다"며 부르한 바위에서 쪽빛 호수 속으로 몸을 던지고 말았다. 체감 온도는 영하 3도였지만 추위는 둘째 문제였다. 바이칼에 가까이 오면서 모든 대원들을 감싸던 알 수 없는 힘이 이들을 뛰어들게 했는지도 모른다. 누군가 "바이칼에 손을 씻으면 5년, 발을 씻으면 10년이 젊어진다는데 온몸을 적셨으니 100년은 더 살겠다"며 웃었다.

그날 저녁 원정단은 바이칼 호숫가에 불을 피우고 삼겹살 안주에 보드카를 한 잔 하지 않을 수 없었다. 김창호 대장은 "유라시아 대장정이 시작된 이래 가장 뜻 깊고 아름다운 코스였다"고 했다. 호수의 잔잔한 물결이 끊임없이 밀려와 물가의 조약돌을 어루만지고 물러가곤 했다. 검은 하늘에 북두칠성이 영롱하게 빛을 발하고 있었다. 저 북두칠성은 1만 년 전 우리네 할아버지들이 바이칼을 떠나 남쪽으로 향할 때도 동일하게 떠 있었을 것이다.

이르쿠츠크로 돌아오니 박정남 총영사가 김치찌개 등으로 파티를 열어주었다. 이르쿠츠크 총영사관이 관할하고 있는 지역은 우랄 산맥 서쪽부터 시베리아 대부분에 걸쳐있는 곳으로 광대한 러시아 영토의 48%에 달한다. 전 세계 140개 대한민국 공관 중 가장 넓은 관할 구역이다. 이르쿠츠크는 '시베리아의 진주'라고 불릴 만큼 아름다운 도시다. 옛날 제정 러시아 시절 지어진 고색창연한 건물들과 바이칼에서 흘러나온 안가라 강물이 푸른 숲과 기막히게 어울렸다. 이 거리를 '신촌5거리·연세대', '김해·구포역·부산역'이라고 쓰인 시내버스들이 달리고 있었다. '성남시 수정 청소년 수련원'이라고 쓰인 버스도 있고 옆구리에 몇 년 전 서울 올림픽 체조경기장에서 열린 뮤지컬 공연 광고판을 붙인 버스도 있다. 한국에서 운행되다가 사용 연한이 지나 팔려온 것들이다.

「유정」은 춘원이 시베리아와 바이칼에 와봤던 체험을 바탕으로 쓴 것이다. 그 시절 한국인은 나라도 없었다. 세계에서 가장 힘없고 가난한 민족이었다. 춘원은 소설에서 바이칼 가는 길에 만난 한국인들을 이렇게 그렸다.

"허름하게 차려입고 기운 없이 사람 눈 슬슬 피하는 저 순하게 생긴 사람이 조선 사람이겠지요. 언제나 한번 가는 곳마다 '나는 조선 사람이오.' 하고 뽐내고 다닐 날이 있을까 하여 눈물이 나오."

춘원이 유라시아 대륙을 달리는 원정단의 장대한 행렬을 봤다면 이 문장을 다시 썼으리라. 어느덧 바이칼에는 겨울이 성큼 다가와 주변 산꼭대기가 흰 눈에 덮였다.

태고의 신비를 간직한 바이칼에서 대원들은 다이빙했다. 해병대 출신 최병화 대원이 해질녘 시도한
기막힌 다이빙 순간을 오종찬 사진기자가 포착했다. 이르쿠츠크에서 70km 정도 가면
리스트반카가 나오고 이곳에서 바이칼의 신비를 볼 수 있지만 이것은 바이칼의 일부다.
원정단은 바이칼을 일주일 동안 라이딩하면서 끝없이 바이칼의 향기를 느꼈다.
또 바이칼의 심장부라는 불한바위에 찾아가 다이빙 입수하는 영광을 누렸다.
불한바위는 학자 사이에서 몽골족과 한민족의 기원으로 주장되면서 유럽 아시아 학자들과
관광객들이 꼭 방문하고 싶어 하는 곳이다.

MONGOLIA
CHINA

25 징기스칸의 후예들, 기백은 여전하다
울란우데·울란바타르

10월 12일 아침, 긴급 상황이 벌어졌다. 러시아와 몽골 간 국경 근처 작은 마을 구시노오조르스크를 출발하기 직전이었다. 최병화 대원의 자전거 브레이크가 작동하지 않았다. 이날 아침 기온이 영하 7도. 자전거를 호텔 마당에 내놓았더니 브레이크 손잡이와 바퀴를 연결하는 선이 밤새 얼어버린 것이다. 베를린을 떠날 때는 반팔 티셔츠 차림이었는데 이제 자전거 선이 어는 날씨가 되었다.

자전거로 유라시아 대륙을 건넌다는 것은 대륙의 자연을 온몸으로 겪는다는 뜻이다. 이제부터는 몽골 고원으로 올라가는 길이다. 추위와 바람, 끊임없는 오르막·내리막길과 싸워야 한다. 하루하루가 새로운 도전이다.

울란우데는 몽골족의 한 갈래인 부랴트족의 자치공화국 수도다.

부랴트인들은 몽골족 중에서도 용감하기로 유명하다. 이곳 사람들은 칭기즈칸이 원정을 나갈 때면 자기네 부족이 늘 앞장을 섰다고 자랑했다. 이들의 기백을 전하는 일화가 있다. 부랴트인을 보고 어느 러시아인이 물었다. "너희는 어쩌다 안짱다리가 됐냐?" 러시아가 시베리아에 진출할 때 부랴트가 마지막까지 저항했던 걸 두고 비아냥대는 말이었다. 부랴트인이 대답했다. "칭기즈칸 시절부터다. 너희 러시아인의 모가지에 걸터앉았던 그 시절부터." 지금은 비록 러시아의 소수민족 중 하나로 전락했지만 한때 너희들 머리 꼭대기에서 놀았던 사실을 모르냐며 맞받아친 것이다. 정말이지 칭기즈칸의 후예답게 기백은 여전하다.

칭기즈칸의 병사들은 가축 오줌에 오래 담가두어 단단해진 말가죽 갑옷으로 무장했다. 치렁치렁한 쇠사슬 갑옷에 짓눌려 있던 유럽 기사들과는 민첩함이 비교가 안 됐다. 강인한 병사들 뒤에는 뛰어난 리더십과 엄정한 사회 기풍이 있었다. "칸을 비롯해 누구에게도 경칭敬稱을 쓰지 마라" "간통한 자와 고의로 거짓말한 자, 물에 오줌을 눈 자는 사형에 처한다"……. 칭기즈칸이 만든 대법령은 30여 몽골 부족을 규율과 도덕으로 똘똘 뭉치게 했다.

몽골인들이 칭기즈칸을 영웅으로 떠받드는 진짜 이유가 있다. 칭기즈칸은 아홉 살 때 다른 부족에게 아버지를 잃고 가장으로 집안을 이끌어야 했다. 역경을 이겨내며 강한 지도자로 성장해 세계 제국을 이룬 소년 테무진을 몽골인은 자랑스럽게 생각한다.

러시아 울란우데에서 몽골 울란바타르로 가는 길목에는 '게르'라는 몽골식 텐트가 자주 목격됐다.
이곳은 차와 고기를 파는 휴게소 개념의 게르였다.

원정단은 울란우데에서 뜻밖에 한국어를 유창하게 구사하는 부랴트 젊은이들을 만났다. 부랴트 국립대학에서 한국어를 배우는 학생 60여 명이 우리를 초청해 즉석 간담회를 열었다. 때마침 10월 9일 한글날이었다. 학생들은 "자전거 여행이 힘들지 않은가" "러시아 인상이 어떤가" 같은 질문을 한국어로 쏟아냈다. 한 4학년 학생은 "한국 드라마를 좋아하는데 실제로 한국 사람을 만난 것은 처음"이라며 신기해했다. 부랴트인들은 세계 여러 민족 중 한국인과 유전자가 가장 닮은 것으로 알려져 있다. 그래서인지 학생들 얼굴은 서울 강남이나 홍대 앞에 가면 어디서든 만날 수 있는 친근한 인상이

25 징기스칸의 후예들, 기백은 여전하다   221

러시아 울란우데를 떠나 몽골 수도 울란바타르로 가는 길목에선 수많은 양떼와 조우했다.
양떼들이 원정단의 길을 가로막을라치면 그들이 온전히 길을 건널 때까지 기다렸다.

었다. 학생들은 대부분 졸업 후 한국과 관련된 일을 하고 싶어했다. 대원들과 부랴트 젊은이들은 싸이의「강남 스타일」을 부르며 함께 춤추는 것으로 간담회를 마무리했다.

비행기로 10시간이면 갈 서울~유럽을 원정단은 왜 굳이 100일씩 걸려 고생하며 자전거로 가는가. 10월 12일, 원정단은 15~20km씩 가다 쉬기를 반복하며 11시간을 달렸다. 저녁 무렵이 되자 허벅지 근육이 딱딱해져 페달을 밟아도 바퀴가 제대로 굴러가지 않았다. 기온은 가파른 속도로 떨어졌다. 어떤 대원은 길에서 쉬는 동안 땅바닥에 주저앉아 빵을 씹었고 어떤 대원은 지원 차량 보닛에 손을 녹이기도 했다. 원정단은 밤 8시 러시아 국경도시 카흐타에 도착해 한 덩어리가 돼 얼싸안고 서로 등을 두드렸다. 원정이 시작된 후 가장 힘든 하루였다. 대원들은 이런 도전을 통해 자신과의 싸움에서 이기는 법을 얻는다.

10월 15일, 원정단은 몽골 수도 울란바타르에 들어섰다. 몽골 사이클협회 소속 국가대표 선수들과 자전거 동호인 40여 명이 마중을 나와 원정단과 함께 시내 주행을 했다. 몽골 공항 부근 보야트화 체육관에서 시내 중심가인 수흐바타르 광장에 이르는 구간이었다.

1992년에 몽골 전통 나담축제를 취재하기 위해 울란바타르에 온 적이 있다. 23년 만에 다시 찾은 그곳은 많이 달라져 있었다. 드넓은 초원이 펼쳐져 말들이 뛰놀던 곳에는 현대식 고층 빌딩이 들어섰다. 나뭇가지를 모아 라면을 끓여 먹던 강가에는 서울 강남의 타

울란우데에서 몽골로 가는 길목은 고통스러운 라이딩의 연속이었다. 낙타 등과 같은 산악지형이 한두 개도 아니고 7개나 펼쳐졌다. 그런 데다 추위, 바람, 그리고 눈이 온 흔적이 곳곳에 있었다. 경찰은 하루 전까지 폭설이 쏟아졌다며 원정단 앞길을 걱정했다.

워팰리스 같은 초호화 아파트가 하늘을 찌르고 있었다. 거리마다 활력이 넘쳤다. 자동차 행렬이 꼬리를 물고 백화점 쇼핑센터들도 여럿 들어섰다. 사람들 옷차림도 화려해졌다.

그러나 하늘은 잿빛이었다. 산업화 물결을 타고 인구가 수도로 집중하면서 곳곳에 달동네가 생겼다. 몽골식 전통 가옥 게르에서 여전히 양이나 염소 배설물을 땔감으로 쓰는 바람에 그 매연이 하늘을 덮고 있는 것이다. 개혁 개방 과정에서 돈을 번 사람과 그렇지 못한 사람과의 빈부 격차도 심해 보였다.

가장 많이 변한 것은 한국인을 보는 눈빛이었다. 그 시절 몽골 사람들은 한국인들을 보면 '솔롱고스'라고 했다. 무지개의 나라에서 온 사람들이란 뜻이었다. 같은 몽골리안으로서의 우정과 자기들보다 앞서 발전한 나라에 대한 경의와 선망이 있었다. 그러나 솔롱고스는 옛날 이야기가 됐다. 짐을 호텔에 풀고 울란바타르 시내를 걸어가는데 젊은이 둘이 이쪽을 향해 주먹을 불끈 쥐어 보인다. 눈빛에서 적대감과 경멸이 보였다.

한국과 몽골이 수교한 이후 많은 몽골인들이 결혼하기 위해, 일자리를 찾아 한국에 왔다. 그들은 이국땅에 와서 외로움과 학대와 임금 착취라는 이중·삼중고를 겪었다. 또 몽골에 사업차 진출한 한국인들 중에는 몽골인들을 상대로 거짓 약속을 남발하는 경우도 많았다. 한국인 관광객들 중에는 돈 좀 있다고 거들먹거리며 젊은 여자를 찾아 빈축을 사기도 했다.

몽골은 한반도 남쪽에 섬처럼 살았던 한국인들이 가장 먼저 교류를 시작한 대륙 국가였다. 그처럼 따뜻하고 우호적인 관계였던 나라가 이런 눈으로 한국을 보게 됐다면, 우리의 대륙 진출 방식과 매너를 근본적으로 되돌아봐야 하는 것 아닌가 하는 안타까움이 들었다.

몽골에 오니 유라시아 자전거 원정이 또 한 언덕을 넘는 느낌이다. 이제 여덟 나라를 지나 중국과 러시아 블라디보스토크를 남겨놓고 있다. 그래도 거리로는 1만5,000km의 3분의 2를 왔을 뿐이다. 대원들은 17일, 신발끈을 고쳐 매고 동쪽 고비 사막을 향해 떠났다.

26 아시안 하이웨이, 밀레니엄 로드를 달리다

고비 사막·테를지 국립공원

깨진 유리 같은 자갈과 시멘트처럼 굳은 흙 위에 원정단은 섰다. 10월 18일, 몽골의 고비 사막. 마른 잡풀 뭉치들이 삭막한 바람에 굴러다녔다. 사막 바람이 귓바퀴를 때려 고막이 먹먹해져왔다.

'고비'란 몽골어로 '풀이 잘 자라지 않는 거친 땅'이란 뜻이다. 몽골 고원 내부에서도 알타이 산맥 동단부터 싱안링興安嶺 산맥 서쪽 기슭까지 펼쳐져 있다. 동서로만 1,600km, 남북으로는 1,000km에 이른다. 흔히 생각하는 모래 능선이 끝없이 이어진 사막과 달랐다. 키 낮고 억센 풀들이 곳곳에 뿌리를 내리고 있었다. 모래보다 자갈이 더 많았다. 소나기가 내려 패인 뒤 바싹 마른 물길은 대협곡의 축소판이었다. 지평선의 끝은 하늘과 맞닿아 있었다. 흡사 낯선 행성의 표면을 지나는 듯했다.

9월 말(2014), 사전답사 때 찾은 이 지역은 두 시간 동안 마른하늘에 날벼락이 내리쳤다. 휴대폰 사진으로도 벼락을 잡아낼 수 있을 정도로 하늘은 번개 천지였다. 번개가 칠 때는 사방이 훤하다가 순식간에 암흑에 잠기기를 반복했다.

눈앞에서 벼락이 번쩍하면서 갑자기 자동차 시동이 꺼졌다. 굵은 우박까지 내리쳤다. 차 밖으로 나갔다간 자칫 벼락을 맞을 수도 있겠다는 두려움이 들었다. 이곳은 6년 전, 황인범 대원이 자전거로 횡단했을 때 길을 잃고 헤매다 죽음의 공포와 맞닥뜨린 장소였다. 당시 황 대원은 나침반이 고장나고 식수까지 떨어진 데다 해마저 저무는 악조건에 처했다. 실의에 빠졌던 황 대원은 우연히 만난 양 떼를 따라가 오아시스를 발견하고 목숨을 지켰다.

광활한 사막을 달리는 원정단을 카메라에 담기 위해 사진기자는 1~2km를 앞질러 도착한 고지대에서 망원 렌즈를 치켜들었다. 원정단은 거대한 사막 위의 작은 점과 같았다.

원정단 옆에서 사막을 달리는 기차는 얼추 헤아려봐도 화물칸 수가 80칸, 길이는 400m가 족히 돼보였다. 이 철로는 '몽골종단철도 Trans Mongolian Railway'였다. 중국 베이징을 출발, 몽골을 종단해 러시아 울란우데에서 '시베리아횡단철도 Trans Siberian Railway'와 만나는 유라시아의 주요 교통축이었다. 철로 건너편에는 몽골 야생마 떼들이 붉은 땅을 박차고 달렸다. 흙바람이 크게 일었다. 이곳 말들은 영하 30도의 혹한을 견디기 위해 긴 털과 작지만 다부진 체구를 갖고 있

26 아시안 하이웨이, 밀레니엄 로드를 달리다   229

었다. 이들이 도로를 맹렬히 통과할 때면 자동차들이 멈춘 채 길을 양보해줄 수밖에 없었다. 몽골에서 흔히 볼 수 없는 쌍봉낙타 무리들도 보였다.

TMGR과 나란히 난 길은 중국과 이어지는 밀레니엄 로드(2,328km)였다. 이 길은 2013년 몽골 대통령령으로 건설됐다. 중국을 관통해 우리나라까지 이어지는 아시안 하이웨이Asian Highway의 일부였다. 2014년 초, 몽골은 밀레니엄 로드를 완공하고 17일간 국제사이클대회도 열었다. 이 길은 국내 건설사가 시공해 그 의미가 더욱 크다. 사막 한가운데 잘 닦인 길을 달리며 자동차로 부산을 출발해 고비 사막까지 내달릴 날이 기대됐다.

점심을 때우려 길가의 한 이름 없는 레스토랑에 들어갔을 때, 몽골어 잡지들 사이에 놓인 한국어 잡지가 단연 눈길을 끌었다. 사막에 길을 내는 힘든 작업을 마친 한국 건설사 직원들이 지친 목을 맥주로 축이며 이 잡지를 읽었으리라.

몽골 면적은 한반도의 7배이지만 인구는 278만 명으로 100분의 6 수준이다. 인구 밀도는 1km^{2}당 1.8명으로 세계에서 가장 낮은 축에 속한다. 황량한 사막과 거친 고원은 사람의 정을 더 그립게 만든다. 몽골인들은 전통 천막가옥인 게르에서 양과 말, 낙타를 치며 살았다. 그들은 척박한 환경에서도 따뜻한 마음으로 원정단을 환영했다.

몽골 동남부 도르노고비주 우르고솜에서 만난 다욱더르츠 씨 가족은 아들 바타르와 손주 무흐졸흐까지 3대가 함께 게르 생활을 하고 있었다. 그들은 한국에서 온 낯선 이방인들을 반갑게 집으로 들였다. 가옥 내부는 TV와 소박한 가구가 전부였다. 차에 낙타 젖을 섞어 끓인 수태차에는 인정이 그득했다. 다욱더르츠 씨는 "인적이 드문 고비 사막에서 외지 손님은 경계 대상이라기보다는 환영해줄 친구다"며 활짝 웃었다. 뜻밖의 환대 속에 원정단은 다욱더르츠 씨가 키우는 낙타, 양들과 함께 오아시스 인근에서 라이딩을 했다. 다욱더르츠 씨는 원정단의 기념 스카프를 선물로 받고 "한국이라는 먼 나라 손님이 준 선물을 가보처럼 거실 한가운데 걸어놓겠다"고 기뻐했다.

10월19일 오전 8시, 몽골 동東고비 사막의 중심 도시 사인샨드의 숙소를 막 떠나려는데 50대 후반 남자가 양복·넥타이 차림으로 자전거를 끌고 나타났다. 그는 도르노고비주 사이클협회 회장 출룬 씨였다. 자전거는 한국에서 흔히 타는 중저가 브랜드였다. 그는 "우리 도시에 한국 자전거 원정단이 찾아왔다는 소식을 듣고 응원하고 싶어 방문했다"며 "하룻밤만 머무르고 일찍 떠난다고 해 미안함을 무릅쓰고 약속도 하지 않은 채 불쑥 찾아왔다"고 말했다. 출룬 회장은 몽골 21개주 5만4,000km를 완주한 바 있으며 60여 명 규모의 단출한 자전거 협회를 이끌고 있었다. 그는 "밀레니엄 도로 국제대회 이후로 외국인이 이 도로를 자전거로 이동한 것은 원코리아 뉴라시아 자전거 평화원정단이 처음"이라고 말했다. 또한 "몽골이 중

26 아시안 하이웨이, 밀레니엄 로드를 달리다

국 일부인 내몽골과 몽골로 나뉘어져 있어 남북한이 분단된 현실을 잘 이해한다"며 "언젠가 한반도가 통일될 날이 오기를 간절히 바란다"고 덧붙였다.

몽골인들 사이에서 칭기즈칸은 국가의 자존심으로 통한다. 그는 1100~1200년대 말 안장 위에서 유라시아를 호령하며 몽골 제국을 건설한 제왕이었다. 몽골의 부흥을 두려워한 러시아와 중국은 칭기즈칸의 이름을 꺼내지 못하게 했다. 그래도 몽골인들 머리에서 그

고비 사막의 석양은 사막의 붉은 흙을 태워올린 듯 강렬했다.

의 존재를 지울 수는 없었다. 1992년 민주주의 체제로 전환 이후 몽골인들은 칭기즈칸의 얼굴을 그리기 시작했다. 오랜 시간 그를 겉으로 드러내놓지 못한 탓에 초상이 제각각이었다. 현재 칭기즈칸의 얼굴로 공인된 그림은 타이완고궁박물관에 있는 초상이다. 손자 쿠빌라이칸이 베이징 천도 후 중국화가 70명을 불러 할아버지 얼굴을

26 아시안 하이웨이, 밀레니엄 로드를 달리다

별이 쏟아져내리는 몽골의 밤은 추위도 잊게 만들었다.

구술해 그리게 한 것이었다.

　칭기즈칸은 종교에서는 민주적인 군주로 알려져 있다. 그는 원래 라마교(티베트 불교)를 믿었지만 기독교와 이슬람교를 모두 허용했다고 한다. 맞바람이 불면 평소보다 이동 시간이 3시간이나 길어졌던 원정단은 고비 사막에서 '바람의 신'을 믿어야 할 판이었다.

　테를지 국립공원은 붉은 암산들이 기괴한 형상으로 솟아 있었다. 『서유기』에 등장하는 화염산火焰山이 이곳일지도 모른다는 생각이 들었다. 몽골사이클협회의 나랑 사무총장은 우리를 국립공원 내 몽골 음식점에 초청해 전통 양고기요리 '허르헉'을 대접했다. 시뻘겋게 달군 돌 위에 양고기를 올려놓고 구덩이에 묻어 익힌 음식이었다. 몽골 대표 현악기인 모린호르(morin khur, 마두금馬頭琴) 연주와 입을 거의 움직이지 않고 목청과 혀로만 뱃속의 깊은 소리를 끌어내는 '흐미' 창법은 원정단의 박수를 이끌어냈다. 흥이 채 가시지 않은 김영미·황인범·이상구 대원은 몽골의 밤하늘을 보겠노라며 노숙을 자청했다. 이들은 침낭 하나만 들쳐메고 테를지 바위산에 올라가 영하의 밤을 지새웠다. 별이 쏟아져내리는 몽골의 밤은 추위도 잊게 만들었나 보다.

　10월 19일 오후, 원정단은 몽골과 중국 국경지역에 도착했다. 다음 날 중국 입경을 앞두고 변경도시 자밍우드에 평소보다 이른 시간인 오후 4시에 들어왔다. 3.5톤 트럭을 포함해 6대 차량에 실린 짐을 호텔 앞마당에 전부 풀어놓고 재정리를 했다. 23명 전원이 달라붙어 2시간이 걸리는 작업이었다. 혹시나 화물 때문에 중국 입경이 가로막히는 불상사를 피하기 위해서였다. 중국 당국이 요구한 대로 자전거와 방송장비를 트럭 짐칸에 모두 옮겨 실었다. 햇반과 소시지 등이 몇 박스나 나왔다.

 짐 정리 탓에 얼굴에 검댕이가 묻은 원정단 옆으로 화려하게 차려입은 몽골인들이 지나갔다. 그들은 몽골 세관 공무원들이었다. 그날 저녁, 원정단이 묵은 호텔에서 몽골 세관의 파티가 열렸다. 새벽 늦은 시각까지 세관 공무원들은 음악을 쿵쾅쿵쾅 틀어놓고 춤을 췄댔다. '과연 내일 중국 입경은 별 탈 없이 진행될까.' 원정단은 시끄럽게 호텔을 울리는 음악 소리에 근심을 묻고 억지로 잠을 청했다. 변경邊境의 밤은 낯설었다.

유라시아 다이어리
몽골 허허벌판에서 도둑맞은 사연

10월 18일 이른 아침, 원정단이 밤을 보낸 테를지 국립공원 게르 숙소촌이 한바탕 소란스러웠다. "내 가방이 없어졌어요." "내 핸드폰도 사라졌네."

간밤에 게르촌에 도둑이 든 것이다. 독일 베를린을 출발, 시베리아 벌판을 지나 몽골까지 오며 무탈했던 원정단에 첫 우환이 닥쳤다. 조정훈 원정단장(직대)이 비상용으로 챙겨 온 수백만 원 상당의 미화와 휴대폰·노트북 등도 털렸다. 게르 10여 동을 빼고 사방에 인기척이라곤 없는 곳에서 도둑을 맞으니 더 황당했다. 첫 번째 용의자로 게르 관리인들이 지목됐다. 간밤에 난로 연료를 교체하기 위해 두세 차례 관리인들이 게르 안에 들어왔기 때문이다.

아침에 몽골 형사들이 뿌연 먼지를 내며 게르촌으로 달려왔다. 형사들도 누가 훔쳐갔는지 제대로 짚어내지 못했다. 두 번째로 외부 침입자가 지목됐다. 당일 새벽 3~4시쯤 정체불명의 차량이 게르촌에 들어왔다가 나갔다는 제보가 있었다. 밤하늘 사진을 찍던 사진기자와 몇 명의 단원들이 그 차량을 목격했다. 도둑은 게르 문 옆에 놓인 짐들만 털어갔다.

전날 몽골사이클협회의 환대에 경계심이 풀린 데다 게르촌 주위에 아무도 없을 거라고 방심한 터였다. 도둑은 그 틈을 노렸다. 원정단이 게르촌에 들어올 때 길가에서 본 몽골 청년들의 히죽거리던 얼굴이 기분 나쁜 잔상으로 남았다. 아름다운 별빛과 탁 트인 초원의 추억이 변색된 아쉬운 경험이었다. 도난 신고를 하고 국내 보험사에 보험 청구를 했지만 결국 현금은 보상 받지 못했다. 해코지를 당하지 않았다는 사실만으로 위안을 삼을 수밖에 없었다. 며칠 뒤, 원정단 단체 대화창에 분실된 휴대폰 발신으로 괴문자가 전송됐다. 의미 없는 자음들이 찍혀 있었다. '누구냐'고 물었지만 묵묵부답이었다. 휴대폰을 훔쳐간 몽골 도둑이 보낸 문자였음이 틀림없었다.

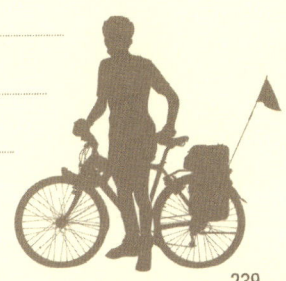

·· 날라이흐 칭기즈칸 기마상

몽골 수도 울란바타르에서 남동쪽으로 차로 한 시간가량 달리면 날라이흐에 높이 40m의 거대 기마 동상과 마주친다. 칭기즈칸 기마상이다. 건물로 치면 10층 높이다. 스테인리스 철강 재질로 되어 있어 강한 반사광은 멀리서도 눈을 부시게 할 정도다. 이 기마상은 2006년 몽골 건국 800주년을 맞아 건설했다. 입장료(성인: 7,000투그릭, 12세 미만: 3,500투그릭, 7세 미만: 무료)를 내고 엘리베이터를 타고 올라가면 말머리로 갈 수 있다. 이곳에서 근엄한 표정의 칭기즈칸의 얼굴을 배경으로 사진을 찍을 수 있다. 동상의 얼굴은 400km 떨어진 칭기즈칸의 고향 '부르칸 칼둔'을 향하고 있다. 로비에는 대형 채찍과 세계에서 가장 큰 가죽 신발을 볼 수 있다. 신발 제작에 소 512마리가 들어갔다고 한다. 이곳은 칭기즈칸의 아버지 예수게이가 사망한 후 칭기즈칸이 두 동생과 함께 대형 금채찍을 주운 곳이다. 칭기즈칸은 전쟁터로 나가기 전 이곳에서 고향을 바라보며 전의를 다짐했다고 전해진다. 지하에 가면 건설의 역사를 화면으로 시청할 수 있다. 몽골제국 이전 훈족 유물을 전시해 놓은 박물관도 있다. 동상으로 올라가는 계단 옆으로 말을 탄 군인 청동상 2개가 서 있다. 얼굴이 제각각인데 몽골 어느 부자의 돈을 받고 그들의 얼굴을 박아 세워준 것이라 한다. 몽골에 스며든 자본주의의 흔적이다.

27 만리장성은 높았지만, 중국인들 마음은 따뜻했다

장자커우·베이징

네이멍구^{內蒙古} 자치구 화더현^{化德縣}에서 허베이성^{河北省} 장자커우^{張家口}로 가는 길은 급한 내리막이 1시간 가까이 이어졌다. 발밑 저 아래 평지가 한눈에 들어왔다. 브레이크가 고장 난 화물차들이 비상 정지할 수 있게끔 내리막길 구배마다 스키 점프대 같은 자갈 오르막길이 조성돼 있었다. 몽골 고원이 끝나고 중원^{中原}으로 접어드는 느낌이 강하게 다가왔다. 실제 고도는 1,600m에서 800m로 떨어졌다. 서늘하던 공기는 후텁지근해졌다. 청명한 공기가 사라지고 악명 높은 스모그도 시작됐다.

중화^{中華} 사상이 움튼 대평원 지대가 펼쳐지자 중국에 발을 들였음을 실감했다. 장자커우에서 베이징 시로 접어드는 바다링^{八達嶺}을 통과하니 고도가 800m에서 평지로 낮아졌다. 바다링에서 원정단은 만리장성의 위용과 맞딱뜨렸다. 험준한 산세를 따라 뻗어 있는 견고한 성을 보고 있노라니 "만리장성에 오르지 않으면 사나이가 아니다不到長城非好漢"라고 한 마오쩌둥毛澤東의 말이 이해가 됐다.

장성은 중국 역대 왕조들이 북방 민족의 침입을 막기 위해 쌓고 또 쌓은 방어벽이었다. 한족漢族의 배타성을 상징하기도 했다. 기원전 770년 춘추 시대부터 진秦나라 시황제始皇帝를 거쳐 16세기 명明나라 때 현재의 모습을 갖췄다. 무려 2000년 넘게 한족을 이민족과 분리시키며 한족의 정체성을 빚었다. 지도상 길이가 2,700km이며, 중간에 갈라져 나온 지선들까지 합치면 총 길이는 약 6,000km에 이르는 '인류 최대 토목공사'였다.

이민족을 쉽게 허락하지 않았던 중국의 역사처럼 중국은 원정단에 바로 마음을 열지 않았다. 몽골에서 중국으로 들어오는 세관에서부터 원정단은 조금은 다른 경험을 맛봐야 했다. 우선 중국 입경(입국)조차 어려움이 많았다. 중국 입경 한 달여 전 사전 답사에서 내몽골 얼렌하오터二連浩特 세관의 관세관을 만나 사정을 설명했지만, 관세관은 명함도 건네지 않은 채 약간은 고압적으로 응대했다. 다행히 "늦어도 원정단이 중국에 입경한 다음 날 아침 9시엔 출발하게 해주겠다"고 여행사 가이드를 통해 답을 주긴 했지만 기분이 썩 좋지는 않았다.

약속 이행은 진땀을 빼고서야 뒤늦게 성사됐다. 10월 20일 몸은 국경을 넘어왔지만 자동차, 자전거와 방송 장비가 세관에 묶였다. 세관 앞마당에 주차된 차가 빤히 보이는데 통관 허락이 떨어지지 않았다. 통관 지연에 대한 어떠한 설명도 없었다. 중국 입경 첫날부터 라이딩이 어그러질 위기에 처했다. 서울에선 원정단의 정상 출발을 확인하는 전화가 이어졌다. 우려의 목소리는 시간이 갈수록 커졌다. 중국 구간 원정의 통관과 안내를 맡았던 중국국제여행사 CITS도 난처한 상황에 처했다. 자칫 계약 위반 소송 얘기까지 나온 상황이었으니 말이다.

원정단은 호텔 로비에서 기약 없이 대기했다. 지금까지 지나온 8개국에서 받아온 환대와는 정반대 상황이었으니, 원정단 분위기가 좋을 리 만무했다. 주중 한국 대사관에도 전화를 해 도움을 구했지만 해결책은 쉬 나오지 않았다. 모두들 곧 출발할 걸로 생각했지만 결국은 햄버거로 점심을 때우게 됐다. 중국 통관 절차는 이처럼 보이지 않는 만리장성이었다. 조선의 사신이 산해관 앞에서 입성 허가를 기다리기 위해 많은 시일을 대기했다는 얘기를 직접 몸으로 체험했다. 원정단은 입경 후 만 28시간이 지난 다음 날 오후 4시가 돼서야 페달을 밟을 수 있었다.

원정단은 출발에 앞서 '원정단 윤리강령'을 암송하며 새롭게 각오를 다졌다. 어려웠던 입국 과정은 원정단의 정신을 번쩍 들게 만들었다. 그래도 윤리강령을 외우자 분위기가 한결 나아졌다. 한국 언론사가 차량과 자전거 대규모 부대를 이끌고 중국 도로를 달리는 첫 기록이라는 사실이 원정단을 고무시켰다.

27 만리장성은 높았지만, 중국인들 마음은 따뜻했다

과정은 힘들었지만 붉은 대륙의 빗장을 열어젖히는 순간이었다. 오성홍기伍星紅旗와 태극기를 나란히 자전거 안장 뒤 짐칸에 달았다. 무거웠던 마음은 중국 꼬마와 할머니의 환영 손짓에 완전히 풀렸다. 세관 당국의 피 말리는 행정 절차와 달리 중국 시민들은 따뜻하게 우리를 반겼다. 산동성山東省에서 온 신사들도 비상 깜박이를 켜고 원정단을 한동안 따라다니며 사진을 찍었다. 대원들은 평균 시속 20~30km로 자전거 바퀴를 굴렸다. 박영석 대원은 "어여 가자 한국으로!"를 외쳤다. 이날 얼렌하오터부터 쑤니터여우치苏尼特右旗까지 111km 구간을 이동했다. 인근에 공룡 화석이 발견됐기 때문인지 끝없는 벌판에 공룡 모형들이 서 있었다. 멀리서 보면 순간 눈을 의심하게 될 정도로 사실적이었다. 쑤니터여우치의 입구도 목이 긴 거대 초식공룡인 울트라사우루스가 아치를 만들고 있었다.

동북東北인, 동북 식당이 자주 눈에 띄었다. 중국 동북 지방 음식을 하는 곳이었다. 이곳에서 시켜먹은 계란 볶음밥, 탕수육 등은 한국에서 주문해 먹는 맛과 꽤 유사했다.

중국은 여전히, 지나온 서방 국가들과는 많이 달랐다. 13억 인구를 통치해야 하는 그들만의 비상대처법 때문이랄까. 원정단 차량은 함께 다녀야 했고, 개인 행동은 금지됐다. 조선족 가이드들은 흔히 말하는 그런 가이드가 아니라 일종의 '인솔 통제자' 같은 역할이었다. 호텔과 숙박업소는 외국인이 묵어야 하는 지정 호텔을 사용해야 했고, 이동 루트를 조금만 변경하려 해도 조선족 가이드는 '불가

不可' 입장을 분명히 했다. 베이징 외곽에서 30여 분간 별도의 통행증을 발급 받는 절차도 그런 일 중 하나였다. 베이징 외부 차량이면 반드시 받아야 하는 증표였다.

중국 정부는 외국 차량들에게 일종의 '차량 보증금'을 받는다. 중국에 들어가 차량을 운행하기 위해 미리 내야 하는 증거금 같은 것이었다. 이런 것이 중국 법이다. 다른 나라들과는 많이 다른 부분들인데, 중국을 차량으로 여행하려는 이들로서는 참고할 부분이다. 딱히 구체적으로 명시된 규정과 법 문구는 없다고 한다. 시진핑 국가주석이 '인치人治에서 법치法治 시대로'를 강조하고 있는 것도 합리적이며 시스템적인 중국 국가운영을 강조한 것인데, 거꾸로 보면 "지금 당장은 사람의 힘에 의해서 좌우되는 게 많다"는 뜻 아닐까. '로마에선 로마법을 따라야 한다'고 원정단 역시 보증금을 지불했다.

나중에 겪은 일이지만 "중국 출경 후 보름 뒤에 돌려주겠다"던 보증금은 한 달이 지나도록 되돌아오지 않았다. CITS는 "외환 거래가 계속 실패하고 되돌아온다"는 믿지 못할 변명만 늘어놨다. 다행히 출경 후 두 달 가까이가 돼서야 보증금을 겨우 돌려받았다. 참고로 중국 여행을 할 때 중국에 거주하는 공무원이나 엘리트 지인知人, 즉 '꽌시(關係, 네트워크)'를 동원할 수 있으면 많은 부분이 편해질 수 있다.

중국 내 원정은 여러모로 이전과는 달랐고, 그만큼 다른 생각을 갖게 만들었다. 전 세계인들이 함께 더불어 산다는 게 얼마나 힘든

27 만리장성은 높았지만, 중국인들 마음은 따뜻했다   245

만리장성의 일부인 구장성舊長城은 한적했지만 나름의 운치가 있었다.
원정은 만리장성을 넘어 베이징 구간에 접어든다.

일인지, 그렇게 살기 위해 서로 간에 어떤 노력을 해야 하는지 많은 깨달음을 줬다. 먼저 그들을 이해하려는 열린 마음이 필요한 것 같다. 원정 시작 전 원정단은 중국 대사관이 지정해 준 CITS 이외의 한국 에이전시를 타진한 적이 있다. 한국적 시각에선 서비스와 가격 등을 따져 더 나은 업체를 고를 수 있는 일이었다. 하지만 꽌시를 강조하는 중국 관행과는 맞지 않았던 것 같다. 이후 여러 가지 의견 조율 과정에서 어려움을 겪어야 했지만 오해를 풀고, 이해를 확대시켜가면서 하나하나 일을 해결해나갈 수 있었다.

일이 꼬일 때마다 '차이나 드림'은 정말 꿈에 불과한 것일지 모른다는 생각이 많이 들었다. 그렇지만 기업들이 애로에도 불구, 중국 비즈니스를 통해 성장하고, 또 이윤을 늘려가는 과정을 보면 서로 다른 민족 간, 국민 간 화합과 협조가 얼마나 중요한 것인지 새삼 다시 느낀다.

중국은 정치적인 행사에는 더 민감했다. 우선 '원코리아One Korea'란 원정단 이름에도 민감하게 난색을 표시했다. 주한 중국 대사관은 "원코리아가 어떤 의미냐"고 물었다. 그리곤 "중국에 들어갈 땐 자동차, 단복에 새겨진 원코리아 문구를 지워달라"고 요청했다. 결국 원정단은 베이징 입경을 앞두고 테이프로 'One Korea'의 'One'을 전부 가렸다. 그 빈 자리에 원정단은 '오 필승', '오케이' 등을 써넣었다. 원정단 이름은 '오 필승 코리아', '오케이 코리아'로 바뀌었다.

중국의 취재 환경 역시 또 다른 걸림돌이었다. 일단 구글 검색과 지메일이 막혔다. 취재 비자를 받는 데도 두 달여를 지연하다 출발하는 날 발급이 될 정도로 어려움을 겪었다. 특히 홍콩의 '우산혁명'이 벌어지고 있을 때여서 중국 내에서 카카오톡 등 한국의 SNS 서비스를 이용하는 데도 시간이 오래 걸렸다. 구글맵을 사용할 수 없어 결국 내비게이션을 별도 구매해야 했고, 상당 부분은 사람의 직감에 의지해 길을 찾아야 했다.

만리장성에선 촬영용 드론을 띄웠다가 중국 관리원들이 출동하는 소동도 벌어졌다. 방송 취재팀이 관리사무소로 끌려갔다. 취재팀은 찍은 내용을 전부 검열 받고 필름을 지워야 했다. 취재팀이 걱정돼 만리장성 휴게소에서 시킨 베이징 짜장면이 입으로 들어가는지, 코로 들어가는지 모를 정도였다. 결국 원정단은 만리장성의 또 다른 일부인 구장성舊長成에서 촬영할 수 있었다.

베이징 텐안먼天安門 광장 배경 라이딩 촬영도 쉽사리 진행되지 않았다. 주중 한국 대사관을 통해 방문 두 달여 전부터 허가를 요청했으나 묵묵부답이었다. 결국 대사관이 내린 결론은 '불가능'이었다. 중국 당국의 불허 이유는 불투명했다. 아시아태평양경제협력체APEC 정상 회의가 다음 달 열리게 돼 있었고, 얼마 전엔 티베트 분리를 주장하던 시위대가 차를 몰고 텐안먼 광장에 돌진한 사건이 있었다는 사실 등으로만 불허 이유를 추정할 뿐이었다.

문제는 뜻하지 않은 부분에서 실마리가 풀렸다. 원정단은 CJ차이나 박근태 대표와의 식사 자리에서 어려움을 토로했다. 중국 비즈

27 만리장성은 높았지만, 중국인들 마음은 따뜻했다

니스만 27년째인 박 대표는 "잠시 기다려보라"며 어디론가 전화를 돌렸다. 한 공산당 고위 관료와 통화를 마친 박 대표는 "촬영이 가능할 것 같다"고 했다. 그의 꽌시 덕분에 원정단은 수월하게 톈안먼 광장을 배경으로 사진을 찍을 수 있었다. 기업인의 전화 한 통에 외교 당국이 해결 못한 문제가 풀린 것이다.

정치·사회 체제의 벽은 아직 높았지만 문화·민간의 힘으로 넘을 수 있겠다는 희망도 넘쳐났다. 10월 24일 톈안먼 인근 첸먼따지에前門大街에서 진행된 비빔밥 행사에 한류韓流 아이돌 스타 최시원이 등장하자 일대가 마비되다시피 했다. 젊은 여성들은 거리낌 없이 한국 대중 스타에게 호감을 나타냈다. 취재팀이 단속을 당한 만리장성에서도 20대 여성이 떠듬거리는 한국말로 "2013년 4월 서울과 제주도를 방문했다"고 말을 붙여왔다. 다른 시민들도 원정단을 보고 엄지를 치켜세우며 "쩐리하이(真厲害, 대단해요)"를 외쳤다.

많이 발전했지만 도시를 떠나 지방, 시골로 가면 아직도 적응하기 힘든 생활문화 여건들이 많았다. 화장실이 그중 하나였다. 내몽골 초원길 도로변에 엉덩이를 내놓고 큰일을 당당히 치르는 기사들을 더러 볼 수 있었다. 주유소 화장실에 들어갔다가 기겁을 하고 뛰쳐나오는 대원들도 있었다. 칸막이 없이 구멍만 뚫린 화장실에서 다른 중국인이 쪼그리고 앉아서 들어오는 사람을 빤히 쳐다본 것이다. 요즘도 이런 생각을 자주 한다. '어떻게 큰일(?)을 보면서 옆 사람, 앞 사람 얼굴을 보며 대화할 수 있을까?' 피식 웃음이 난다.

고속도로 상황도 인프라 시설은 훌륭하지만, 소프트 웨어나 도로 교통 문화는 후진적인 요인들이 많았다. 베이징을 벗어나서 징선(京瀋, 북경~선양) 고속도로를 달릴 때엔 교통이 정체돼 주차장처럼 변했다. 김영미 대원은 좀이 쑤신다며 차에서 내려 줄넘기를 했다. 가이드에게 이유를 물으니 화물 트럭들이 고속도로 위에 차를 세우고 볼일을 본다거나 휴식을 취한다는 것이었다. 갓길이나 휴게소가 아닌 고속도로 차선 한 개를 다 차지해 차를 세워둔다는 말에 원정단은 입이 떡 벌어졌다. 중앙선 침범을 당연시 하는 교통 문화는 한국의 베테랑 운전수들도 "지나온 9개국 중 최악"이라며 혀를 내두르게 만들었다. 촌로村老가 모는 소달구지의 역주행은 차라리 애교로 봐줄 만했다. 상향등을 번쩍이며 200~300m 앞에서부터 역주행해 돌진해오는 트럭을 위해 제 차선을 가던 원정단이 차선을 바꿔주기도 했다.

유라시아 다이어리
중국의 살인적 스모그

중국에 입경하자마자 원정대를 맞이한 건 베이징의 살인적인 스모그 뉴스였다. 가시거리 채 100m가 안 될 정도의 짙은 스모그 사진을 보며 원정대는 서울에서 방진 마스크 50개를 긴급 공수키로 했다.

네이멍구 등 고지대 기상은 쾌청했지만 베이징에 가까워질수록 공기는 혼탁해졌다. 베이징 외곽 도시엔 석탄 등 오염 산업들이 들어차 있었다. 공해와 싸우는 중국이 베이징에서 오염 산업을 몰아냈지만 멀리 벗어나지 못한 것이었다.

덤프 트럭들이 석탄을 가득 실은 채 먼지가 쌓인 도로를 무섭게 지나갔다. 먼지인지 오염 물질인지 모를 것들로 공기는 더 뿌옇게 변했다.

원정단은 베이징에 진입하기 전 거대한 스모그 장벽을 만났다. 가시거리가

500m도 안 될 정도였다. 글로벌 기업들의 베이징 진출까지 꺼리게 만든다는 그 살인적인 스모그였다. 베이징 톈안먼 인근 첸먼따지에前門大街 야외 공간에서 비빔밥 행사를 할 때도 스모그 수치는 400μg/m³으로 기준치 25μg/m³의 16배나 됐다. 미국에선 이 수치가 300을 넘으면 '치사 경보'를 내린다고 했다. "어떻게 야외 비빔밥 행사를 했냐"고 묻는 사람까지 있었다.

베이징을 벗어나 산하이관까지 가는 길은 아예 앞이 잘 보이지 않았다. 지평선만 보이는 중원中原일 줄 알았는데 원정단은 3~4시간 자동차로 스모그를 뚫고 달리기만 했다. 서울에서 긴급 공수한 방진 마스크도 워낙 지독한 스모그로 인해 제대로 써보지도 못한 채 트렁크에 방치됐다.

동행한 조선족 가이드는 "중국인들도 매일 정부가 발표하는 스모그 수치를 믿지 못한다"며 "발표 수치보다 실제 수치가 훨씬 높을 것"이라고 말했다. 그는 중국 정부에 비판을 서슴지 않았다. 그 가이드는 스모그가 낀 날이면 "공기를 마시기 싫다"며 아예 차 밖으로 나오지 않았다. 원정단은 특성상 야외, 노지露地에서 취식해야 할 때가 잦았다. 하지만 중국에선 대기오염으로 인해 최대한 자제했다.

중국은 최근 수도권 일대 대기 개선 등에 향후 6년간 42조 위안(약 7,300조 원)을 투입한다는 계획을 세웠다. 한국 등 주변국들의 환경을 생각해서라도 중국의 대기 환경 개선은 한시바삐 추진되어야 할 것으로 보인다.

·· **산하이관 천하제일관**

10월 25일 원정단은 만리장성의 동단東端이라는 허베이성河北省 북동쪽 친황다오 시秦皇島市 산하이관山海關에 도착했다. 실제 장성이 보하이 만(渤海灣, 발해만)에 면한 곳 위에 서 있었다.

산하이관 서북쪽은 수·당 군들이 대 고구려 전쟁을 떠나기 전 집결한 곳이다. 이 부근 진롱金龍 온천 뒤편엔 고구려 성터가 남아 있다. '산하이관 구청山海關 古城' 동문인 천하제일관天下第一關이 위압적으로 서 있었다. 1381년 명나라 태조太祖 때 건설된 방어용 성이다. 직사각형 성대城臺와 2층 성루城樓를 합한 높이는 26m에 달한다. 1945년 8월 퇴각하는 일본군과 중국 팔로군과의 격전지였다. 그해 10월 국민당 정부와 공산당 내란 당시 양측은 산해관을 중심으로 대치했다. 이곳은 연암 박지원의 열하일기에도 등장한다. 연암은 '만리장성을 보지 않고 중국의 큼을 모를 것이요, 산해관天下第一關을 보지 못하고는 중국의 제도를 알지 못할 것이다'고 적었다.

원정단이 묵은 산하이관 '지아르暇日 호텔Holiday Inn'은 중국 전통식 건물로 운치가 넘쳤다. 리셉션 데스크의 여직원도 만주 전통복장을 한 채 고객을 맞았다. 산하이관이 속한 친황다오시는 휴양도시로 2008년 베이징 올림픽 땐 축구 경기가 열린 장소였다. 해안가의 레스토랑에선 신선한 해산물 음식을 맛볼 수 있다. 산하이관에서 랴오닝성遼寧省 중부 도시 진저우錦州로 가는 길을 달리며 옆으로 펼쳐진 해안도로의 아름다움을 만끽할 수도 있다.

28 손 내밀면 닿을 듯한 북녘 땅이건만
선양·단둥·백두산

불과 200여미터 앞 황금평黃金坪에선 북한 농민 대여섯 명이 이삭 줍기를 하고 있었다. 얇은 철조망이라도 없었다면 어느 쪽이 북한이고 중국인지 분간하기 어려울 지경이었다. 이곳은 본래 압록강 하구에 위치한 북한 섬이었다. 중국 랴오닝성遼寧省 단둥丹東과 황금평 사이 흐르던 샛강이 자연스레 메워져 북한과 중국이 맞닿게 됐다. 민가 20여 채와 짓다만 개발청 건물이 보였다. 2012년 장성택 국방위원회 부위원장과 천더밍陳德銘 전 상무부장이 이 지역 개발에 합의했지만, 중국의 비협조와 장성택 처형의 여파로 개발은 전면 중단됐다고 했다. 처음으로 북한을 가까이에서 접한 원정단원들은 "저기가 진짜 북한이 맞냐"고 물으며 셔터를 눌렀다. 원정단을 인솔한 한인회 관계자는 중국 쪽 관제탑을 가리키며 "우리의 일거수일투족이

신압록강대교를 중국의 자본으로 건설했지만 북·중 관계가 소원해지며 개통이 연기되고 있었다.

다 감시당하고 있으니 망원렌즈는 꺼내지 말아달라"고 요청했다. 사진기자는 차량 안에서 망원렌즈를 당겨 북한의 내밀한 속을 담았다.

원정단은 10월 29일 선양瀋陽을 지나 북한으로 가는 관문 도시인 단둥의 압록강변에 도착했다. 신압록강 대교만 건너면 바로 신의주였다. 8월 13일 독일 베를린 브란덴부르크문을 출발한 지 78일 만에 마침내 북녘 땅 앞에 선 것이다. 원정단이 그동안 달린 거리는 총 1만

2,699km였다. 9개국 국경을 지났고, 우랄 산맥과 시베리아 벌판, 바이칼 호수, 고비 사막, 중국 만리장성을 넘었다.

중국 측 압록강변은 깔끔하고 쾌적한 수변지구로 조성돼 있었다. 중국은 국가의 얼굴인 변경 지역을 호화롭게 개발하는 성향이 있었다. 단둥 신구新區엔 고급 아파트 단지가 들어서 있었다. 관람차 등 관광시설도 여유를 뽐냈다. 북한 영토인 압록강의 모든 섬 중 유일하게 중국 땅인 웨량다오月亮島는 무지개 조명 교량으로 연결된 호화

28 손 내밀면 닿을 듯한 북녘 땅이건만　257

압록강 인근에서는 지척에서 북한 농부들을 볼 수 있다.

주거단지였다.

관광객들과 산책하는 사람들로 강변이 북적거렸다. 호객꾼들은 "차오셴뤼여우(朝鮮旅遊, 북한관광)!"를 외치며 소매를 붙잡았다. 잡상인들은 가짜로 보이는 북한 지폐와 동전을 팔았다. 한국 사람을 본 잡상인들은 식당 앞까지 따라와 북한 돈을 팔려 했다. 2009년 11월 단행한 화폐개혁 이전의 북한 돈이라고 했다. 화폐개혁은 신구 화폐를 1대 100의 비율로 바꾸는 조치였다. 북한 당국은 숨은 돈을 회수해 자본주의 싹을 자르고 중앙 집중적 계획 경제를 복원하려

했다. 그러나 물가 폭등으로 심각한 혼란만 야기했다. 실패의 책임을 물어 2010년 박남기 노동당 계획재정부장은 총살당했다. 중국에서 기념품으로 팔리는 북한 돈을 보니 "북한 동전에 투자하라"고 말한 미국의 유명 투자가 짐 로저스가 떠올랐다. 남북한이 통일되면 북한 돈의 가치가 급등할 것이라는 게 투자 권유의 이유였다. 같은 돈인데 한쪽에선 체제 유지의 수단으로, 다른 한쪽에선 자산 증식의 대상으로 취급을 받고 있었다.

유람선을 타고 압록강을 한 바퀴 돌았다. 중국 단동에 비하면 북한 신의주는 모든 게 잿빛이었고 황량했다. 압록강변에 할 일 없이 어슬렁거리는 사람들만 눈에 띄었다. 중국 것의 절반 크기도 돼 보이지 않는 관람차는 멈춰 있었다. 이성계 '위화도회군威化島回軍'으로 유명한 위화도에 유령처럼 서 있는 별장들은 북한이 1980년대 과시용으로 지었지만 지금은 아무도 살지 않는다고 했다.

밤이 되면 단동과 신의주의 차이는 더 극명해졌다. 단동은 불야성을 이뤘지만, 북한은 어둠에 잠겼다. 단동의 대북 교역은 2010년 5·24 제재 조치 이후 정체돼 있다고 했다.

원정단은 6·25전쟁 때 폭격으로 중간이 소실된 단교斷橋에서 더 가까이 북한을 바라봤다. '미국에 대항해 북한을 원조했다'는 뜻의 '항미원조抗美援朝' 글귀에서 한국과 중국의 인식 차이를 다시 한 번 느꼈다. 단교 옆 압록강 철교엔 '묘향산 관광'이라 크게 적힌 버스와 화물차들이 간간이 오갔다. 철도와 1차선 도로만 있어 교행交行은 불

간밤에 내린 눈으로 백두산은 순식간에 눈꽃 왕국이 됐다. 말로 표현할 수 없는 황홀경이다.

가능했다.

이를 보완하기 위해 하구에 신압록강대교가 건설 중이었다. 2010년 중국이 3억 달러 이상을 전액 투자해 착공했다. 2개의 주탑 높이가 140m, 왕복 8차선 도로는 3km가 넘었다. 하지만 북한 쪽 진입로 건설이 늦어지면서 10월 개통 목표를 훌쩍 넘겼다. 북·중 관계가 소원해진 데다, 중국의 개방 물결 유입을 북한 정부가 꺼리기 때문이라고 현지 교민들은 설명했다.

원정단은 단둥을 통해, 압록강대교를 거쳐 자전거로 북한 진입을 시도했다. 이는 비공식적으로 이번 원정의 가장 큰 미션이었다. 이미 중국 모처에서 북한 인사를 접촉해 북한 구간 통과 의사를 전달했고, 협조를 당부한 상태였다. 우리는 정치색을 배제하기 위해 체육 활동임을 강조했다. 만약 성사됐다면 '세계적 사건'이 터질 뻔했다. 하지만 북한에선 입북을 허가하지 않았다. 기대는 실망으로 바뀌었다. 다행히 "이번에는 유감이고, 다음을 기약하자"는 긍정적인 메시지가 돌아왔다는 후문을 들었다. '언젠가는 통일이 될 것'이라는 희망을 갖고 대원들은 다시 페달을 밟았다. 원정단은 동북3성과 러시아 연해주로 우회하는 길을 택했다.

대신 10월 29일 압록강변을 따라 사상 처음으로 단둥시와 공동으로 한·중 우호 자전거 라이딩 행사를 열었다. 현지 자전거 동호인 200명이 참여해 웨량다오月亮島부터 신압록강대교까지 21km를 달렸다. 중국 참가자들이 몰려들자 서울에서 긴급 공수한 태극기가 순식간에 동났다. 장이張毅 단둥시 체육국 부국장은 "자전거 라이딩엔 국경이 없다"고 말했다. 정치적으로 민감한 북·중 접경지였지만 단둥시 정부가 모든 행정 절차를 지원한 덕에 자유롭게 행사를 취재했다.

　북·중 접경지인 만큼 북한 식당이 성업 중이었다. 단둥에만 북한 호위총국, 체육국 등이 운영하는 북한 식당이 10개가 넘었다. '류경식당'에서 아리랑 기타 연주를 들으며 원정단은 가족, 고향 생각에 젖었다. 하지만 해외 북한 식당에도 경제난이 미쳐 현지 외자에 크게 의존하는 추세였다. 북한은 인력과 서비스 노하우를 제공하고 일정 수수료를 받는 식이었다. 200여 명 종업원으로 단둥에 있는 중국 내 최대 북한 식당인 '평양 고려관'은 중국 무역회사 텐다天達 공사가 자본을 투자했다. 류경식당 역시 중국 자본으로 운영되고 있었다. 아리랑 노래가 끝나고 북한 가무단들은 중국어 노래를 불렀다.

　선양, 번시本溪를 지나자 산세가 강원도 산촌에 가까워졌다. 팔작기와지붕과 마당에 널어놓은 옥수수가 친근했다. 단둥으로 가는 길에 만주족이 운영하는 식당에서 점심을 먹었다. 한때 청나라를 세워 중국 역사를 호령했지만 한족에 문화적으로 흡수되면서 명맥을 잃은 그들이었다. 만주식 음식은 한국과 비슷했다. 차진 쌀밥에 맑은 된장국大醬湯은 원정단의 지친 속을 달래줬다. 안영민 대원은 굳이 어른 엄지손가락 크기만 한 번데기 요리를 주문했다.

28 손 내밀면 닿을 듯한 북녘 땅이건만　263

단둥을 떠난 원정단은 18세기 조선시대 실학자 연암燕巖 박지원의 자취를 더듬었다. 연암은 정조 때 팔촌형을 따라 청나라 건륭제乾隆帝의 칠순연七旬宴을 축하하기 위해 사행했다. 연암이 국경을 넘어 첫 야영을 했다는 고구려 구련성九連城 터는 작은 읍내 슈퍼마켓 옆 잡동사니들 속에 파묻혀 있었다.

연암은 신문물을 주도적으로 도입해야 한다고 주장한 북학파였다. 그는 청의 문물을 '열하熱河일기'에 담았다. '뜨거운 강'이란 뜻의 열하는 청 황제가 여름에 집무를 보던 별궁別宮을 지칭했다. 베이징 동북 교외 허베이성 청더承德 일원이었다. 온천의 발원지로 강물이 얼지 않아 그렇게 불렸다. 열하는 단순한 황제의 여름 별장이 아니었다. 소수민족들에게 유화정책을 폈던 현실 정치의 각축장이었다. 열하 주변에 티베트 라사의 포탈라 궁을 축소한 불교사원을 지은 것을 봐도 이를 알 수 있었다.

연암은 열하일기에서 특유의 문장력으로 사회를 신랄하게 풍자했다. 성리학의 원류인 명을 숭상하고, 청을 오랑캐로 배척했던 조선의 경직성을 꼬집었다. 정조가 "이 책의 문체는 순정醇正하지 못하다"고 평하는 등 조선 사회에 큰 파장을 일으켰다. 원정단은 엄혹한 사회의 무게를 덜어내려 했던 연암의 실리주의와 개혁성을 떠올렸다.

한국과 환경이 비슷해질수록 중국의 세력 확장 의지도 커졌다. 중국은 1990년 중반 고구려 산성 중 하나인 박작성泊灼城을 '만리장성의 동단東端 호산장성虎山長城'으로 바꿔놓았다. 고구려 우물은 메워져 있었다. 이곳에서도 북한은 폭이 5m도 안 돼 한걸음에 넘어갈 수 있는 실개천 건너편에 있었다. '한걸음에 건너갈 수 있다'는 뜻의 '일보과一步跨'와 '매우 가깝다'는 뜻의 '지척咫尺'이 새겨진 돌이 보였다. '북한 사람들에게 음식물이나 물건을 던져주지 말라'는 중국어 경고판도 붙어 있었다. 조선족 가이드는 "휘파람을 불면 북한 사람들이 나타나 돈을 받아가곤 했다"며 "북한 교수 월급이 4위안 정도로 중국의 아침 죽 값 정도다"라고 설명했다.

압록강 중류의 지안集安은 고구려가 서기 3~427년 두 번째 도읍지로 삼았던 국내성이 있었다. 한국이 좌우 진영 싸움에 몰두하고 있던 2004년, 중국은 고구려 유적을 유네스코에 슬쩍 등록시켰다. 고구려 28대 왕 박람관 앞에 '고구려는 조기 중국 북방의 소수민족 정권입니다'라는 한글 안내판이 세워져 있었다. 중국은 조선족들에게 '조선족의 조국은 중국이다'라고 가르쳤다. 백반집에서 순대, 돼지두루치기, 냉면, 김치를 시켜 먹을 수 있는 이곳이 중국이어야 하는 사실이 얼른 납득되지 않았다. 37톤 바위에 고구려 건국신화와 광개토대왕의 업적 등을 새긴 광개토대왕비에선 촬영이 철저히 금지됐다. 조선족 가이드는 "중국은 이미 동북지역 역사 프로젝트인 동북공정東北工程이 끝난 것으로 본다"고 말했다.

지안 압록강변의 물안개는 슬프도록 몽환夢幻적이었다. 지안에서 쏭지앙허松江河로 가는 산길 중간 이름 모를 선돌 앞에 원정단은 초

콜릿, 귤, 오징어 과자 등으로 제사상을 차렸다. 만주 벌판, 요동 평야에서 말을 달렸던 조상들의 기운을 이어받고, 잃어버린 땅을 되찾기 위해 피 흘렸던 순국열사들의 희생을 잊지 않겠노라 다짐했다.

11월 1일 원정단은 백두산 자연림에 진입했다. 빽빽한 편백나무 숲이 뿜어내는 원기는 폐 깊숙한 곳까지 스며들었다. 페달을 밟는 다리에 힘이 저절로 들어갔다. 단풍이 불탔을 백두산은 한 꺼풀 옷을 벗고 무채색으로 변해 있었다. 어딘가에서 백두산 호랑이를 만날 수 있지 않을까 하는 묘한 흥분감도 생겼다. 호랑이는 못 봤지만 짙은 회색 털의 여우가 원정단을 반겼다.

천지天池는 외지인의 발길을 쉽게 허락하지 않았다. '백 번 방문해 두 번 속내를 볼 수 있어 백두산'이라는 우스개 설명이 금방 이해가 됐다. 지프차를 한 번 갈아타고 올라간 북파北坡 길엔 안개가 자욱했고, 눈이 쌓여 있었다. 천지에선 눈보라가 얼굴을 따갑게 때렸다. 결국 천지를 보지 못하고 개혁개방의 아버지 덩샤오핑이 썼다는 천지 비석 앞에서 인증샷을 찍는 것에 만족해야 했다. 다음 날에도 기상 악화로 천지를 못 보았다. 높이 70m에 달하는 비룡폭포의 장관을 앞두고도 '백두산을 중국이 아닌 북한으로 올라갔으면' 하는 아쉬움이 들었다. 최병화 대원은 이렇게 얘기했다. "천지를 보고, 못 보고 하는 게 중요한 게 아니죠. 이곳에 우리가 왔다는 게 중요하죠." 그는 마음속으로 '한반도에서 꼭 올랐으면 한다'는 의지를 다지고 있었으리라.

백두산은 다음 날 아침 거대한 눈꽃으로 변해 있었다. 작은 가지 하나에도 눈이 수북이 쌓였다. 눈 무게를 이기지 못한 나뭇가지가 처지면서 눈비가 흩날렸다. 원정단원들은 평생 본 것 중 가장 아름다운 눈꽃 퍼레이드에 넋을 잃었다. 백두산은 과연 민족의 영산靈山이었다.

유라시아 다이어리
숨막히는 중국 공안의 감시

중국의 감시와 적대감은 동북3성 중 하나인 지린성吉林省에서 절정에 달했다. 10월 31일 지안集安에서 백두산 송지앙허松江河로 가는 밤 길, 흰색 SUV가 원정단을 따라붙었다. 원정단 차량과 똑같이 깜빡이를 켠 채 원정단이 서행하면 SUV도 속도를 늦췄다. 원정단을 앞질러가나 했더니 얼마 안 가 저만치 앞에서 원정단을 기다렸다가 다시 따라붙었다. 원정단이 진행을 멈춘 채 SUV에 다가가 정체를 물었지만 운전자는 입에 자물쇠를 채웠다. 처음엔 원정단을 신기해하는 동네 주민 정도로 생각했다. 하지만 운전자의 비정상적인 행동에 원정단원들은 중국의 경찰인 공안일 거라고 추정했다.

당일 밤 원정단은 백두산 자락에서 피곤함을 훠궈火鍋로 풀었다. 저녁 자리에서 일부 단원들은 백두산에서 20년 넘게 머물며 사진을 찍어온 안승일 작가와 동석을 했다. 그런데 다음 날인 11월 1일 아침 조선족 가이드는 원정단이 접촉한 인물이 누구인지, 왜 만났는지 등을 꼬치꼬치 캐물었다. 그러곤 외부인을 함부로 접촉해선 안 된다는 경고를 전해왔다. 평소엔 친근한 동생 같던 조선족 가이드가 얼굴색을 바꿔 완전 다른 사람으로 돌변했다.

조선족 자치주의 중심 도시인 옌지延吉에선 "일거수일투족을 지켜보고 있으니 문제가 될 행동을 삼갔으면 한다"는 경고까지 한국 측 외교관을 통해 전달받았다. 숨통이 막힐 지경이었지만 어쩌랴. 이곳이 중국이고, 북·중 접경지인 것을.

중국이 동북3성을 민감하게 생각하고 있다는 건 시진핑習近平 중국 국가주석의 방문에서도 드러났다. 2015년 7월 시 주석은 취임 후 처음으로 지린성 옌볜(연변)조선족자치주를 방문했다. 이는 북·중 관계 개선 외에 위태로운 조선족 자치주에 힘 보태기와 무관치 않다. 작년 초 조선족 자치주 총 인구 228만 명 중 조선족 비율은 35%(80만 명)대로 하락했다. 중국에서 자치주로 인정받기 위한 소수민족 숫자 기준은 '총 인구의 30% 이상'이다. 조선족들이 한국, 베이징, 상하이 등으로 떠나며 자치주의 조선족 비율이 급감하는 것이다.

․․ 백두산의 자연림

백두산의 자연림은 거대한 산소통이었다. 편백나무들이 쭉쭉 뻗어 있었다. 백두산의 원시 자연림은 세계에서 손꼽힐 정도로 보존 상태가 훌륭하다고 했다. 눈이 내려 눈꽃이 만들어지면 한국에선 볼 수 없는 대장관이 펼쳐진다.

잘 꾸며진 백두산 산림욕장을 거닐다 보면 청淸 태조 누르하치가 머물렀다는 장소가 나왔다. 젊은 나이 누르하치는 명明 군사를 피해 백두산에 머물며 인삼을 캐먹고 지냈다. 솥을 얹어 요리를 해먹었던 돌 세 개도 놓여 있다. 향이 다 피워질 때까지 뾰족한 돌 끝에 서서 떨어지지 않는다면 절벽이나 나무를 평지 걷듯 오르내릴 수 있다는 설명이 재미있다.

빨대처럼 생긴 식물의 줄기를 꺾어 누르니 얼음이 쏙 튀어나온다. 수액이 언 것이다. 얼음에서는 달콤한 맛까지 난다. 한겨울에 짐승들은 이 식물로부터 수분을 섭취해서 살아간다고 한다.

북파 인근엔 백두산 온천이 있었다. 시뻘건 유황이 흘러내리는 바위에선 지금이라도 용암이 분출될 듯 김이 씩씩대며 올라왔다. 온천수에 계란과 옥수수를 담가서 삶아 파는 광경이 흥미로웠다. 백두산에서 키웠다는 야생 블루베리도 곳곳에서 판매했다. 생산 과정을 확인하지 못해 미심쩍기도 했지만 한 번 정도는 맛볼 만하다. '백두산(?)도 식후경'이라는 생각을 하면서 한 번쯤 별나고 값싼 경험을 해보기를 추천한다.

29 별이 바람에 스치우는 시인의 고향
룽징·옌지·훈춘

'오늘 밤에도 별이 바람에 스치운다.'

11월 3일 중국 지린성吉林省 룽징龍井에 있는 명동촌明東村 윤동주 시인의 생가에서 박영석 대원(선두외과 원장, 의사)은 윤 시인의 〈서시序詩〉를 읽어내려갔다. 한국에서 수없이 읊던 시구였지만 이역만리에선 가슴 먹먹함으로 다가왔다. 방 네 칸짜리 한옥 안 흑백사진엔 학사모를 쓴 윤동주 시인이 선한 웃음을 짓고 있었다. 추모대 위엔 꽃다발과 윤 시인이 유학한 일본 도시샤同志社 대 동문들이 가져다 놓은 작은 기념패도 있었다. 아궁이와 재봉틀, 장롱 등 세간살이는 마치 어제 썼던 것 같았다. 300여 평의 생가 전시관엔 한글과 중국어로 새겨진 시비들이 억새풀들 사이로 서 있었다.

원정단원들은 중국 지린성 옌지에 머문 3~4일, 윤 시인의 자취를 더듬었다. 윤 시인은 일제 치하 고국의 현실을 고뇌하던 지식인이었다. 1917년 명동촌 기독교 집안에서 태어나서 연희전문(현 연세대) 문과를 졸업했다. 일본 유학 중 조선인 유학생들을 모아놓고 조선 독립과 민족 문화 수호를 선동했다는 죄목으로 일본 경찰에 체포됐다. 징역 2년형을 선고받고 복역 중 생체 실험의 고초를 겪다 독립을 6개월 앞둔 1945년 2월 29세로 절명했다. 대한민국 정부는 1990년 그에게 대한민국 건국훈장 독립장을 수여했다.

대원들은 4일 윤 시인의 모교인 은진 중학교(현 용정 중학교)와 묘소를 찾았다. 학교 한쪽에 옛터를 복원한 전시실과 시비가 서 있었다. 중국 정부는 곳곳마다 윤 시인을 '중국 조선족 애국 시인'으로 표시했다. 그러나 방명록에 서명한 이름은 대부분 한국인들이었다. 대원들도 한글로 이름을 남겼다. 윤 시인의 묘소는 룽징 시내에서 차로 10여 분 떨어진 양지 바른 둔덕에 자리 잡고 있었다. 일본 후쿠오카 형무소에서 사망한 아들의 유해를 아버지가 거둬와 묻은 곳이었다. 원정단은 묘의 잔디를 손바닥으로 쓸며 저 세상에서라도 독립한 대한민국의 발전상을 보고 기뻐해주시길 빌었다.

3일 백두산에서 옌지로 가는 길엔 간밤에 눈이 내려 산길이 온통 얼어붙었다. 원정 첫 빙판길이었다. 영하의 날씨에 눈회오리까지 몰아쳤다. '세계 최장 무송설송霧淞雪松 구간'이라는 팻말이 눈에 띄었다. 영하 기온용 기름을 넣지 않은 원정단 차량 한 대가 시동이 걸리지 않아 한참을 고생해 출발했다. 내리막 산길에선 소형차가 길가 옆 구덩이에 처박혀 있었다. 가서 보니 남자 한 명과 여자 두 명이 앉아 있었다. "괜찮으냐" 물으니 "괜찮다, 고맙다"고 답했다. 이윽고 공안차가 바쁘게 사고를 수습하기 위해 올라가는 게 보였다.

인근에 김좌진 장군이 항일운동을 벌인 청산리靑山里가 있었다. 조선족들도 항일운동에 대해선 매우 자랑스러워했다. 곳곳마다 항일열사 기념탑을 세우고 지역 항일열사들의 이름을 새겨 넣었다. 조선족 가이드는 "역사 시간에 김좌진, 홍범도 등에 대해 배운다"며 "월북한 김혁은 조선족 항일 역사에 더 중요하다"고 말했다. 이윽고 허룽和龍 시가 나타났다. 옥수수 탈피 작업이 한창이었다. 산속의 평지가 아늑해 보였다. 이 지역의 가게 간판은 한글과 중국어를 병기했다. 그렇게 하지 않으면 벌금을 문다고 했다. '춘자복장春子服裝', 꿸집(꼬치구이 집) 등의 이름이 재미났다.

그러나 북한과 맞닿은 옌지의 분위기는 삼엄했다. 중국 소수민족으로 분류되는 조선족 자치주 주도州都인 데다, 최근 북·중 간 냉기류가 영향을 미쳤다. 한인회 관계자는 "탈북자를 돕던 남한 선교사들에 대한 북한 공작원의 테러가 가끔 일어난다"고 말했다. 4일 '윤동주 시낭송회'에 학생들을 참석시키겠다던 중학교가 돌연 불참을 통보했다. 공안이 중학교에 불참 지시를 내렸다는 현장 제보가 접수됐는데 확인할 수는 없는 일. 중국 정부는 외교 채널과 CITS를 통해 대원들의 개인 활동을 자제해달라고 요청해오기도 했다. 조선족 가이드는 "태극기 게시 등 괜한 오해를 살 만한 행동을 하지 말

지린성 룽징 명동촌 윤동주 시인의 생가 어느 한 모퉁이에
윤 시인이 나타날 듯 그의 체취가 보존돼 있다.

라"고 협조를 당부했다. 접경지인 만큼 중국 측의 치안과 국경 관리가 엄격할 수는 있지만, '평화, 통일, 미래, 도전'이라는 유라시아 평화대장정의 취지를 이해 못 하는 그들에게 잠시나마 섭섭한 마음 금할 수 없었다.

하지만 일정에 없던 한·중 우호 자전거 라이딩 행사가 성사되는 기쁨도 맛봤다. 우연하게 김학진 전前 중국인민정치협상회의(국정자문기구 격) 옌볜자치주위원회 부주석과 점심을 하게 된 게 계기였다. 김 전 부주석 소개로 임종현 옌볜조선족자치주 체육국장도 만났다. 옌볜의 체육, 문화, 언론 등을 책임지는 임 국장은 "한국의 자전거 평화원정대가 한중 우호를 증진시킬 것"이라며 "평화원정대 덕분에 연변에서 자전거 타기가 생활체육으로 더욱 활성화될 것 같다"고 말했다. 기세를 몰아 이광회 원정단장이 "태극기를 자전거에 꽂게 해달라"고 요청하자, 김 전 부주석은 "태극기를 꽂지 말라는 법은 없다. 누가 방해하느냐"며 지원 의사를 밝혔다.

원정단은 옌지 자전거 동호인 50여 명과 당당히 옌지 거리에 태극기를 휘날렸다. 자전거 행렬은 '옌지의 한강'인 부르하통(만주어로 '푸른 버드나무') 강을 따라 12km를 내달렸다. 한 조선족 라이더는 '네온이 꽃피는 강남의 밤거리~'라는 가사의 한국 트로트곡 '강남 멋쟁이'를 휴대용 스피커에 크게 틀었다. 원정단과 중국 동호인들은 팔을 높이 들어 "찌아여유(加油, 화이팅)!"를 외쳤다. 옌지TV 등 현지 언론들도 나와 전 라이딩을 취재했다.

한 시간여를 달려 옌지 외곽 목적지에 다다랐다. 헤어지기 못내 아쉬운 듯 참가자들은 어깨동무를 하고 기념촬영을 했다. 도열한 중국 동호인들은 손을 흔들며 따뜻한 배웅을 해줬다. 밍훼이즈(여·34) 씨는 "자전거 타기를 시작한 지 넉 달밖에 되지 않아 뒤쳐질 때도 있었지만 한국 원정대가 친절히 함께 달려줬다"며 "원정대가 남은 여정을 무사히 끝내길 바란다一路順風"고 말했다. 원정단과 옌지 자전거 협회는 '백두산 자락 두만강 발원지부터 훈춘琿春까지 '두만강 700리(275km) 길'에서 한·중 양국이 정례적으로 자전거 라이딩 행사를 열자'는 데 뜻을 모았다. 정치·사상의 두터운 벽을 넘어 두 나라가 자전거 두 바퀴로 소통하는 순간이었다.

한·중 우호 라이딩을 마친 원정대는 투먼圖們 시에서 북·중을 가르는 두만강을 끼고 30km를 달렸다. 옌지의 체육국 관계자들이 힘써준 결과였다. 투먼 체육국 직원들과 별개로 역시 공안이 검정 소나타를 타고 따라 붙었다. 백두산에서처럼 자신들에 대한 소개는 없었다. 이젠 그들의 존재가 별로 껄끄럽게 다가오지도 않았다. 원정단은 한국의 보쌈 체인점에 들어가 점심을 해결했다. 공안들은 밖에서 대기했다. 공안 중 한 명은 원정단에 자신의 정체가 빤히 알려져 있음에도 마치 관광객인 양 다가와 나란히 걸으며 우리의 대화를 엿들으려 했다. 불현듯 만화 '형사 가제트'가 떠올랐다.

'두만강 푸른물에~'란 가사와 달리 두만강은 황토물이었다. 북한의 산들은 모두 붉은 흙을 드러낸 채 헐벗은 모습이었다. 북한 측

강변엔 탈북자들을 감시하려는 반 지하 초소들이 풀숲에 은폐돼 있었다. 투먼이 고향인 조선족 가이드는 "어릴 적엔 강 건너 갔다가 북한 군인들에게 엉덩이를 걷어차이며 중국으로 내쫓기기도 했다"고 말했다. 멀리 북한 영토엔 김일성, 김정은 부자의 대형 초상화를 나란히 내건 남양역이 눈에 들어왔다. 카메라 촬영에 중국 관계자들은 민감하게 반응했다.

11월 5일 원정단은 한반도를 호랑이로 묘사했을 때 오른 앞발에 해당하는 최북단을 돌았다. 북한 함경북도 온성군이 면해 있었다. 근처엔 악명 높은 북한의 강제노동수용소인 아오지 탄광도 있었다. 이 지역에 호랑이가 여섯 마리 정도 있는데, 한 마리는 북한과 러시아를 오간다고 했다. 호랑이가 소 한 마리를 잡아먹으면 정부가 두 마리를 지원한다 했다.

북·중·러 인접 도시 지린吉林 성 옌볜조선족자치주 훈춘琿春 시는 간판에 중국어, 러시아어, 영어, 한국어가 어지럽게 걸려 있었다. 거리엔 노란 머리, 파란 눈의 러시아인들이 많았다. 러시아의 물가고를 피해 하루 1,000여 명씩 건너와 쇼핑을 해간다고 했다. 훈춘은 청나라 땐 중국의 유배지였지만 국제도시로의 변모를 시도 중이었다. 중국 정부는 이곳 1,200만m^2에 국제물류개발구를 조성하고 있다. 국제연합UN은 20여 년 전부터 훈춘, 북한 나진, 러시아 하산 삼각 벨트를 국제무역지구로 개발한다는 계획을 세웠다. 서울 8배 면적의 훈춘은 인구가 25만 명에 불과했지만 투자가 늘면서 집값이 3

북·중·러 접경인 훈춘 시 팡촨. 러시아·중국·북한의 3국 접경지 표지판이 세워져 있다.

년 전보다 3배나 뛰었다.

　지린성은 훈춘을 제2의 개성공단으로 만든다는 계획을 세우고, 한국 기업에 400만㎡의 땅을 배정했다. 아직은 허허벌판이지만 포스코와 현대그룹이 합작한 국제물류단지 공사가 한창이었다. 1기 공사가 작년 10월 끝났고, 2019년까지 모든 공사를 마칠 예정이다. 북한 나진 항, 러시아 자루비노 항 등을 통해 중국 내륙의 상품을 한국·일본·미국 등으로 뿌리는 중간 기착지가 될 예정이다. 이 회사의 연제성 법인장은 "북한 나진항까진 50여킬로미터밖에 떨어져 있지 않다"며 "북한이 개방되면 나진항도 동북지역의 물류 허브항이 될 것이다"고 말했다.

29 별이 바람에 스치우는 시인의 고향

중국 공안의 삼엄한 경계에도 원정단은 옌지에서 한·중 우호 라이딩을 했다. 중국인들이 선물한 상의 유니폼을 입고 달렸다.

물류센터가 인접한 왕복 2차선 국도를 타고 내려가니 북·중 관문인 첸허圈河 세관이 나왔다. 한국 업체 소속 조선족 직원은 "나진과 선봉 사이 비파섬은 카지노로 유명하다"며 "중국 스타 청룽成龍이 세운 카지노도 있다"고 말했다. 휴가철이 되면 이곳에 가려는 중국인들로 세관 앞에 고급 외제차들이 즐비하게 주차되고, 게가 잡히는 시월엔 활어 차량이 북적인다고 했다.

북한 원정리 세관을 잇는 다리는 1937년 지어진 두만강대교였다. 바로 옆에 왕복 4차선 신新두만강대교 건설이 한창이었다. 중국이 270억 원을 들인 신두만강대교가 건설되면 인원은 2배, 화물은 8배가량 증가할 전망이다. 중국은 나진항 원정리 세관을 잇는 53km 도로 확장, 포장 공사를 마쳤다. 러시아는 최근 나진항 3호 부두를 50년 장기 임차했다. 러시아는 북한 철도 현대화 작업에도 250억 달러(26조 원) 투자 방침을 밝혔다. 러시아, 중국이 북한에서 경제적 영향력을 확대할수록 한국이 설 자리는 사라지는 느낌이었다. 세관 인근 안중근 열사가 하얼빈에서 이토히로부미伊藤博文를 암살하기 전 3개월 간 머물렀다는 집도 어느 새 밭으로 변한 상태였다. 관리하던 조선족 아주머니가 돈을 벌기 위해 한국으로 가버렸다는 소리를 듣고 허탈했다.

훈춘 시 팡촨防川으로 가는 길 왼편은 러시아, 오른편은 북한이었다. 팡촨의 전망대에선 바람이 너무 세 몸을 지탱하기 어려웠다. 러시아 하산엔 800명, 북한 두만강리엔 2만 3,000명이 산다고 했다.

북한 벌목공들을 실어 하산으로 나르는 기차가 저 멀리 지나갔다. 이순신 장군이 임진왜란 발발 전 1587년 부임해 나라 땅인 둔전을 지키며 북방 여진족과 싸운 녹둔도鹿屯島가 인근에 있었다. 400여 년간 조선 땅이었으나 자연 퇴적으로 러시아에 붙은 뒤 1860년 청나라·러시아 간 베이징조약으로 억울하게 러시아 땅이 돼버렸다고 했다. 중국에서 일출이 가장 빠른 팡촨에 서니 두만강 너머 동해 수평선이 눈에 들어왔다.

30 첩첩산중 국경 통과 분투기
크라스키노

"아시잖아요. 여기는 러시아가 아니고 섬입니다. 안 됩니다. 모스크바와는 의사소통이 안 되는 곳입니다. 블라디보스토크와 모스크바는 딴 나라입니다."

블라디보스토크 주재 경찰 주재관인 외사관은 겁부터 주려는 듯했다. 원정단 행사를 준비하면서 주에스토니아 한국대사관, 주러시아 한국대사관, 주상트페테르부르크 한국총영사관, 주카자흐스탄 한국대사관, 주이르쿠츠크 한국총영사관 등 여러 공관과 접촉했지만 실무자가 이렇게 강하게 나온 것은 처음이었다.

블라디보스토크는 대륙 원정의 마지막 종착지였다. 이를 위해 중국 국경도시 훈춘에서 러시아 국경도시 크라스키노로 입경해야 했다. 중국·러시아 국경 통과는 이번 원정 중 가장 까다로운 과정이었다. 그 이유는 업무 자체가 어렵고 힘들기도 했지만 양국 간 규정을 깨고 불가능한 방법을 취해야 했기 때문이다. 양 당사국도 아닌 제3국이 국경 통과 규정의 예외를 만들려니 여간 어려운 문제가 아니었다.

중국과 러시아의 국경 통과에는 예외가 없었다. 차량은 양국 국경 포스트와 세관 당국에 등록된 것만 허가되었다. 그것도 승합차와 트럭만 허용되고 승용차는 불가했다. 그것이 원칙이었다. 다시 말하자면 양국 국경 초소에 등록된 승합차와 트럭만이 통과할 수 있었다. 원정단 차량은 3.5톤 트럭 마이티 1대, 12인승 승합차 스타렉스 2대, SUV 3대로 모두 6대였다. 차종으로만 보면 마이티와 스타렉스는 가능했지만, 세관에 등록되지 않았으니 결국 모두 규정에 어긋났다. 비상이 걸렸다. 방법을 찾아야 했다. 머리를 맞대고 고민해보았지만 묘책이 없어 보였다.

일단 러시아와 중국 쪽에 "이번 원정단이 한반도 통일과 유라시아 경제 통합 등 특별한 의미를 두고 원정을 하고 있으니 양국의 도움이 절실하다"며 협조를 당부했다. 하지만 별 진전이 없었다. 두 나라 정부에 큰 이슈가 아니었다. 원정단 차량이 국경을 통과하려면 두 나라의 국경수비대와 세관 당국의 특별 허가증이 필요했다. 다행히 중국 쪽에서는 우리 공관과 현지 브로커가 나서 일단 허가 공문을 받았다. 물론 여기에도 우여곡절이 많았다. 러시아 쪽에서도 중국 쪽에서 받은 허가증을 공식적으로 보내주면 고려해보겠다고 했다. 필자는 중국 루트를 담당한 사무국 기자의 협조를 받아 중국 공안이 보내온 허가 서류를 번역해 러시아 쪽에 전달했다.

하지만 러시아 쪽에서는 가부간 어떤 답변도 없었다. 하루하루 지나는 동안 원정단은 중국에서 예정된 일정을 마치고 국경도시 훈춘으로 접어들었다. 러시아 블라디보스토크를 향해 원정단이 다가오고 있는데 러시아에서는 끝내 확답이 없었다.

전부 발로 뛰는 일정의 연속이었다. 차량 통과에 대해 누구 하나 시원한 답을 내놓지 못해서 국경수비대와 세관 등을 직접 찾아가 일일이 확인해야 했다.

블라디보스토크 총영사관 현지 운전사를 지원받아 4시간가량 차를 타고 크라스키노 국경으로 갔다. 먼저 세관장을 만나 원정단 일정과 차량 이동 그리고 인원 등 모든 것에 대한 협조를 요청했다. 다행히도 연해주사이클협회 회장이 협회 사무국장과 함께 나와 도움을 주었다. 러시아 포시예트 항구 근처에 있는 블라디보스토크 국경 세관 담당자는 인상이 좋았다. 그는 원칙적으로 돕겠다고 했지만 차량 통과 문제만은 확신할 수 없다고 했다. 국경수비대와 의견을 조율해야 한다는 것이다. 어느 정도 성과가 있어 만족스러웠지만 확답을 얻지 못해 여전히 불안했다. 남은 문제는 국경수비대와의 최종 조율이었다. 그쪽에서 인정해줘야만 실마리가 풀리는 것이었다. 이 일 역시 수월하지 않았다. 극동 국경수비대 정문을 찾아가 3시간을 기다렸지만 담당자와 최고 책임자를 만나기 어려웠다.

30 첩첩산중 국경 통과 분투기

위병소에서 전화할 때마다 담당자들이 수시로 바뀌고, 최종 결정권자는 아직 자리에 없다고 했다.

4시간쯤 뒤에야 담당자를 만났다. 하지만 그는 "지금 상태에서는 불가능하다"고 했고, "상부에서 허가 서류나 명령이 오면 통과해주겠다"고 했다. 절망적인 답이었지만 그나마 한 가닥 희망이 있었다. 즉 모스크바 국경수비대장의 통과 허가서를 받아오면 가능하다는 것이었다. 그런데 여기서도 마이티와 스타렉스 등 차량 3대는 보장할 수 있지만 승용차인 맥스크루즈 3대는 확신할 수 없다고 했다. 그야말로 산 넘어 산이었다.

일단 세관과 국경수비대 쪽에 원정단의 국경 통과 일정과 장비 반입, 그리고 이동방법 등 구체적인 상황을 알리고 블라디보스토크로 돌아왔다. 블라디보스토크에서는 연해주사이클협회가 희망적인 말을 전했다. 협회 회장과 사무총장이 계속 문제를 해결하겠다며 분위기를 잡았다. 지푸라기라도 잡고 싶은 심정이었기에 일단 믿어보기로 했다. 필자는 모스크바 주러 한국대사관을 통해 국경수비대장의 허가증을 재촉하는 한편 블라디보스토크 총영사관을 통해 모스크바와 접촉을 유기적으로 시도했다. 서울의 주러 대사관 담당자를 통해 공식적인 접촉 창구를 열어두는 한편, 연해주사이클협회를 통해 극동 국경수비대장과 협조하고 모스크바 본부와 접촉해달라고 부탁했다. 또한 최후의 수단으로 연해주 출신 러시아 쪽 관리와 고려인들을 통해 소개받은 지인들에게도 국경 통과를 원만히 해주도록 지원을 요청했다. 특히, 전 연해주 지사였던 나즈드라텐코 라인도 가동했다. 이쪽은 나와 15년 이상 알고 지내온 러시아 지인들로, 모스크바에도 상당한 인맥을 구축하고 있는 분들이었다. 그야말로 가능한 방법을 총동원한 셈이었다.

하지만 어디서도 확답을 받지 못했다. 연해주사이클협회는 "걱정하지 말라"는 말만 되풀이했다. 블라디보스토크 총영사관이나 주러 대사관 쪽도 묵묵부답이었다. 그러는 사이 원정단은 훈춘 국경에 도착해 러시아 재입경을 목전에 두고 있었다.

필자는 서울로 급히 돌아갔다. 서울에서 다시 정보를 모두 수집해 훈춘으로 날아가 원정단과 합류하기로 했다. 훈춘에서 문제를 확실히 해결하지 않으면 중국에서 일정을 마무리하고 블라디보스토크가 아닌 서해를 통해 입국하는 최악의 상황이 발생할 수도 있었다. 무엇보다도 러시아가 아닌 훈춘에서 국경 통과를 직접 챙기는 게 마음이 편할 것 같았다. 이미 크라스키노 국경을 답사해서 러시아 쪽 문제를 어느 정도 해결했기 때문에 중국에서 러시아 국경을 넘는 마지막 문제를 풀면 뭔가 가닥이 잡힐 것 같았다. 결론적으로 모든 문제를 훈춘에서 해결해야 한다는 생각이 들었다.

훈춘 국경을 넘어 크라스키노 국경 통과 몇 시간 전까지 원정단 차량 이동의 최종 플랜은 확정되지 않았다. 블라디보스토크 연해주사이클협회는 문제없다며 국경을 통과하라고 했지만 총영사관은 "차량은 등록된 트럭에 탑재해 이동하면 좋겠다"고 했다. 필자는 이광회 단장에게 "모스크바와 시차가 있으니 기다려보자"고 했다. 모스크바에서 올지 모르는 좋은 소식을 기대하면서 막판까지 모스크바 국경수비대의 연락에 촉각을 세웠다. 에스토니아에서 러시아 첫 입경, 카자흐스탄 파블로다르에서 러시아 슬라브고로드로 두 번째 입경 때도 긴장했지만 이번처럼 신경이 곤두서지는 않았다. 결국 푸념이 나왔다. 도대체 누가 이런 일정을 잡았느냐고. 러시아 입경이 하늘에 별 따기라는데 이게 도대체 몇 번째냐고.

훈춘에서의 마지막 심야회의 때까지 모스크바에서는 낭보가 전해지질 않았다. 결국 이광회 단장과 상의해 승합차 2대와 트럭은 몰고 가 국경 통과를 시도하고, 승용차 3대는 트럭에 적재해 이동하는 쪽으로 의견을 모았다. 이 단장은 최악의 경우, 비행기로 차량을 공수하는 방법, 서해 배편으로 입국하는 방법 등을 구상하기도 했다. 어차피 서울에 입성하려면 어떤 방법이라도 취해야 했기 때문이다. 의논 끝에 맥스크루즈 승용차 3대를 트럭에 적재하기로 하고, 훈춘에서 트럭을 긴급 수배했다. 이 단장과 최형석 기자가 선양 총영사관에서 지원 나온 영사, 현지 주재원 그리고 지인들을 총동원했다. 한밤중에 트럭을 공수한 뒤 새벽부터 차량 적재를 시작했다.

하지만 역시 중·러 국경 통과 일정도 순조로운 게 없었다. 원정단이 승합차 3대에 나눠 타고 월경을 시도하려 하자 중국 국경 담당자들이 차량에 탑승한 채 국경을 통과할 수 없다는 것이었다. 사람은 국경에 등록된 버스 편으로 이동해야 한다고 했다. 또다시 해당

버스를 찾아서 원정단을 재탑승시키고 국경을 넘었다. 정말 우여곡절이 많았다.

이제 러시아 국경 통과 차례다. 그런데 중국 국경을 넘자마자 문제는 또 생겼다. 이 차는 몇 인승이냐, 승합차가 맞느냐며 실랑이를 벌여 3시간 정도를 버텼다. 이를 해결하기 위해 서류를 보이고 목소리를 높이기도 했다. 러시아 세관과 국경수비대는 러시아 정부와 교통경찰이 인정한 서류를 보여줘도 이리 보고 저리 보고 뜸을 들였다.

일단 원정단만 버스로 국경을 통과하도록 했다. 차량은 한 대도 통과하지 못한 채 러시아 세관 당국과 문제 해결에 나서야 했다. 블라디보스토크 총영사관 영사와 연해주사이클협회 사무국장이 측면 지원했다. 그러는 사이 원정단을 태운 버스가 국경을 통과해 러시아 크라스키노로 진입했다. 이광희 단장은 "차량을 두고 어떻게 그냥 갈 수 있느냐"며 국경을 넘어선 뒤 "나 혼자라도 원정단 차량을 기다리겠다"며 갑자기 버스에서 내렸다. 날씨도 쌀쌀하고 인적도 없는 데서 그런 일이 생기니 당황스럽기 그지없었다. 이 단장은 혼자 황량한 곳에서 3시간여 차량이 통과하기만을 기다렸다.

결국 4시간이 넘도록 묶여 있던 차들이 하나 둘 국경을 통과해 모습을 보이자 일단 안도했다. 이 단장은 "아니, 여기서 차량이 나오는 걸 확인해야지 안 보면 이 차량이 어디로 갈지 누가 아느냐"며 버럭 화를 냈다.

우리가 원하는 방식으로는 중국에서 러시아 국경을 통과하는 것은 애당초 불가능한 것이었다.
원칙대로라면 원정단의 차량 6대는 러시아 입국을 거부당해야 했다.
중국 훈춘과 러시아 크라스키노 국경 통과는 양국에 등록된 차량만, 그것도 버스를 비롯한
승합차와 트럭만 허용된다. 하지만 원정단은 러시아 당국과 끝판협상을 통해 우여곡절 끝에
러시아 국경을 통과했다. 원정단 차량 중 승합차인 스타렉스 2대와 3.5톤 마이티를 통과하는 것으로
협상했고, 나머지 맥스쿠르즈 3대는 트럭에 싣고 국경을 통과하는 것으로 결판을 봤다.
국경 통과는 지긋지긋할 정도로 힘든 과정의 연속이었다.

이렇듯 러시아에서의 일정은 뭐 하나 간단한 것이 없었다. 하루하루 매순간, 숨죽이는 일정이었다. 이날 국경 통과라는 난관을 풀었지만 이제 또 블라디보스토크로 가는 일주일과 그곳에서 배를 타고 동해로 가는 마지막 국경 통과 과정은 얼마나 험난할까? 떠올리기만 해도 밥맛이 싹 사라졌다. 미스터리한 순간들의 연속이었다. 하지만 필자는 그런 순간에서도 늘 한 가닥 희망이 있다는 사실을 지난 25년 동안 느껴왔다. 사람들은 러시아를 믿지 않는다고 하지만 나는 러시아를 믿어왔다. 앞으로도 그럴 것이다.

31 연해주에 뿌려진 눈물 자국을 보다
크라스키노·우수리스크

11월 7일, 러시아 국경에 들어서자마자 원정단 차들은 용수철처럼 튀어나갔다. 마치 새장을 벗어난 새들 같았다. 중국에서 당한 감시와 고발의 굴레가 벗겨진 홀가분함 때문이었다. 사방이 사람인 중국과 달리 러시아는 인가人家가 거의 보이지 않았다. 왼편은 산이었고 오른편은 바다였다. 연해주 일대는 원시原始가 그대로 보존된 지역이었다. 스모그에 더 이상 입을 막을 필요도 없었다. 크라스키노의 호텔은 작고 허름했지만 음식이 오히려 더 입에 맞았다. 이날 저녁이 되니 인근 러시아 주민들의 흥겨운 춤사위를 볼 수 있었다.

이른 아침, 갈대가 빼곡한 연해주 해변가에 강태공들이 듬성듬성 낚싯대를 드리우고 있었다. 낚싯줄이 잠긴 아무르 강은 중국 흑룡강黑龍江의 러시아 이름이었다. 동해로 이어진 아무르 바다에서 해가 떠올랐다.

러시아 국민들은 원정단에게 중지와 약지를 접은 평화의 신호를 보내고, 함께 사진을 찍자고 다가왔다. 지나가는 차들은 경적을 울리며 환영했다. 레스토랑이 없어 라면과 즉석밥으로 끼니를 해결할 참인데 어느 러시아 사냥꾼이 자기 집 앞마당을 조리장과 식당으로 내줬다. 곰 같은 덩치의 사냥꾼은 집에서 얼린 사슴 고기와 보드카를 내왔고, 원정단의 쌀밥과 김치를 맛있게 먹었다. 그런데 원정단의 무쇠 압력밥솥에 눈길이 꽂힌 뒤 막무가내로 "밥솥을 달라"고 요구하기 시작했다. "남은 여정에 필요하니 햇반이나 김치를 대신 주겠다"는 원정단의 제안을 귓등으로도 듣지 않은 채 압력밥솥만 가리켰다. 실랑이가 한동안 이어지자 사냥꾼은 "호랑이를 20마리 가까이 잡았다"며 너스레를 떨더니 갑자기 집에서 산탄총을 가져와 하늘에 대고 "빵! 빵!" 쐈다. 귀가 찢어지는 총성에 원정단은 순간 강한 위협을 느꼈다. "괜히 대장정 막바지에 밥솥 하나로 불상사를 만들지 말자"는 중지가 모아졌다. 눈물을 뒤로 훔치며 원정단은 압력밥솥 두 개 중 하나를 러시아 사냥꾼에게 '전달(?)'하는 세레모니를 열었다. 완강하던 사냥꾼의 표정이 한결 부드러워졌다. 원정단을 대표해 해병대 수색대 출신 최병화 대원이 하늘에 대고 방아쇠를 당기는 것으로 러시아 사냥꾼과의 어색한 만남이 끝났다.

8일 저녁은 어촌 마을인 슬라뱐카에 묵었다. 작은 항구가 내려다보이는 호텔이 아기자기했다. 동네 음식점에서 꼬치구이 샤슬릭

러시아 크리스키노 국경을 넘어 극동 주도 블라디보스토크를 가며 원정단은 다시금 감격에 젖었다. 이제 유라시아 대륙의 끝을 향해 가는 데다, 옆에 북한에서 출발한 기차가 러시아 국경 하산 역을 통과해 시베리아 횡단철도와 연결되는 철도를 따라가는 기분이 묘했다.

에 맥주 한 잔을 곁들이니 그런 호사가 따로 없었다. 연해지방은 고조선에서 고구려, 발해에 이르기까지 한민족의 고대 역사의 흔적이 묻어있다. 말갈족과 여진족들이 살며 중국의 지배를 받기도 했다. 1858년 아이훈愛琿 조약으로 청나라와 러시아의 공동관리 아래 있다가 1860년 베이징 조약으로 러시아령이 됐다.

이 지역에도 한민족의 아픈 역사는 흐르고 있었다. '까레이스키', 그 이름 속에는 동북아 인근에 뿌리를 내린 한민족 핏줄이자 정체성이 깃들어 있다. 1863년 한인들은 연해주로 처음 이주했다. 러시아는 연해주 개발에 따른 일손이 필요했고 이에 한인들은 이곳으로 넘어와 터전을 잡았다.

그러나 1937년, 20만 명이 영문도 모른 채 기차에 실려 중앙아시

31 연해주에 뿌려진 눈물 자국을 보다

아로 강제 이주됐다. 사회주의 정권을 잡은 스탈린이 "러시아 왕정을 지지하는 일본과 한인이 내통할 수 있다"는 이유를 들었기 때문이다. 한인들은 영하 30도의 중앙아시아 벌판에 무자비하게 버려지다시피 했다. 토굴을 파고 추위를 피했지만 많은 사람이 얼어 죽었다.

11월 9일, 원정단은 한인들이 중앙아시아로 이주되기 전에 집결했던 라즈돌노예 역을 찾았다. '넓은 들판'이란 뜻의 라즈돌노예 역은 당시 한인들의 한과 두려움이 지워진 채 평화로운 모습이었다. 역에서 멀지 않은 곳에 김정일의 생가도 있었다. 1940년대 초, 김일성이 소련군 장교로 근무 중 김정일을 낳은 곳으로, 지금은 러시아인이 살고 있다고 했다.

블라디보스토크에서 북쪽으로 110km 떨어진 곳에 '늪지대'라는 뜻을 지닌 도시 우수리스크가 있다. 한국 가톨릭 교회가 그곳에서 7년째 현지 부랑자 단기보호시설인 따우(러시아어로 '하느님의 것'이라는 뜻)를 운영하고 있었다. 930여 명이 이곳을 거쳐 갔고 40여 명이 가정으로 돌아갔다. 연 리디아 수녀는 "한국이 어려웠을 때 받은 도움을 되돌려주기 위해 봉사하고 있다"며 "처음에는 러시아 비밀경찰 KGB가 들이닥치는 등 의심을 받기도 했지만 지금은 현지 사회에 완전히 녹아들었다"고 말했다.

원정단은 고려인 이주 140주년 문화센터와 독립운동가 최재형 선생의 거주지도 방문했다. 1917년 우수리스크에는 상하이로 옮기

인적 드문 연해주에서 원정대원은 단연 눈길을 끌었다.
러시아인들은 스스럼 없이 다가와 원정단에게 말을 걸었고, 놀라움을 표시했다.
러시아 아이에게 원정단의 스카프 선물은 평생의 추억으로 남을 듯하다.

기 전 우리나라 최초 임시정부인 '대한국민의회'의 전신인 '전로한족중앙총회全露韓族中央總會'가 결성되었다. 이 지역 기업가로 자수성가한 최 선생은 안중근 의사의 이토 히로부미 암살 의거를 지원하는 등 독립운동 총책을 맡았다. 후손 교육을 위해 연해주에 30개 학교를 세웠고, 초대 임정 재무장관을 역임했다. 한인들 사이에서 '최 페치카(러시아어로 난로)'라는 애칭으로 불렸지만 1920년 일본 헌병의 총에 생을 마쳤다.

원정단은 해가 기우는 수이푼 강변(솔빈 강변) 독립운동가 이상설

원정단은 블라디보스토크에서 다시 야영을 했다. 이광회 단장의 지독한 심리전이 한몫 했다. 당초 블라디보스토크, 우수리스크 등은 야영할 장소가 없어 러시아 내무부와 한국 대사관 총영사관에도 야영을 안 한다고 했지만, 이 단장은 집요하게 한국행 배를 타고 떠나기 전 심기일전하는 야영을 해야 한다고 끝까지 주장했다. 결국 우수리스크 근처 라즈돌로예에서 선교활동을 하는 전영수 목사를 소개받아 집앞 마당에 텐트를 쳤다. 그런데 한 술 더 떠 대원들 일부는 트럭 위로 침낭만 들고 올라가 자는 강심장을 보였다. 영해 7도의 추위, 그러나 하늘 맑은 밤에 별들을 벗 삼아……. 라즈돌로예는 1937년 고려인 17만 1,781명이 화차에 실려 중앙아시아로 강제 이주 당시 집결지였다. 슬픈 한인 역사의 현장이다.

선생의 유허비遺墟碑에 찾아갔다. 그 앞에서 일제히 숙연해졌다. 선생은 일제시대 국가를 잃은 원통함 속에 병사하며 "조국 광복을 이루지 못했으니 제사도 지내지 말라"는 유언을 남겼다. 선생의 육신은 재가 되어 강물에 뿌려졌다. 발해의 옛 지방 명칭이 그대로 전해 내려온 강에 선생의 유해가 뿌려졌다는 사실에 조그마한 위안을 얻었다.

숙소로 돌아오는 길에 발해 지방행정구역 15부 중 하나인 솔빈부率賓府로 추정되는 성지城地도 보았다. 1995년, 극동연방대가 이곳에서 온돌집 터를 발견하는 등 한민족이 극동지역에 광범위하게 정착했음을 보여주는 증거가 상당히 많았다. 북한 요원들이 열차로 중국을 방문할 때 들르는 지역이라고 한다. 그래서인지 건설 현장에서 일하는 북한 노동자들을 어렵지 않게 만날 수 있었다.

원정단은 이날 베네비티보노에 있는 한 선교사의 자택 앞마당에 텐트를 쳤다. 선교사 내외는 원정단을 위해 돼지고기 바비큐 파티를 열어주었다. 영하 10도에 가까운 추위였지만 얼마 남지 않은 여정의 끝자락을 놓치고 싶지 않은 대원들은 늦은 시간까지 이야기꽃을 피웠다. 몽골에서 노숙을 한 김영미·황인범·이상구 대원은 이번에는 3.5톤 트럭 꼭대기에 침낭을 깔고 러시아의 밤하늘을 이불 삼았다.

32 마침내 태평양 앞에 서다
블라디보스토크

드디어 태평양 앞에 섰다. 11월 10일, 최종점인 블라디보스토크에 입성했다. 원정 시작 90일 만이었다. 달린 거리는 1만4,155km였다.

주 블라디보스토크 총영사관과 현지 교민들, 블라디보스토크 시 관계자들이 야외 잠수함박물관에 도열해 원정단을 맞았다. 2차대전 연합군으로 참전한 구소련 해군의 승리를 기념해 낡은 C-56 잠수함과 꺼지지 않는 불꽃을 해안에 전시해놓은 곳이었다. 신이 난 원정단은 도열 주변을 두 차례 돌았다. 안영민 대원은 특유의 앞바퀴 들기 묘기로 환대에 응했다. 미하일 치킨 연해주사이클협회장은 "원코리아 뉴라시아 자전거 평화원정단이 국경의 벽이 이전보다 낮아져야 하고 민족간 우호가 증진돼야 한다는 걸 몸소 보여줬다"고 의미를 부여했다.

블라디보스토크는 태평양과 면한 연해주의 항만 도시다. '블라데찌(지배하다)'와 '보스토크(동쪽)'가 합쳐진 이름으로 '동방을 지배하라'는 뜻이다. 그만큼 러시아가 블라디보스토크에 거는 기대가 컸다. 러시아는 '얼지 않는 항구' 블라디보스토크를 건설, 극동에서 군사와 무역의 요충지로 삼고자 했다. 겨울철에는 항구가 일부 결빙되지만, 쇄빙선을 사용함으로써 사실상 1년 내내 항구가 가동되도록 했다. 블라디보스토크는 1860년 러시아 극동함대사령부가 터를 잡은 해군항으로 지정되고, 1904년에는 연해지방 최대 어업기지를 기반으로 자유무역항으로 지정됐다. 2차대전 때에는 연합군의 원조물자가 이동하는 통로였다.

군사 요새인 블라디보스토크는 1958~1991년 외국인 출입이 통제됐다. 내국인도 출입허가증이 필요했다. 두 차례 세계대전, 1917년 볼셰비키 혁명기 때 노동자 편에서 혁명을 지지하는 적군赤軍과 황제 편에서 혁명을 반대하는 백군白軍 간 내전 등을 겪은 영향이 컸다.

1991년 12월, 소련이 붕괴된 후 1992년부터 외국인에게 다시 개방되면서 블라디보스토크는 국제도시로 발돋움했다. 이곳은 모스크바에서 출발하는 시베리아횡단열차의 종점으로 유명하다. 블라디보스토크 역은 동방에 집착한 니콜라이 2세 황제가 만들었다. 그는 시베리아횡단철도가 완공된 다음해인 1917년 '2월혁명'으로 폐위됐다. 그는 자신이 건설한 열차에 실려 우랄 산맥 근처에 유폐됐다가 1918년 가족들과 함께 적군에 의해 총살됐다. 플랫폼에는

드디어 블라디보스토크! 원정단은 극동 주도 블라디보스토크 진입에 성공했다. 블라디보스토크에서도 러시아 친구들의 환영을 받으며 힘차게 페달을 밟았다.

'9288'이라 씌어진 쌍두雙頭 독수리 기념탑이 서 있었다. 쌍두 독수리는 러시아 국가 문장을, 숫자는 시베리아횡단열차의 총연장 9,288km를 뜻했다. 모스크바로 출발하는 기차를 보자 몸을 싣고 싶은 충동을 느꼈다. 하루 빨리 통일이 돼 한반도종단열차TKR이 시베리아횡단열차와 이어지는 날이 왔으면 하는 바람도 가졌다.

연해주 한인 집단 거주지였던 신한촌新韓村은 일제시대 초기 독립운동의 거점이었다. 구한촌舊韓村이 페스트 창궐을 이유로 1911년 북쪽으로 2km 떨어진 아무르 만이 굽어보이는 산비탈로 옮겨지면서 신한촌이 되었다. 1915년 한인 1만여 명이 모여 살았다. 안창호·이상설·홍범도·신채호 등 항일 민족 지사들이 집결했다. 권업회勸業會

등을 통해 민족 교육과 경제·정치적 지위 향상을 꾀했다. 1920년 위기감을 느낀 일본군이 한인을 무차별 학살하고 수백 명을 체포한 '4월 참변'이 벌어지기도 했다. 지금은 아파트들이 들어섰고 기념비와 '서울거리'라는 옛 주소 명패만이 당시를 증언하고 있었다.

숙소는 블라디보스토크에서 가장 좋다는 4성급 현대호텔이었다. 현대중공업 그룹이 운영하고 있었다. 외관이 서울 계동의 현대그룹 사옥과 똑같이 생겨 멀리서도 금방 알아볼 수 있었다. 시설은 훌륭했다. 러시아 사람들도 이용하는 조식 메뉴에는 김치와 흰쌀밥, 미역국이 나와 반가웠다. 아시아태평양경제협력체APEC 정상회의를 개최한 도시이지만 러시아 정부는 극동연방대 기숙사를 정상회의 숙소로 활용하는 등 별도의 5성급 호텔들을 짓지 않았다고 한다.

원정단은 11월 11일 연해주사이클협회 동호인 15명과 함께 동해를 끼고 20km를 함께 페달을 밟았다. 2012년 APEC 정상회의가 열린 루스키 섬까지 달렸다. 이날 공교롭게 블라디미르 푸틴 러시아 대통령이 이 섬에 위치한 극동연방대를 방문하는 바람에 이 학교 학생들과의 공동 라이딩은 성사되지 못했다.

원정단은 정상회의에 맞춰 건설된 3.1km 길이의 사장교斜張橋 블라디보스토크 대교를 건넜다. 다리 아래로 러시아 극동함대사령부 본부가 내려다보였다. 지역 방송국에서 취재를 나오는 등 현지에서도 큰 관심을 모았다. 마지막 라이딩이 끝나자 7명의 대원들은 얼싸안고 기뻐했다. 김창호 원정대장은 "더 나은 세상을 만들기 위해 큰

러시아든 카자흐스탄이든 원정단이 가는 곳이면 환영식이 펼쳐졌다. 블라디보스토크에 도착하자 '스텔라(해군 승리 기둥)'에서 러시아 극동 미인들이 빵과 소금을 들고 나와 전통적인 환영식을 했다. 대원들은 빵을 소금에 찍어 먹으며 답례했다.

꿈을 펼쳐야겠다는 새로운 각오가 생겼다"고 말했다. 최병화 대원은 "꿈꾸고 계획한 사람은 많지만 실제로 달린 사람은 없다"며 "어디를 가든 누구를 만나든 자신감이 생겼다"고 말했다.

돌아오는 길에 원정단은 차가운 바다에 몸을 던졌다. 3개월여 동안 9개국 험난한 여정이 무사히 끝났음을 자축하는 의미였다. 산책을 나온 러시아인들도 신기한 듯 가는 길을 멈춘 채 사진을 찍거나

32 마침내 태평양 앞에 서다

블라디보스토크를 떠나는 날 눈보라가 몰아쳤다. 블라디보스토크 항을 떠나기 직전 크루즈선에 탑승한 대원들이 대륙 횡단 성공에 대한 감회도 잠시, 아쉬움에 젖은 채 손을 흔들고 있다.

환호성을 보냈다. 저녁에는 블라디보스토크에 있는 북한 식당에서 저녁을 먹었다. 한쪽 벽에 양주, 보드카가 가득 차 있는 모습이 러시아 분위기를 물씬 풍겼다. "저기 저 산이 백두산이라지 동지섣달에도 꽃만 핀다"는 아리랑 노래는 귀국이 얼마 남지 않았음을 알렸다.

12일, 한국으로 떠나는 날 아침 거짓말처럼 눈보라가 몰아쳤다. 시베리아 벌판을 지나며 그토록 걱정했던 눈폭풍이 원정 마지막 날 불어온 것이다. 하지만 입국만을 남겨놓은 원정단에게 그 눈은 상서로운 손님이었다. 호텔 앞 주차장에서 이광회 원정단장 등 단원들은 기쁜 마음으로 자전거를 타고 눈을 맞았다.

블라디보스토크 항에서 동해까지 가는 크루즈를 탔다. 눈보라에 이어 파고가 높아지는가 싶더니 집채만 한 파도가 배 주위를 몰아쳐댔다. 제대로 서 있기조차 어려울 정도였다. 밤새도록 도는 엔진 소리와 출렁이는 파도를 자장가 삼아 잠을 청했다. 배는 북한 영해를 피해 먼 바다를 에둘러 함수를 동해로 향했다.

....블라디보스토크의 루스키 섬

루스키 섬은 블라디보스토크 앞에 있는 섬이었다. 2012년 APEC 정상회담 개최 당시 러시아 정부가 힘을 과시하기 위해 섬과 대륙을 연결하는 다리를 건설하면서 차량 이동이 가능해졌다. 루스키 섬은 블라디보스토크 관할이었지만 외따로 있다가 시내와 연결되면서 시 전체의 일상을 변화시켰다. 이곳은 상트페테르부르크의 크론슈타트에 비교되면서 극동의 크론슈타트라고도 불린다. 이 섬은 소련 시절에는 군사기지가 있었던 곳으로 블라디보스토크와 더불어 외국인의 접근이 차단됐다. 안개가 자주 끼어서 현지인들 사이에는 안개섬으로도 불린다. 간혹 겨울에 안개가 너무 심해서 섬이 잘 보이지 않는 때도 있다. 섬의 이름은 동시베리아를 통치한 니콜라이 아무르스키의 이름을 따서 붙여졌다. 면적은 97,6km^{2}이다. 가장 큰 산은 중부 지역에 위치해 있는 루스키흐 산(279m), 글라브나야 산(279m), 첸트랄나야 산(255m)이다. APEC 이후 극동 블라디보스토크의 상징이 됐다.

KOREA

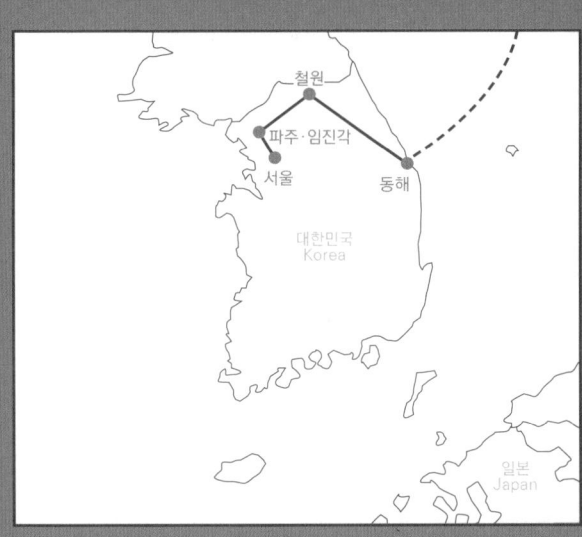

33 개척자들의 라이딩은 계속된다
동해·철원·파주 임진각·서울

11월 13일, 원정단이 탄 크루즈는 강원도 동해항에 입성했다. 여름·가을·겨울 세 계절을 지나오면서 원정단원들의 얼굴은 검게 그을렸고, 머리는 텁수룩하게 자랐다. 항구에 들어서자 해군 1함대 고적단의 트럼펫·심벌즈·북 소리가 귀와 가슴을 두드렸다. 가족들도 마중을 나와 석 달 만에 감격적으로 만났다. 동해 시민과 관계자 300여 명도 나와서 맞아주었다.

입성식을 마치고 지역 자전거 동호회와 함께 7번 국도를 따라 북쪽으로 내달렸다. 그 어떤 외국의 절경보다 아름다운 고국의 산하였다. 국토가 감동으로 다가오는 건 이전까지 느껴보지 못한 감정이었다. 이날 밤늦게야 강원도 고성에 도착했다. 저녁 메뉴로 나온 칼칼한 매운탕이 원정단의 그동안 한식에 대한 갈증을 말끔히 씻어

쳤다. 남은 여정에 혹시라도 영향을 받을까봐 '도루묵 매운탕'은 피했다.

저녁 자리에서 김창호 대장은 6대의 원정 차량을 운전한 운행팀들에게 감사의 뜻을 표했다. 접촉사고 한 번 없이 모든 인원과 물자를 수송한 이들은 원정단의 진정한 '형님'으로 불렸다. 때로는 20km 전후 속도로 하염없이 자전거 앞뒤를 호위했고, 때로는 100km를 앞서가 전방을 살폈다. 졸음운전을 피하기 위해 점심을 거른 채 운전대를 잡기도 했다. 김 대장은 동해 입성식에서 받은 꽃다발을 형님들의 목에 일일이 걸어줬다.

밖에 서 있는 3.5톤 트럭 1대, SUV 3대, 승합차 2대는 각국 언어들이 새겨진 '기록장'이었다. 'peace(피스, 영어)', 'мир(미르, 러시아어)', '和平(허핑, 중국어)' 등 평화를 뜻하는 각기 다른 어휘들이 적혀 있다. 대장정 루트에서 만난 수많은 사람이 한반도를 포함한 세계 평화와 지구촌의 행복을 기원했다. 차량 옆에 빈 곳을 찾기 어려울 정도였다.

11월 14일, 원정단을 맞이한 고성군은 등대·콘도·초등학교 등 모든 이름 앞에 '최북단'이 붙었다. 이른 아침 동해의 장엄한 일출 앞에 단원들은 큰 팔 벌려 기운을 받았다. 원정단은 휴전선 최북단 명파초등학교를 찾았다. 교정 한편에는 '38도 32분 28초'로 쓰어진 수준점水準點이 보였다. 영토의 소중함이 다시 한 번 느껴졌다.

북한과 대치하고 있는 최전선이라는 사실이 주는 긴장감과 달리

초등학교 전교생 11명의 웃음은 '천국'의 표정이었다. 1만5,000km 가까이 달려온 피로가 싹 씻겨 내려갔다. 대다수가 다문화, 편부모 가정 아이들이었지만 구김살이라곤 찾아볼 수 없었다. 자전거 박사 안영민 대원은 아이들 자전거 바퀴에 정성껏 바람을 넣어줬다. 김영미 대원은 어린아이들을 안고 볼에 입을 맞췄다. 외과 원장인 박영석 대원은 비행기 모양으로 팔을 벌린 채 운동장을 뛰어다녔다. 아이들의 웃음소리가 박 대원의 벌린 팔 아래로 산들바람처럼 지나갔다. 1학년 막내는 네발자전거를 타고 언니 오빠들을 따라다녔다.

이날 원정단은 명파초교 학생 9명과 함께 민통선(민간인출입통제선) 안 통일전망대까지 라이딩을 했다. 동해안을 따라 통일전망대까지 20km가량 페달을 밟았다. 사이클 라이더들이 이 지역 어린이들과 나란히 짝을 지어 민통선 너머 DMZ(비무장지대)의 동해 바닷길을 달린 것은 처음 있는 일이었다. 유달리 맑은 날씨 덕분에 통일전망대에서 금강산 옥녀봉과 일출봉·채화봉·신선대 등이 선명히 보였다. 만물상과 부처바위 등 해금강의 절경도 손에 잡힐 듯했다. 대원들은 "세계 어디에 내놓아도 손색없는 이 명품 길을 남북이 자전거 라이딩 코스로 함께 개발하면 얼마나 좋을까 고대된다"고 했다. 아이들은 흰 종이를 내밀며 '1년 뒤에 다시 온다'는 서약서를 써달라고 했고, 단원들은 기꺼이 내년을 기약했다.

원정단은 고성에서 양구로 이동, 양구통일관 인근에서 평화의 댐까지 460번 국도를 따라 40여km를 역주했다. 이 길은 급경사가

1km 넘게 이어지고 굴곡도 심해서 최고의 '전투 라이딩 구간'으로 일컬어졌다. 평화의댐에서는 북녘 금강산댐 지역을 바라보며 자전거를 탔다. 길이 601m, 높이 125m 규모로 2005년 완공된 이 댐은 북한의 금강산댐(임남댐) 수공水攻 위협과 홍수 가능성에 대비해 국민성금 등으로 지어졌다.

이날 저녁 강원도 철원, 영하 6도의 강추위 아래 국내 처음이자 원정 마지막 야영을 했다. 시베리아와 몽골의 혹한을 이기고 왔기에 추위는 별 문제가 되지 않았다. 삼겹살을 구워먹고 담소를 나누며 원정이 끝나가고 있음을 아쉬워했다.

15일, 철원의 옛 노동당사 등 분단의 상징적 장소를 둘러본 뒤 경기도 파주 임진각으로 이동했다. 민통선 안 'DMZ 체험관' 유스호스텔에 묵으며 판문점 근처까지 페달을 밟았다.

16일, 동트는 파주 들녘은 붉은 태양으로 물들었다. 논에 쌓아놓은 건초더미와 대열 지어 제 집을 찾아가는 기러기 떼들의 울음까지 친근했다. 원정단은 지금까지 매일 아침 낯선 출발을 반복했다. 이날만큼은 익숙한 풍경이 오히려 더 낯설게 다가왔다. 서울 여의도 국회의사당 입성식을 앞두고 긴장과 흥분이 원정단을 휘감았다.

이 원정에 참여한 대원 수는 전 구간 7명, 유럽 소구간 24명을 합해 모두 31명이었다. 취재와 지원 인력까지 합하면 100여 명에 달했다. 자동차에 들어간 연료만 8,160리터로 1.5리터 페트병으로 5,550여 개나 됐다. 독일 베를린, 러시아 모스크바, 중국 베이징 등 주요

강화도 화천군의 민통선 경계를 따라 달리는 원정단. 북한까지 포함하는 진정한 '유라시아 루트'를 완성하지 못한 것은 원정단에게 가장 큰 아쉬움이었다.

서강대교를 지나 국회로 향하는 원정단과 '피날레 라이딩' 참가자들.
앞쪽에 김창호 대장, 방상훈 조선일보 사장, 정홍원 국무총리, 김무성 새누리당 대표 등이 보인다.

나라의 도시에서 경제포럼, 통일음악회, 의료봉사, 한국의 밤 등 다양한 행사들을 개최했다. 북한과 중국의 경계인 단둥과 옌지에서는 중국 자전거 동호인들과 우호 차원의 공동 라이딩을 했다. 이 모든 기억들이 마지막 날의 라이딩을 앞두고 단원들의 머릿속을 주마등처럼 스쳐지나갔다.

오전 7시 30분 원정단이 파주 임진각으로 들어오자 4,000여 명의 '피날레 라이딩' 참가자들이 박수와 함성으로 맞이했다. 오전 8시 30분 "탕!" 총소리와 함께 라이딩 행렬이 출발했다. 10시 30분 자유로 이산포 IC에 도착하자 고양 종합운동장에서 출발한 6,000여 명의 일반 참가자가 합류하며 자유로는 자전거로 꽉 메워졌다. 파주 임진각과 서울을 잇는 자유로는 자전거의 물결로 넘실댔다. 7명의 '원코리아 뉴라시아 자전거 평화원정단'을 따라 1만 대의 자전거 행렬이 여의도 국회까지 68km를 연결했다. 국내 최대 자전거 축제였다. 지난 8월 13일, 독일 베를린을 출발해 96일간 폴란드·발트3국·러시아·카자흐스탄·몽골·중국 등 9개국을 거쳐 1만5,000여km를 달려온 자전거 대장정의 피날레였다.

이 행사는 지체장애인, 외국인 등 다양한 참가자들이 함께 즐겼다. 지체장애 1급인 김윤근 씨는 누워서 하늘을 보는 자세로 68km를 달렸다. 해병 183기로 베트남전쟁에서 다리를 잃은 그는 손으로 페달을 저었다. 시각장애인 등 대한장애인사이클연맹 소속 8명이 김씨와 함께 달렸다. 스리랑카에서 온 프시파 프레마할 씨는 외국인 노동자 대표로 선두에서 힘차게 페달을 밟았다.

서울 마포 난지공원을 지나면서 '피날레 라이딩'은 절정에 달했다. 정·관·재계와 문화계 인사 등이 합류한 자전거 대열은 강변북로를 따라 국회까지 5km 이상 긴 행렬을 이루며 강물처럼 도도하게 흘러갔다. 라이딩에는 정의화 국회의장과 정홍원 국무총리, 여야 의원, 장차관을 비롯해 각국 외교 사절과 기업인·연예인·장애인 등 각계각층 인사가 참여했다.

이날 오후 1시 30분, 일반 시민을 포함한 1만여 명이 모인 가운데

'민의民意의 전당'인 국회에서 귀국 환영 행사가 열렸다. 방상훈 조선일보 사장은 "원정단이 북한을 거쳐 서울로 들어오도록 마지막까지 노력했으나 성사되지 못해 못내 아쉽다"며 "다음에는 원정단이 서울에서 출발해 평양을 거쳐 베를린 브란덴부르크 문까지 달려가 동북아의 평화, 유라시아 번영의 꿈을 이룰 수 있기를 간절히 기원한다"고 말했다. 정의화 국회의장은 "한민족이 얼마나 평화를 사랑하는 국민인지 세계에 보여줬다"고 말했고, 정홍원 전 국무총리는 "유라시아가 연결되면 21세기 신실크로드가 펼쳐질 것"이라고 축사했다. 가수 이문세와 인디록밴드 노브레인, 걸그룹 더씨야, 남성중창단 유엔젤보이스가 평화와 통일의 선율을 수놓았다. 행사 말미에는 원정단원 전체가 무대로 뛰어올라가 목이 터져라 노래를 불렀다.

두 바퀴로 미답未踏의 길을 달려왔다. 돌아보면 하룻밤의 꿈같았다. 하지만 페달을 밟은 대원들의 발은 각 나라 땅의 얼굴을 고스란히 기억한다. 바퀴에는 9개국의 흙과 공기와 물이 묻었다. 여기서 원정이 끝나는 건 아니다. 뉴라시아 시대를 앞당길 개척자들의 힘찬 페달질은 현재진행형이다.

100일간의 유라시아 평화대장정을 무사히 마치고 돌아온 원정대원들이 이 행사를 기획하고 진두지휘한 방상훈 조선일보 사장을 헹가래 치며 무사 완주의 기쁨을 만끽하고 있다.

RIDER GUIDE
라이더 가이드

자전거 도로 상황 / 운전 시 주의 사항

독일에서 출발해 발트3국까지는 도로 포장이 잘돼 있고, 노면도 깨끗해 별 문제가 없었다. 그러나 러시아와 카자흐스탄은 노면이 고르지 못해 펑크가 몇 번씩 나기도 했다. 특히 카자흐스탄에서는 메인 국도를 벗어나 작은 국도를 달릴 때 도로에 싱크홀 같은 구멍이 많아 바퀴 프레임이 휘는 경우도 종종 있었다. 하지만 타이어 자체에 펑크 방지 기능이 있어 기본적으로 3~4번은 펑크를 방지해줘 노면 상태에 비해 펑크가 자주 나지는 않았다.

그러나 장거리 주행으로 인해 튜브 밸브에 충격이 가해지면서 튜브가 찢어지거나 공기가 새는 경우가 많았다. 오히려 전구간 대원들의 자전거보다 각자 자전거로 며칠씩만 참여했던 소구간 대원들의 자전거에 문제가 생겨 시간이 지체되는 경우가 많았다. 대원들을 선발하기 전에 미리 자전거를 준비한 터라 자전거 사이즈가 맞지 않는 대원들이 많았다. 자전거는 대원들 신체 사이즈에 맞는 것을 준비하는 것이 꼭 필요해 보였다.

주행 중 유의해야 할 사항은 너무나도 많다. 그러나 모든 곳에 적용 가능한 모범답안은 없다. 그때그때마다의 도로 상황과 날씨, 그리고 차량 운전자들의 운전 습관 등을 고려해 판단을 내리는 것이 안전하다. 편도 1차선을 주행할 때, 특히 갓길이 없는 경우가 가장 위험하며 이런 경우에는 대원들을 2개 조로 나누어 약 1km 정도의 간격을 두고 서행하는 것이 가장 안전하다. 도로 상황이 좋은 경우에도 7명까지가 동시에 주행하기에 가장 적당하며 8명이 넘어갈 시에는 마찬가지로 여러 개의 무리로 나누어 주행하는 것이 좋다.

좌회전, 우회전, 서행, 정지 등을 알리는 수신호는 가장 앞에서 무리를 이끄는 사람이 판단하여 하는 것이 좋다. 중간에 가는 대원이 임의로 판단하여 수신호를 할 경우, 앞쪽에 가는 대원들에게는 전달되기 힘들어 대열이 흐트러져 위험한 상황이 발생할 수 있다. 또한 뒷사람이 전방을 주시하고 있지 않은 경우도 있기 때문에 수신호와 함께 항상 구두로 수신호 내용을 알려주는 것이 좋다. 대열은 일반적인 시골길을 주행할 시에는 1열로 약 1m의 간격을 두고 주행하는 것이 좋으며, 혼잡한 도심에서는 간격을 최대한으로 줄이는 것이 좋다. 또한 신호 주기가 짧은 도심을 통과할 때는 대열이 중간에 끊기는 것을 방지하기 위해 도로 상황에 맞춰 2~4열 종대 정도로 주행하는 것이 좋다.

차량의 에스코트를 받을 때도 차량은 자전거 대열 뒤에서 쫓아와야 자전거 무리를 리드하는 대원의 시야가 가려지지 않는다. 불가피하게 차량 2대가 앞뒤에서 호위를 해주는 경우에는 앞선 차량은 최소 30m 정도의 간격을 유지한 채 주행하는 것이 안전하다. 특히 내리막의 경우 자전거의 가속도가 생각보다 빠르고 고속 주행 중에는 제동 거리가 길어지기 때문에 100m 이상 간격을 벌리는 것이 안전하다.

국가별 교통 상황

🇩🇪 독일 베를린

도로 상태는 양호한 편이다. 좌회전은 비보호가 많은 편이고, 우회전시에도 신호에 맞춰 진행해야 한다. 도로에 자전거를 타고 다니는 사람들이 많다. 특히, 우회전할 때는 차선 끝쪽으로 진행하는 자전거들이 많기 때문에 백미러에만 의지하지 말고 고개를 돌려서 확인 후 우회전해야 한다.

🇵🇱 폴란드 바르샤바

독일에서 폴란드로 넘어가는 국경은 별다른 절차 없이 통과된다. 이는 리투아니아·라트비아·에스토니아까지 같다. 노면 상태는 양호한 편이고, 시내는 다소 혼잡한 편이나 고속국도 교통 흐름은 수월한 편이다. 도로에 로터리가 많고, 로터리 진입 시 항상 회전하고 있는 차가 우선이다.

🇱🇹 리투아니아 카우나스 / 🇱🇻 라트비아 리가 / 🇪🇪 에스토니아 탈린

전반적으로 교통 흐름은 수월한 편이다. 다만 고속도 및 지방도로에서 국경을 통과해 지나가는 대형 화물 트럭들이 빠른 속도로 주행하므로 주의가 필요하다. 도로들에 중앙분리대가 없으며, 가끔씩 맞은편 차선에서 오는 경찰차에 단속이 걸려(속도위반 등) 경찰차가 바로 유턴해서 차를 세우는 경우가 있다. 사람들의 운전 습관은 그렇게까지 거칠지 않다. 도로 상태도 그런대로 괜찮은 편이다.

🇷🇺 러시아 상트페테르부르크, 모스크바

에스토니아에서 러시아 국경을 건널 때 꽤나 까다로운 절차를 거친다. 차량 운전자, 동승자 확인은 물론이고 차량 내부 검사에 개인 짐 확인까지 한다. 노면 상태가 별로 좋지 못한 편이고, 도로 주변 환경도 별로다. 휴게소·식당·화장실 등이 시내를 제외하고 러시아 내부로 들어가면 갈수록 열악하다. 상트페테르부르크로 들어서자, 무척 혼잡하고 도로 구조도 헷갈리는 경우가 있다. 운전 습관들도 꽤나 난폭하다. 모스크바 시내도 다르지 않다. 차량 정체도 심한 편이다. 특히 도로 경찰들의 기세가 하늘을 찌른다. 그들이 손에 쥐고 있는 지휘봉의 움직임 하나하나에 차량들은 고양이 앞에 쥐 꼴이다. 독일·폴란드·발트3국·러시아를 거치면서 알게 된 특이한 점은, 모두 라이트를 켜고 운전을 한다는 것이다. 교통사고를 줄이기 위해서라는데 처음에는 습관이 안 돼 애먹기도 했다.

🇷🇺 러시아 슬라브고로드, 노보시비르스크, 이르쿠츠크

앞서 말한 바와 같이 러시아 안쪽으로 들어가면 갈수록 도로 여건이나 주변 상황, 숙박 여건 등이 점점 안 좋아진다. 그래도 카자흐스탄보다는 나아 보인다. 바이칼 호수에 있는 알혼 섬에도 들어가 보았는데 길이 온통 돌밭에다 흙투성이어서 운전하는 데 아주 애먹었다.

🇷🇺 러시아 크라스키노, 우수리스크, 블라디보스토크

중국에서 러시아로 국경을 통과하면서 차량을 직접 운전하며 나올 수 없었다. 그들끼리 맺은 협정 때문이라는데, 하는 수 없이 트레일러에 차를 싣고 국경을 넘어서 차를 내려놓고 운행했다. 도로 상황은 여느 러시아 지역들과 비슷했다. 블라디보스토크는 항구도시여서인지 차량 흐름이 많았다.

🇰🇿 카자흐스탄 아스타나

도로 상황이 한마디로 최악이다. 도로 곳곳에 포탄 떨어진 자리처럼 움푹 파인 채 방치되어 있어 자칫 속도를 내며 그곳을 지나가려면 낭패를 본다. 비포장도로도 많다. 이곳에서는 필히 예비 타이어를 구비하고 다녀야 한다. 도로 주변에 식당도 찾기 힘들고, 숙박 시설도 매우 열악하다. 한 가지 인상적이었던 것은 사람들의 후한 인심이다. 9개 나라 중에 가장 따뜻한 마음을 가진 국민들인 것 같다.

🇲🇳 몽골 울란바타르

몽골의 도로 상황은 생각했던 것보다 좋았다. 노면 정비를 많이 마친 상태였다. 이곳에서는 도로를 가로질러 초원에서 초원으로 이동하는 양·말·소·낙타 등의 무리를 심심치 않게 볼 수 있다. 주의할 점은 도로 갓길에 서 있는 말이나 소들이 갑자기 도로 안쪽으로 뛰어들 수 있으므로 서행 운전 하는 것이 좋다. 이곳 사람들의 운전 습관은 꽤나 거칠다. 급하게 운전하고 방향 지시등 없이 그냥 끼어드는 것은 기본이다. 조금만 지체해도 수없이 경적을 울려댄다.

🇨🇳 중국 베이징, 선양·단둥·백두산, 옌지·훈춘

도로 여건은 괜찮았다. 이따금씩 울퉁불퉁한 도로들도 있었지만 대체적으로는 무난한 편이었다. 중국도 러시아와 같이 국경을 넘어올 때와 넘어갈 때 통관이 무척이나 까다로웠다. 중국의 주유소를 가보면 0도에서 -40도까지 종류별로 판매하는 연료들을 보게 된다. 해당 온도까지 내려가도 얼지 않는 연료를 뜻한다. 물론, 온도가 낮은 것일수록 비싸다. 지역의 날씨 상황에 맞게 연료를 주입하는 모습이다. 한번은 낮은 온도의 연료를 넣지 않고 이도백하에 갔다가 갑자기 추워진 날씨에 기름이 얼어버려 애를 먹기도 했다. 경유는 '차이여우柴油', 가솔린은 '치여우汽油'라 말하면 된다. 중국인들의 운전 습관은 실로 놀랍다. 중앙선을 무시한 채 역주행도 서슴지 않는다. 지나온 나라들 중 난폭하기로는 단연 톱이다.

자전거 정보

대원들이 탄 자전거는 네덜란드의 코가Koga 사 제품이었다. 소비자 가격으로는 대략 400만 원이 넘는 투어링용 전용 자전거다. 무게는 평균 15kg 정도로 사이클 자전거가 10kg 미만인 점을 감안하면 굉장히 무거운 축에 속한다. 하지만 직진성이 굉장히 좋아 일정 속도까지 올리면 페달을 많이 밟지 않더라도 장거리를 주행할 수 있다는 장점이 있다. 전문 매장에서 자전거를 조립해주었기에 대원들은 자전거를 수령하여 신체에 맞게 안장과 핸들 정도만 새로 세팅을 하고 바로 주행에 나섰다. 총 다섯 차례에 걸쳐 진행된 국내 훈련을 하면서도 자전거에 대한 의심은 하지 않았으나 MTB 국가대표 출신의 안영민 대원이 새롭게 팀에 합류하면서 자전거 조립에 지대한 결함이 있다는 사실을 알게 됐다. 바퀴와 프레임을 연결해주는 QR레버조차도 제대로 조여지지 않았고, 짐받이와 물받이를 잡아주는 나사가 완전히 풀려버린 자전거도 있었다.

자전거 포장도 전문 매장이 참여했다. 독일로 운송된 자전거는 1.5m의 대형 박스에 핸들바와 바퀴만 분리된 채 들어 있었다. 하지만 운송 과정에서 자전거 후미등·전조등·브레이크 등이 파손된 제품들이 있었다. 각종 볼트가 분실돼 현지에서 새로 구해야 했다. 또 운송 중 충격을 받았는지 구동 계통 크랭크 쪽에 유격이 생겨 결국 얼마 지나지 않아 스페어 부품을 준비하지 않은 크랭크가 고장 나기도 했다. 자전거를 다루는 능력이 없다면 분해와 조립 그리고 포장을 전문가에게 맡길 수밖에 없겠지만, 맡기더라도 꼭 그 과정을 옆에서 지켜봐야 한다. 그래야 원정을 시작하기도 전에 부품을 구하러 다니는 수고를 하지 않을 수 있다. 원정 중에도 불가피하게 자

전거를 트럭에 싣고 이동해야 하는 경우가 종종 있었는데, 차량 내에 자전거를 거치할 수 있는 장치가 별도로 마련돼 있지 않아 자전거를 일렬로 세우고 끈으로 결박한 채 이동해야 했다. 이로 인해 자전거가 서로 눌리고 부딪혀 자전거를 탈 때마다 빠진 물받이를 고정시키고 변속기와 체인 등을 손봐야 하는 수고가 지속적으로 동반됐다.

준비했던 부품의 사용 빈도를 살펴보면, 원정의 특성상 비가 오는 날에도 주행을 지속하는 바람에 체인의 오일을 자주 사용했는데, 건식오일보다 습식오일의 사용량이 많았다. 러시아에서는 기온이 영하로 떨어지면서 변속 케이블이 얼어붙는 경우가 생겨 국내에서는 교체할 일이 거의 없는 변속 케이블과 겉선을 교체하기도 했다. 브레이크 패드는 여분으로 많이 준비해간 만큼 대원들의 안전을 위해 자주 교체했다. 국내에서는 주로 5,000km에 한 번씩만 패드를 교체해주면 되지만, 원정 시엔 비오는 날에 자주 주행을 하여 브레이크 패드는 일반적인 경우보다 교체 주기가 훨씬 짧았다. 생각보다 체인의 파손은 적었지만 잦은 변속과 수분, 먼지 등에 케이블이 노출되는 경우가 많아 변속기와 변속 케이블에 문제가 자주 생겼다. 또한 체인과 폴리에 오일, 먼지가 뒤섞여 자주 청소를 해줘야 했으나 디그리져를 구하기 어려워 경유로 세척을 해야 했다. 또한 준비한 속도계가 추위를 견디지 못하고 오작동하는 경우가 많았으며 배터리 수명도 낮은 기온으로 인해 너무 짧았다. 체인링크, 타이어, 튜브는 거의 사용을 하지 않아 너무 과하게 준비했다는 느낌을 받았지만 스포크와 각종 볼트류를 준비하지 않아 여분의 자전거에서 뜯어내 교체해야 하는 번거로움이 있었다. 잦은 진

동으로 인해 패니어랙과 물받이, 심지어 핸들 볼트까지 빠져 교체해야 하는 경우도 있었다.

공구와 관련해서는 사용량이 많은 육각렌치 세트가 'Y'자 공구라서 사용 중 불편함이 많았다. 시중에서 쉽게 구할 수 있는 'ㄱ'자형 렌치 세트가 더 활용성이 좋고 정비 중 볼트의 손상이 적은 편이다. 체인 커터는 고급형에 견고한 제품을 준비하고 여분의 핀을 준비하여 부품이나 공구 수급이 어려운 지역을 대비해야 한다. 스포크 렌치도 사용량이 많고 부피가 작기 때문에 고급형으로 준비하는 것이 좋으며, 튜브 펑크 수리 키트는 휴대용보다는 자전거 샵에서 쓰는 제품을 준비하는 것이 좋다. 휴대용 패치는 품질이 좋지 못하고 잘 붙지 않기 때문이다. 찢어진 타이어를 임시로 복구할 수 있는 스티커형 패치도 유용하다. 또한 허브·스프라켓·BB·헤드셋 등 전용 공구가 있어야 하고, 정비가 가능한 부분은 사용량이 많지 않지만 만약을 대비해 자전거, 부품에 맞는 전용 공구를 준비하는 것이 좋다.

의류 장비

계절별로 라이딩용과 타운용 의류 및 장비를 각 한 벌씩 준비했다. 한 벌씩이지만 짐은 넘쳤고, 차량 지원이 있었기 때문에 가능한 준비였다. 매일 시간과 공간을 이동해야 하는 정해진 일정에서 체온을 유지하기 위한 가장 중요한 장비가 의류다. 국가별로 착용할 장비라기보다, 4계절의 옷을 카고백에 넣고 매일 숙소에 내려 공지해주는 다음 날의 일기 예보에 따라 옷을 챙겨 입었다. 준비는 가장 추운 계절, 가장 추운 지역인 시베리아를 겨냥하여 에스키모인 수준으로 준비했다. 8월 여름에 출발해 11월 중순 시베리아와 블라디보스토크를 거쳐 오는 길이니 4계절의 준비를 했다.

모스크바에서는 겨울 의류를 보충하고 여름 옷들을 챙겨서 한국으로 돌려보냈다. 의류뿐 아니라 신발과 장갑, 모자 등의 용품도 4계절로 준비했다. 꼭 필요한 라이딩용 패딩 바지와 단복을 제외한 의류는 아웃도어 의류 위주로 레이어링 시스템(기능성 이너웨어〈보온의류〈방풍의류〉)을 고려해 준비했다.

예상했던 국가별 평균 기온과 우리의 상황과는 많은 오차가 있었다. 여름이라도 비를 맞으면 저체온증처럼 입술이 시퍼렇게 변한다. 계절과 상관없이 체온 유지를 위해 항상 준비해야 했다.

한국에서 8월의 삼복더위에 출발했기에 라이딩 중엔 독일과 폴란드의 쾌적한 날씨가 생각보다 서늘하게 느껴져 반팔과 반바지를 착용한 시기가 생각보다 짧았다.

신체 중 보온을 가장 신경 써야 할 손과 발의 동상이 염려돼 두터운 고어텍스 장갑과 동계용 등산화를 준비했다. 자전거 전용 클릿 슈즈는 클릿 부분이 쇠로 되어 있어 차가운 느낌이 더욱 강할 것이라 생각해 운동화와 등산화를 준비했다. 개인 기호에 따라 상황이 되는 사람들은 클릿 슈즈에 슈커버를 씌워서 라이딩했다.

의류 장비

	분류		수량	내용	브랜드
상의	단복류	반팔 저지	2	여름과 가을 기후에 착용.	자체 제작
		긴팔 저지	1	가을과 겨울 계절에 주로 착용. 안감에 융이 있는 보온용 저지로 땀에 젖었을 때 잘 마르지 않아 영하로 내려가는 기온에는 등산용 플리스 티셔츠를 착용.	자체 제작
		조끼	1	형광 주황색 조끼로 저지 위에 덧입음. 환경미화원들의 야광색처럼 차량으로 부터 라이더를 보호하기 위한 색상으로 맞춤 제작함. E4바람막이로 여름을 제외한 3계절을 골고루 잘 이용한 아이템. 현지에서 선물용으로 많이 이용.	자체 제작
		바람막이	1	몽벨의 경량화된 바람막이로, 뭉치면 한주먹 크기밖에 되지 않아 뒷주머니에 넣고 다니며 입음.	몽벨
	재킷류	플리스 재킷	1	보온용 등산 재킷으로 보온성은 좋지만 방풍이 되지 않는 원단.	몽벨
		고어 재킷	1	방수 방풍이 되는 고어텍스 원단을 사용한 제품으로 비가 오거나 바람이 불 때 라이딩을 하며 가장 많이 애용한 제품.	몽벨
		경량 구스다운	1	부피가 작고 따뜻하여 페니어백에 넣고 다니며 쉴 때마다 꺼내 입기 좋아 주로 착용.	몽벨
		해비 구스다운	1	몽골 사막 기후의 심한 일교차와 시베리아의 강추위를 대비하여 준비했으나, 생각보다 이용 빈도수가 적음. 부피가 커서 라이딩 중엔 실제 이용하기 불편함.	몽벨
	셔츠류	반팔 티	1	타운용으로 준비하여 숙소에서 주로 착용.	몽벨
		긴팔 티	1	기모가 들어있는 보온용으로 파워스트레치 소재를 이용한 등산 아웃도어 의류. 예상보다 빠른 시기에 체감 온도가 낮아짐을 느껴 모스크바에서 2차 보급품으로 지급받음.	몽벨
		남방	1	라이딩용 단복을 입지 않는 공식행사, 포럼이나 대사관 초청 만찬 때 편안하게 단체복으로 주로 착용.	몽벨
		기능성 이너웨어	1	예상보다 빠른 시기에 체감 온도가 낮아져 2차 보급으로 모스크바에서 지원 받음. 발열 섬유라 얇지만 땀에 젖어도 체온을 많이 빼앗기지 않아 베이스 레이어로 입었을 때 체온 손실을 막을 수 있음.	몽벨

	분류		수량	내용	브랜드
하의	라이딩용	패딩 반바지	2	반바지와 패딩 반바지가 탈부착되는 것과 일반 패딩 반바지 두 벌을 준비함. 여름과 초가을 날씨에 자주 착용. 탈부착이 되는 반바지는 통기성이 좋아 생각보다 착용 빈도수가 적음.	펄이즈미, 고어바이크웨어
		패딩 긴 바지(가을용)	1	모든 계절에 가장 많이 착용. 엉덩이 패딩이 푹신하여 안장통이 별로 없음.	펄이즈미
		패딩 긴 바지(동계용)	1	가을용과 같은 사양이나 융으로 되어 있고, 허벅지 부분은 윈드스토퍼 원단으로 되어 있어 바람막이 바지를 덧입지 않아도 바람으로부터 체온을 보호해줌.	펄이즈미
		윈드스토퍼 긴 바지	1	비 올 때 착용하기 위해 방수 원단인 고어텍스 바지를 준비하려 했으나 수급이 되지 못함. 윈드스토퍼 바지만으로도 충분. 영하의 기온에 많이 착용했지만, 신축성이 없음.	고어바이크웨어
	타운용	하계용 반바지	1	모스크바지역과 숙소에서 실내복으로 주로 착용.	몽벨
		춘추용 긴 바지	1	간절기와 실내복, 라이딩복 세탁 시 라이딩용으로도 사용.	몽벨
		동계용 긴 바지	1	안감에 융이 들어 있는 윈드스토퍼 원단의 동계용 바지.	몽벨
		우모 바지	1	시베리아의 눈폭풍에 대비해 준비했지만 날씨 운이 좋아 야영을 하는 날을 빼고 착용 빈도수가 거의 없었음.	몽벨
용품	장갑류	반 장갑	1	여름 기후가 짧아 생각보다 착용 시기가 짧음.	펄이즈미
		긴 장갑	1	여름과 초가을 날씨에 주로 착용.	펄이즈미
		동계용 방수 장갑	1	고어 텍스 원단으로 된 방수 장갑. 라이딩 시에 손과 발이 가장 많이 시리기 때문에 준비했지만, 예상보다 착용이 많지는 않음.	몽벨
		등산용 장갑	1	파워스트레치 원단으로 보온성이 자전거 장갑보다 좋아 2차 보급으로 지원 받아 가장 많이 사용한 장갑.	몽벨
	모자류	윔캡	1	헬멧 속에 착용하는 보온용 모자.	고어바이크웨어

	분류	수량	내용	브랜드
용품	모자류			
	비니	1	보온용으로 준비한 모자.	몽벨
	매쉬 캡	1	타운용으로 사용하기 위한 캡 모자.	몽벨
	다운 고소모	1	악천후를 대비하여 준비한 구스 충전재가 들어 있는 방한모자. 시베리아 지역에서 주로 착용.	몽벨
	바라 클라바	1	안면을 보호하며 목까지 덮이는 모자로, 헬멧 이너로 사용.	몽벨
	헬멧 커버	1	헬멧을 덧씌우는 커버로 체온을 유지함.	고어 바이크 웨어
	신발류			
	경량 등산화	1	라이딩 전용 클릿 슈즈를 사용하지 않고 운동화를 신고 평페달을 사용. 영하의 기온 전, 동계 전까지 가장 광범위하게 착용.	몽벨
	중 등산화	1	영하의 기온에 발의 체온을 유지하기 위해 착용했지만 보온성이 약해 핫팩을 이용하기도 함.	몽벨

음식 및 취사용품

✗ 현지 음식 소개

독일

독일의 대표 음식으로는 소시지, 맥주, 빵 등이 있다. 8월 8일 독일로 출발해 13일까지 베를린의 한인 숙소에 거주하며 원정 출발을 위한 준비를 했다. 아침과 저녁은 한인 숙소 주인이 직접 조리하신 음식들로 해결했다. 양념류들이 한국 제품이기에 비교적 한국과 큰 차이 없는 맛으로 식사를 했다. 음식이 부족할 때에는 숙소 앞에 있던 터키 음식점에서 또띠아 종류를 사먹기도 했다. 점심은 소시지와 빵, 피자, 스파게티, 소고기&양고기 BBQ에 볶음밥 등을 매식했다.

폴란드

폴란드 대표 음식 중 가장 유명한 것은 '플라키'다. 소 내장으로 만든 폴란드 전통 수프로 한국의 내장탕과 비슷하다. 먹을 만하지만 짠 편이라 빵을 찍어 먹거나 다른 음식과 같이 곁들여 먹는다. 아침은 주로 숙소에서 빵, 잼과 같은 음식들로 해결했다. 점심은 간단히 햄버거나 라면으로 때우거나 소고기, 돼지고기, 닭고기 BBQ 등을 식당에서 사 먹었다. 원정 대원, 지원팀, 소구간 대원까지 30여 명이 훌쩍 넘는 인원이 식당에서 음식을 해결하는 것도 쉽지는 않았다. 선발대가 미리 움직여 도착 시간을 가늠하며 식당 파악과 예약을 진행했다.

발트3국 리투아니아, 라트비아, 에스토니아

하루 또는 이틀 만에 국경을 넘나들었던 발트3국에서는 무엇을 먹었는지 다 기억하지 못할 정도로 맛있는 음식들을 먹었다. 원정단 체중을 가장 늘린 국가들이다. 발트3국에서도 미리 검색하고 알아본다면 한식당을 충분히 찾아볼 수 있다. 중식당, 일식당은 무척 쉽게 찾을 있다. 대신 한식, 일식은 가격이 조금 높은 편이다. 현지 음식은 저렴한 가격대로 맛있었으며, 때때로 느끼한 음식에는 튜브형 고추장을 부려 먹기도 하였다.

리투아니아

라트비아

에스토니아

러시아

원정 기간 중 제일 긴 시간을 보낸 나라가 러시아다. 그만큼 많은 음식을 먹었을 듯하지만 반대다. 몇 시간을 달려야 마을이 나오기도 하고 심지어는 숙소조차 제대로 찾기 힘들었다. 체력 소모 또한 가장 컸기 때문에 식사 해결이 정말 중요했다. 원정 기간 중 전 구간에서 선발대가 점심 식당 확보에 최선을 다했지만 그래도 식당 섭외가 안 됐을 경우엔 조리할 수 있는 적당한 장소에 탑차(트럭)를 정차시켜 취식했다. 점심으로는 라면을 가장 많이 먹었다. 과일, 음료, 유제품을 현지 구매해 행동식 겸 점심 식사용으로 스타렉스 차량에 비치했다. 식료품점이 많지 않으므로 미리 재고를 파악해 구매해야 했다. 러시아엔 샤슬릭이라는 전통 음식이 있는데, 꼬치에 양고기나 돼지고기 야채 등을 끼워 숯불에 구워 먹는 음식이다. 다양한 재료들로 조리가 가능하다. 모스크바, 상트페테르부르크와 같은 대도시에서는 한식당, 일식당 등과 프렌차이즈점을 무척 쉽게 찾아 볼 수 있었으며, 가격은 조금 높은 편 이었다.

카자흐스탄

카자흐스탄의 대표 요리는 '베스바르막'이라는 말고기 요리다. 우리나라의 수제비처럼 밀가루를 반죽해 얇게 펴 그릇 바닥에 깔고, 말고기를 삶아 내온다. 버릴 것 하나 없이 모든 부위가 큰 접시에 담겨 나온다. 코스타나이시 부시장 및 스포츠, 문화 담당 간부들과 만찬을 할 때 베스바르막이 나왔다. 정체를 알 수 없는 일부 부위는 비린 맛에 당황스러웠지만 대체로 맛있게 먹었다. 카자흐스탄엔 최고 연장자가 막내에게 손수 음식을 먹여주며 행운과 건강을 바라는 전통 풍습이 있다.

몽골

몽골 대표 음식은 '허르헉'과 '수태차'다. 원정단원들도 이 두 음식을 맛볼 기회가 있었다. 허르헉은 몽골인들이 주로 야외에서 가족, 단체 모임을 하며 즐기는 음식이다. 양고기와 각종 야채, 양념을 불에 달군 돌과 함께 알루미늄 통에 넣어 몇 시간 충분히 익히면 된다. 고기를 먹기

전 뜨겁게 달궈진 돌을 먼저 내어주는데, 그 돌을 주무르며 마른 손에 기름을 발라주면 피부가 좋아지고 혈액순환에 도움이 된다고 한다. 허르헉은 몽골 국경을 넘어 수흐바타르 마을에 도착한 날, 국경수비대장과의 저녁 메뉴로 등장했다. 그 자리에서 잡은 양 한 마리로 허르헉 요리가 완성됐다. 수태차는 몽골인들이 수시로 음용하는 차다. 물을 끓여 우유와 소금을 넣어 만든다. 게르에 손님이 방문하면 꼭 내어주는 차이기도 하다.

중국

중국의 음식은 대표 음식을 정하기 힘들 정도로 다양하다. 지역마다 음식의 맛과 주재료가 차이난다. 남쪽의 광동 요리는 달콤하고, 북쪽의 베이징이나 산둥 지역은 조금 짜며, 서쪽의 쓰촨 지역은 고추가 들어가 맵고, 동쪽의 상하이 일대는 새콤달콤한 특징이 있다. 중국에 입경한 원정단을 처음 반긴 음식은 훠궈火鍋였다. 샤브샤브와 비슷한데, 각자의 육수에 고기와 각종 야채, 해산물을 치고, 땅콩소스나 매운 소스 등 원하는 방법으로 만든 소스에 찍어 먹는 국물 요리다. 대부분의 원정단원들이 맛있게 먹었다. 탕수육, 볶음밥 등 큰 거부감 없이 먹을 수 있는 음식들도 생각보다 많았다. 혐오 음식이 많은 중국이라고 하지만 음식의 종류가 워낙 많기에 식사를 해결하기에 큰 부담이 없었다. 베이징엔 한국 간판이 달린 체인점들이 수두룩했다. 한 직화구이 고기 집에선 한국인 유학생, 주재원들로 북새통을 이뤘다. 원정단이 묵은 베이징 교문 호텔의 경우 조식으로 한식, 양식이 동시에 제공됐다. 청경채 볶음 요리와 꿔바로우(탕수육) 등을 주로 주문해 먹었다. 중국의 매운맛辣은 한국과 달리 혀를 얼얼하게 만드니 주의해야 한다. 조선족들이 많이 모여 사는 동북 3성에 들어가면 돼지 두루치기·순대·된장국·냉면 등을 작은 식당에서도 사 먹을 수 있었다. 이곳이 중국인가 싶을 정도로 음식이 한국적이었다. 곳곳에 있는 북한 식당에서 북한 음식도 맛볼 수 있다.

야외 취식

✺　　　　100일이라는 장기간 동안 매일 계획표에 따라 식사를 한다는 건 쉽지 않다. 따라서 초기 식단 계획을 짤 때 현지식(매식+행동식)과 취사식으로 나눴다. 취사식에는 기본적으로 해먹을 수 있는 식단 몇 가지를 선정한 뒤 그에 따라 필요한 재료들은 국내 구매, 현지 구매로 분류했다. 취사식은 장기간 해외 라이딩으로 지친 속을 달래줄 수 있게 주로 한식으로 짰다. 주 메뉴는 미역국·김치찌개·부대찌개·숯불구이·즉석카레·짜장류·단무지 무침·김치 등으로 구성했다. 김치는 미리 대사관이나 한인회에 연락해 3~5kg 정도씩 구매했다. 러시아 한 구간에서는 장시간 김치를 섭취하지 못해 생긴 향수병을 달래기 위해 '홍일점' 김영미 대원의 진두지휘 아래, 미리 준비한 액젓 고춧가루와 현지 구매한 배추, 생강 등으로 김치 겉절이를 만들었다. 그 인기는 실로 상상 그 이상이었다. CJ에서 지원해준 햇반·즉석국·통조림반찬·튜브형 고추장·된장과 다

양한 행동식들은 원정 기간 동안 무척이나 유용하게 활용됐다. 현지식이 잘 맞지 않는 원정대원들에게 매 끼니마다 훌륭한 반찬이 돼줬다. 아무리 음식 재료와 식단 계획을 잘 짜가더라도 중요한 건 장비들이다.

취사 장비는 코오롱스포츠의 지원을 받았다. 그중 사용 빈도가 제일 높은 제품은 당연 가스버너와 코펠이었다. 30명 가까운 원정대원의 식사를 위해 버너를 6개까지 사용하는 경우가 있었다. 국내에서 사간 부탄가스 변환잭도 필수품이었다. 원정 기간 중 EPI가스(캠핑가스) 구매가 힘든 경우 부탄가스를 사용해 취사를 진행했다. 코펠은 10인용 3개가 지원됐으며 주로 제일 큰 사이즈 3개의 사용 빈도가 가장 높았다. 밥은 코펠이 아닌 국내에서 구매한 압력밥솥을 사용했다. 15인용 2개를 구매했으며, 원정 기간 내내 우리나라 땅에서 자란 쌀을 사용할 수 없기에 준비한 특단의 대책이었다. 유럽과 아시아 쌀알은 주로 길쭉한 모양인데, 흔히 '밥알이 날아다닌다'고 하는 그런 쌀이다. 압력밥솥에 평소보다 물을 조금 더 많이 넣으면 차진 밥을 먹을 수 있다. 요즘에는 각 나라 수도나 큰 도시에 가면 한인마트가 있어 가격은 비싸지만 어렵지 않게 오동통한 쌀을 구할 수 있다. 과일·초코바 등 행동식의 경우 이동하는 도중 마을마다 큰 대형 마트나 중간중간 노점에서 구매했다. 각자 패니어백에 보관하던 간식이 떨어지거나 물이 부족할 경우 지원 차량으로 달려가 물품을 보충했다.

출국부터 서울 도착까지 총 103일 동안 9개국을 지나며 다양한 음식들을 맛봤다. 원정의 또 다른 볼거리이자 재미였다. 출국 전 준비를 하며 걱정이 많았지만 정작 현지에서 취사해 먹을 때엔 매식보다 더 풍부한 맛을 즐겼다. 외국에서 대한민국을 알리고 계신 기업체, 교민, 대사관 초대를 많이 받았다. 음식과 문화가 낯선 원정단이 향수병에 빠지지 않을 수 있었던 건 이런 분들의 따뜻한 관심 덕분이었다. 때론 한식으로, 때론 현지 식사로 허기를 달랜 원정단은 다음 날 다시 힘차게 페달을 돌릴 수 있는 원동력을 얻었다.

숙소 정보

⟨2014년 기준⟩

일자	이름	도시	주소	가격
8/13~14	마루방	베를린, 독일	Hauptste. 113-115 10827 Berlin(Schoneberg)	
8/15	Hotel Baranowski (★★★)	스우비체, 폴란드	Transportowa 4c, lubice	280PNL
8/16	Hotel SEN (★★★)	브루이체, 폴란드	Myszęcin 8D, 66-225 Szczaniec	싱글 270PNL 트윈 320PNL
8/17~18	IBB Andersia Hotel (★★★★)	포즈난, 폴란드	Plac Andersa 3, 61-894 Poznan	95유로 / 101유로
8/19	SLESIN KEMPINGS	코닌, 폴란드	Szyszyńskie Holendry 4 62-561 Ślesin	캠핑
8/20	H. Stacja Kutno	쿠트노, 폴란드	Łąkoszyńska 127, 99-300 Kutno	총3105PNL / 모든 방이 다른 가격
8/21~22	Hotel MDM (★★★)	바르샤바, 폴란드	Plac Konstytucji 1, 0-647 Warszawa	70유로
8/23	MAGNUS Hotel (★★★)	카우나스, 리투아니아	Vytauto prospektas 25 Kaunas 44352 Lithuania	트윈 80유로 싱글 75유로
8/24	SMELYNE Hotel (★★★)	파네베지스, 리투아니아	Smėlynės gatvė 3 Panevėžys 35144 Lithuania	트윈 105유로 싱글 97유로
8/25	Hotel Bauska (★★★)	바우스카, 라트비아	Slimnīcas iela 7 Bauska, LV-3901 Latvia	트윈 75유로 싱글 70유로
8/26~27	MARITIM PARK (★★★★)	리가, 라트비아	Slokas iela 1 Rīga, LV-1048 Latvia	트윈 84유로 싱글 78유로
8/28	RAKARI KEMPINGS	살락그리바, 라트비아	4033 / Salacgrivas lauku teritorijaLatvia	510유로 / 방갈로 8개
8/29	CAROLINA H. (★★★)	파르누, 에스토니아	Ringi 54 Pärnu 80014, Estonia	트윈 68유로 싱글 53유로
8/30~31	Park Inn by Radisson Central (★★★)	탈린, 에스토니아	Narva Rd. 7C 10117 Tallinn Estonia	트윈 90유로 싱글 75유로
9/1	Aqva Hotel&Spa (★★★★)	라크베레, 에스토니아	Parkali 4 Rakvere 44308, Estonia	트윈 97유로 싱글 72유로
9/2	H. INGER (★★★)	나르바, 에스토니아	Puškini 28 20306 Narva Estonia	트윈 65유로 싱글 50유로

일자	이름	도시	주소	가격
9/3	Nairi (★★)	볼로소보, 러시아	188410, Ленинградская область,г.Волосово,ул. Красныхкомандиров,д. 17а	트리플 2900루블 트윈 2100루블 싱글 2300루블
9/4 ~5	Novotel Centre (★★★★)	상트페테르부르크, 러시아	ulitsa Mayakovskogo, 3 A St Petersburg, Russia 191025	싱글 트윈 5800루블
9/6	Staroyam- skaya (★★★)	토르조크, 러시아	Kalininskoye shosse, 5 Torzhok Tver Oblast, Russia	트리플 3400루블 트윈 3800루블 싱글 3500루블
9/7	볼가 강	스타리차, 러시아		총 35000 루블 /롯지 2개, 산장 1개
9/8	Yaropolets (★★)	야로팔레쯔, 러시아		총 48081루블 /석식, 조식 포함
9/9	Zvenigorod (★★★)	즈베니고로드, 러시아	ulitsa Moskovskaya, 29 Zvenigorod, Russia 143180	트리플 6400루블 트윈 5180루블 싱글 3500루블
9/10 ~11	Arbat House (★★★)	모스크바, 러시아	: 121069, Москва, Скатертныйпереулок,дом13	트윈 6700루블 싱글 5800루블
9/12	Azimut Hotel (★★★)	니즈니노브고로드, 러시아	ulitsa Zalomova, 2 Nizhny Novgorod Russia	트윈 5900루블 싱글 5320루블
9/13	ibis Kazan Centre (★★★)	카잔, 러시아	PRAVOBULA- CHNAYA STR. 43/1, Kizicheskaya	트윈 5600루블 싱글 4930루블
9/14	Amaks Tourist- Hotel Ufa (★★★)	우파, 러시아	ulitsa Rikharda Zorge, 17 Ufa Bashkortostan, Russia	트윈 5220루블 싱글 4560루블
9/15 ~16	Meridian hotel (★★★)	첼랴빈스크, 러시아	Prospekt Lenina 21A, 454090	트윈 5300루블 싱글 5000루블
9/17	Hotel Zentralnaya (★★★★)	트로이츠,러시아	Klimova Street 9 Троицк, Russia 457100	트리플 5500루블 트윈 5300루블 싱글 4800루블
9/18 ~19	Celinnaya (★★★)	코스타나이, 카자흐스탄	Baytursynov St 95, Kostanay, 카자흐스탄	트리플 8000텡게 트윈 8500텡게 싱글 7000텡게
9/20	Юбилейная (★★)	루제브카, 카자흐스탄	431440, Россия,Республика Мордовия,Рузаевка,пл.Привокзальная,д.5а	기숙사 이용 /협조로 무료

일자	이름	도시	주소	가격
9/21	야영	사우말콜, 카자흐스탄	Saumalkol	
9/22	도스틱 호텔	콕셰타우, 카자흐스탄	Kocksetau	트윈 8500텡게 싱글 8500텡게
9/23 ~24	ГостиницаАбай (★★★)	아스타나, 카자흐스탄	Казахстан,г.Астана,Пр.Республики, 33	트윈 11000텡게 싱글 18000텡게
9/25	EPTIC H. (★★)	파블로다르, 카자흐스탄	140000, Pavlodar, Ak. Bekturov Street, 79	트윈 16000텡게 싱글 12000텡게
9/26	гостиницаСлавгород	슬라브고로드, 러시아	ulitsa Lenina, 154, Slavgorod, Altayskiy kray, 러시아 658820	트윈 2040루블 싱글 1120루블
9/27	Уютнаягостиница	노보시비리스크, 러시아	ulitsa Belinskogo, 143, Novosibirsk, Novosibirsk Oblas	트윈 3100루블 싱글 2700루블
9/28 ~29	WHITE STONE (★★★)	마린스크, 러시아	г.Мариинск,ул.50летОктября, 7-2	트윈 2800루블 싱글 2500루블
9/30	ВокзалБоготол	칸스크, 러시아	662060, Красноярскийкрай,г.Боготол,ул.Вокзальная,д.6	트윈 3800루블 싱글 3500루블
10/1	Воманивос	툴룬, 러시아	662060, Красноярскийкрай,г.Боготол,ул.Вокзальная,д.6	트윈 4200루블 싱글 3700루블
10/2	AUTO-STOP	안가르스크, 러시아		싱글 3800루블 트윈 4200루블
10/3	Центральная	이르쿠츠크, 러시아	665250, Иркутскаяобласть,гТулун,улЛенина,д 122	트윈 4500루블 싱글 3800루블
10/4 ~5	Delta Hotel (★★★)	알혼 섬, 러시아	58 K Libknekht Street Irkutsk 664007	싱글 2300루블 트윈 2800루블
10/6	야영	바이칼스크, 러시아		트윈 2000루블 싱글 1200루블
10/7	Гостевыедомикинаберегу Байкала"УДимыиТани"	탕호이, 러시아	탕호이	6인실 270루블 10인실 570루블 9인실 200루블
10/8		카멘스크, 러시아		총 26282루블
10/9 ~10	ODON HOTEL (★★★)	울란우데, 러시아	ulitsa Gagarina, 43 Ulan-Ude, Buryatia 670034	트윈 2850루블 싱글 2070루블

일자	이름	도시	주소	가격
10/11	Невская, гостиница	구시노 조르스크, 러시아	Селенгинский район, г.Гусиноозерск, ул.Гагарина, 5 корп.5	트윈 2100루블, 싱글 1650루블
10/12	гостиница Дружба(★★)	카흐타, 러시아	Россия, Республика Бурятия, Кяхта, ул. Крупской д.6	1600루블
10/13	Selenge Hotel	수흐바타르, 몽골	Tsagaan Eregiin Street, 2nd bag, Sukhbaatar sim, Selenge Aimag, Mongolia.	트윈 195300투그릭 싱글 161820투그릭
10/14	야영	다르한, 몽골	Darkhan	트윈 191580투그릭 싱글 167400투그릭
10/15 ~16	Sunjin Grand Hotel	울란바타르, 몽골	13th, Khoroo, Enkhtaivan St,	트윈 275280투그릭 싱글 232500투그릭
10/17	Terlji lodge resort	테를지, 몽골	Terlji lodge resort	59520투그릭
10/18	캠핑	초이르, 몽골	Choir	트윈 195300투그릭 싱글 165540투그릭
10/19	KHAN SHONKHOR	자밍우드, 몽골	Zamiin-Uud town, Dornogobi province, Mongolia	트윈 176700투그릭 싱글 148800투그릭
10/20	二连浩特维纳斯国际大酒店	얼렌하오터, 중국	内蒙古自治区锡林郭勒盟二连浩特市乌珠穆沁大街	트윈 432위안
10/21	锡林浩特赛罕塔拉大酒店 Saihantala Hotel	쑤니터우기, 중국	101 Provincial Rd, Sonid Youqi, Xilin Gol, Inner Mongolia/ 苏尼特右旗新汽车站旁	트윈 120위안
10/22	张家口艺海国际商务酒店/ Yihai International Business Hotel	장자커우, 중국	Hebei, Zhangjiakou, Qiaodong, Chayu Rd, 市府东大街8号	트윈 426위안
10/23 ~24	望京教文大酒店 Beijing Jiaowen Hotel	베이징, 중국	Beijing, Chaoyang, Huguang Middle St, 湖光中街甲6号	트윈 484위안
10/25	山海假日酒店 Qinhuangdao Shanhai Holiday Hotel	산하이관, 중국	河北省秦皇岛市山海关区西大街古城北马道	트윈 298위안
10/26	锦州金厦国际饭店 Jinsha International Hotel	진저우, 중국	진저우 중국 Liaoning, Jinzhou, Guta, 解放路二段91号	트윈 257위안

일자	이름	도시	주소	가격
10/27	沈阳玫瑰大酒店	선양, 중국	辽宁省沈阳市沈河区中街路201号 Rose Hotel, Middle Street Shangquan, Shenhe, Shenyang, Liaoning	트윈 298위안
10/28~29	鸭绿江大厦	단동, 중국	Yaluriver Hotel 87 Jiuwei Rd, Zhenxing, Dandong, Liaoning	트윈 320위안
10/30	香港城假日大酒店	지안, 중국	吉林省通化市集安市黎明南街22号	트윈 378위안
10/31	白溪假日大酒店	송지앙허, 중국	吉林省长春市朝阳区康平街917号	트윈 370위안
11/1~2	金水鹤国际大酒店 Jinshuihe International Hotel	이도백하, 중국	Jilin, Yanbian, Antu, Chibei St, 通常路36号	트윈 310위안
11/3~4	延吉市翔宇大酒店 Xiangyu Hotel	연길, 중국	연길(延吉) 62 Gongyuan Rd, Yanji, Yanbian, Jilin	트윈 238위안
11/5~6	珲春盛博国际大酒店 Shengbo International Hotel	훈춘, 중국	Jilin, Yanbian, Hunchun, Yanhe W St, 沿河西街	트윈 255위안
11/7	유이통	크라스키노, 러시아	ulista lenina 19, Kraskino, Khasansky District, Primorsky Krai, Russia	3600루블
11/8	Паллада	슬랴반카, 러시아	Приморский край, Хасанский район п. Славянка Морской бульвар 15.	3460루블
11/9	야영	베네비티노보, 러시아		
11/10~11	현대호텔	블라디보스톡, 러시아	29, Semyonovskaya st., Vladivostok, Russia, 690091	트윈 9750루블 싱글 8940루블
11/12	DBS크루즈	페리호 승선-숙박	블라디보스톡 - 동해	주니어스위트 46만2000원 퍼스트클래스 29만4000원
11/13	고성 금강산콘도	동해, 고성	강원도 고성군 현내면 금강산로 416	16평 18만원 30평 27만원

일자	이름	도시	주소	가격
11/14	백마 오토캠핑장	고성, 철원	강원 철원군 철원읍 대마1길 34-46	1박 3만원
11/15	캠프 그리브스 유스호스텔	철원, 파주	경기 파주시 군내면 적십자로 137	성인 2만원 중고생 1만2000원 (1박)

* 가격은 인터넷 일반 가격 게시(실제와 차이 있을 수 있음)
* 중국 호텔 등은 가격 흥정 가능

국가별 의료 현황

원정단의 진료를 위해 독일과 에스토니아의 종합병원 응급실을 방문했고,
카자흐스탄·몽골·중국에서는 의료 봉사 사전 계획에 따라 병원을 찾았다.

✚ 주요국 병원 현황

■ 독일 베를린 종합병원 응급실

국제, 전통 관례상 응급환자에 대한 진료는 우선 진행하고 진료비 수납은 현금이나 신용카드로 지불하는 형태다. 응급실 시설과 시스템은 국내 대형 종합병원 축소판으로 보였고, 업무에 신속하고 유기적으로 대처했다. 의사·간호사·의료기사들의 수준이나 영어 및 전문 용어 구사능력은 우리보다 훨씬 나았다.

■ 에스토니아 라크베레 종합병원 응급실

인구 1만5,000명 라크베레Rakvwew 소재 종합병원 응급실은 24시간 운영되고 있었다. 의료 인력 외에 구급차·행정·사무 요원도 근무를 섰다. 엑스레이 촬영과 치료를 받고 난 후, 한국 보험사 제출을 위한 진료 소견서 및 진료비 명세를 영문으로 요청했다. 야간임에도 30분 이내에 영문 서류를 발급해 준 것이 인상적이었고 치료비가 너무 저렴해서 다시 한번 놀랐다. 이 나라는 과거 소비에트 연방으로부터 독립한 지 30년이 채 안 되었는데도, 일반적으로 영어 소통이 서유럽 수준으로 가능했다. 병원 시스템도 거의 사회주의 색채를 지운 듯 했다. 그러나 치료비 지불 과정에서 아직 사회주의적(무상의료) 흔적이 남아 있었다.

■ 카자흐스탄 아스타나 제2국립병원

신축 건물로 개원한 지 몇 년 안 되는 신생 병원이다. 심혈관계 질환 전문 치료 특성화를 국가가 정책적으로 지원 중이었다. 현 병원장도 독일에서 심장외과를 수련한 젊은 전문의가 맡고 있었다. 한국의 여러 대학병원

과 의료진 및 환자의 교환 프로그램을 갖고 있다. 현재는 상당한 심장 수술 기량을 보유하고 있으며, 심혈관계 중환자실 실태는 선진국 수준에 못지않았다. 이 병원이 카자흐스탄의 최선두에서 이 분야를 이끌고 있는 것으로 보였다. 이 병원의 입원실 구조는 우리나라 대학병원급 2인실 구조와 흡사했다. 4~6인실 등의 다인실은 운영하지 않고 있었다. 수술실 등 하드웨어는 최신으로 설비가 돼 있었으나 소독용 약제나 상처보호용 드레싱 치료용 제제 등 섬세한 소프트웨어는 아직 부족했다.

🇲🇳 몽골 울란바타르 국립암센터

현대화된 병원으로 병원 명칭에 걸맞게 몽골 내 외과 환자가 전국에서 이곳으로 집중되고 있다. 최근 복강경 내시경 수술이 보급되고 있는 단계였다. 수술실 여건도 나쁘지 않아 보였다. 이곳 역시 30~40대 젊은 의사들이 중심 역할을 맡고 있었다. 대부분 외국에서 의술을 전수받은 경험이 있는 의사들이며, 그중 다수가 한국에서 훈련을 받았다. 현재도 많은 몽골 의사들이 한국의 여러 병원에서 훈련을 받고 있다.

🇨🇳 중국 지린성 훈춘 시립병원

훈춘시는 중국의 소수민족 자치주인 지린성 자치주의 국경 도시로 러시아·북한과 접하고 있다. 지역적으로는 변방이지만 최근 자유무역지구로 중국에서 지정되는 바람에 러시아 등과 교역이 성해서 경제적으로 급격히 발달하고 있다. 의료 현황 역시 활발하게 인접국과 교류가 이뤄지고 있다. 앞으로 중국 내의 교통 기반시설이 완비되면 의료 분야도 동북 3성 지역에서 중심이 될 가능성이 높다. 경제적 여유가 있는 동북 지역 중국 환자들이 이곳으로 와서 한국·일본·러시아 의료진의 진료를 받을 수 있을 것으로 예상된다.

✚ 원정단 의료 기구 및 소모 의약품(단위: 개)
● 기구
구급낭(대·소 각1) **드레싱 세트**(일회용 20) **멸균 거즈**(4*4 10, 2*2 10) **탈지면, 탄력붕대**(3인치 20, 4인치 20, 6인치 20) **신신 반창고**(면 10/1박스) **3M micropore 종이 반창고**(10/포장*2) **일회용 밴드**(여러 종류) **3M fixroll**(3) **mepilex border lite**(10*10 30) **mepilex border lite**(7.5*7.5 30) **성광 멸균 바세린**(10*10 30) **inoform 2mm 친수성 드레싱**(메디폼) **듀오덤 울트라씬**(30) **3M tegaderm film 멸균 투명필름 드레싱**(10*12cm 30장, 6*7cm 30장) **설압자 나무 한 통, 수액 세트**(30) **iv catheter**(24G 30, 22G 20) **알코올스왑 일회용**(100) **고무줄**(3) **공포**(5) **경추 보호대**(2) **스프린트 부위별**(5) **알루미늄 부목 4종 세트**(5) **체온계**(5) **혈압계**(3) **청진기**(3) **무릎 지지대 양측**(10) **발목 지지대 양측**(10) **핫팻 몸통용 발 손용**(100) **폴리글로브**(2박스) **소독된 폴리글로브**(1박스) **비닐 봉투**(2묶음) **스킨 스태플러**(5) **리무버**(1) **펜라이트**(2) **산소포화도 측정기**(2) **혈당계**(2)

● 외상 치료제
소독약 과산화수소수(10통) **베타딘**(10통) **상아 동상연고**(30튜브) **화상연고 아즈렌**(30튜브) **진통 소염제 파스**(10) **겔**(20) **입술 연고 립스틱**(60) **바세린 연고**(10) **항바이러스 연고**(30) **외상 연고 마데카솔**(20) **후시딘**(20) **치질 연고**(30) **치질 좌약**(100) **안질환제 안약 신도톱 안약**(20) **안질환제 연고 코리마이신 연고 설맹 충혈**(20) **디펜스벅스**(60) **벌레물린데 버물리**(30) **엔딕스 연고**(10) **인공눈물**(30×10박스) **가글액**(50cc 100)

● 내복약
진통소염제 타이레놀ER(1통) 에이서(1통) 케토롤락(1통) **소화제** 훼스탈(1통) 가스모틴(1통) 알마겔정(1통) 티로파(1통) **지사제** 정로환(1통) 스멕타(많이) 로페르민(1통) **항생제** 세파(1통) **소염제** 베라제(1통) **이뇨제** 라식스(1통) **혈관확장제** 비아그라(100알) 항알러지 스테로이드(1통) 지르텍(100정) 페닐아민(1통) **변비약** 마그밀(1통) **기침약** 코데인 코데날 코데농 아무거나(1통) 종합감기약(많이) **피로회복제** 아로나민골드/우루사 **기관지 확장제** 벤톨린 퍼프(10)

● 주사제
fluid hd 1000(3박스) ns 1000(3박스) 영양제(5박스) 비타민B(1박스) 비타민C(1박스) multiblue(1/2박스) **진통제** 디클로페낙(1박스) 케토신(1박스) 티로파 또는 알기론(1박스 또는 30앰플) 멕페란(1박스 또는 30앰플) **항생제** 아미카신(50) 린토마이신(50) 세파 두드러기 덱사메타손(1박스) 아빌 1박스 리도케인

국가별 인덱스

🇩🇪 독일
수도 베를린
화폐 1€(EUR)=₩1,244.94
    (2015. 7. 1. 기준)
언어 독일어
면적 357,022km²
인구 8,099만 명
1인당 GDP $43,952
기후 독일은 한국처럼 사계절이 뚜렷하고, 연평균 기온이 9℃에 이르는 온화하고 다습한 기후다. 여름에는 기온이 30℃를 웃돌지만, 기압과 습도가 낮아 기온이 올라가도 쾌적하며 낮이 길어 밤 10시가 되어야 해가 진다. 겨울에는 영하 10℃ 이하로 내려가는 경우가 종종 있다. 낮의 길이가 짧아 오후 4시만 지나도 해가 진다.
종교 신교 31%, 구교 32%, 이슬람교 4%
국제전화코드 49

🇵🇱 폴란드
수도 바르샤바
화폐 1즈워티(PLN)=₩296.81
    (2015. 7. 1. 기준)
언어 폴란드어
면적 312,685km²
인구 3,834만 명
1인당 GDP $13,333
기후 폴란드의 기후는 온대에 속해 서유럽의 해양성 기후와 동유럽의 대륙성 기후 사이의 점이지대에 위치하고 있어 겨울에는 춥고 눈이 많으며 여름에는 따뜻하다. 연평균 7~10℃, 겨울 최저 기온 -21℃, 여름 최고 기온 34℃, 강수량은 남부 국경 산악지대가 연평균 1000~1100mm, 가장 적은 중부가 600mm이다. 국토의 약 4분의 1이 삼림이며, 서유럽의 활엽수림에서 동유럽의 침엽수림으로 옮아가는 점이지대의 특징을 보인다.
종교 가톨릭 95%, 기타 5%
국제전화코드 48

🇱🇹 리투아니아
수도 빌뉴스
화폐 1리타스(LTL)=₩384.92
    (2015. 7. 1. 기준)
언어 리투아니아어
면적 65,300km²
인구 약 305만 명
1인당 GDP $15,632
기후 제일 추운 1월의 평균 온도는 약 -25℃~-31℃ 가량, 제일 더운 7월에는 24~33℃ 가량인 편이다. 하지만 2011년 1월에는 -10~0℃를 기록했다.
종교 가톨릭교
국제전화코드 370

🇱🇻 라트비아
수도 리가
화폐 1유로(EUR)=₩1,244.94
(2015. 7. 1. 기준)
언어 라트비아어
면적 64,589km²
인구 약 230만 명
1인당 GDP $14,923
기후 온화한 해양성 기후(-5~20℃)
종교 루터교 24%, 가톨릭교 18%, 러시아정교 15.3%
국제전화코드 371

🇪🇪 에스토니아
수도 탈린
화폐 크룬(Kroon)·유로(EUR), 1유로

=₩1,244.94(2015. 7. 1. 기준)
언어 에스토니아어
면적 45,228km²
인구 약 140만 명
1인당 GDP $18,127
기후 서늘한 대륙성 기후(-2.0℃~19.4℃)
종교 루터교, 러시아정교 등
국제전화코드 372

🇷🇺 러시아
수도 모스크바
화폐 1(RUB)=₩20.14
  (2015. 7. 1. 기준)
언어 러시아어
면적 17,098,242km²
인구 1억 4,247만 명
1인당 GDP $14,973
기후 러시아에는 툰드라, 타이가, 혼합림, 초원, 사막 등 다양한 기후가 분포하고 있는데, 국토의 대부분은 냉대 기후에 속한다. 또한 매우 한랭하고 긴 겨울과 짧고 서늘한 여름을 가지는 전형적인 대륙성 기후여서, 빠르게 바뀌는 여름과 겨울 사이에 봄과 가을은 짧게 지나간다. 모스크바 부근은 겨울철 평균 기온이 -10℃이고, 여름철 평균 기온이 16℃이며, 9~10월 사이에 첫눈이 내린다. 강수량은 러시아 대부분의 지역이 500mm 이하이다.
종교 러시아정교
국제전화코드 7

🇰🇿 카자흐스탄
수도 아스타나
화폐 1텡게(KZT)=₩6.04(2015. 7. 1. 기준)
언어 카자흐어, 러시아어
면적 272,490km²
인구 1,794만 명

1인당 GDP $13,048
기후 대륙성으로 덥고 건조한 여름과 비교적 따뜻한 겨울이 교차한다.
종교 이슬람교 70%, 러시아정교 23%, 개신교 2%
국제전화코드 7

🇲🇳 몽골
수도 울란바타르
화폐 1투그릭(MNT)=₩0.57(2015. 7. 1. 기준)
언어 몽골어
면적 1,564,116km²
인구 284만 명
1인당 GDP $3,575
기후 전형적인 대륙성 기후로, 여름은 덥고 겨울은 혹한이 계속되는데, 여름의 더위는 내륙이기 때문에 습기가 없어 한국과 같은 무더위에 비해 견딜 만하다.
종교 라마교 90%, 이슬람교 5%
국제전화코드 976

🇨🇳 중국
수도 베이징
화폐 1위안(CNY)=₩181.22(2015. 7. 1. 기준)
언어 중국어
면적 9,596,961km²
인구 13억 5,569만 명
1인당 GDP $6,569
기후 지역별로 다양한 기후대가 분포한다. 주로 최남단 지역의 열대 기후, 서부 지역의 건조 기후, 동북 지역의 한대 기후 등으로 구분되며 전체적으로 사계절이 뚜렷한 계절풍 기후의 특징을 보인다.
종교 대부분이 도교·불교, 이슬람교도 1~2%, 그리스교도 3%
국제전화코드 86

현지 긴급 연락처

(독일, 폴란드, 리투아니아, 라트비아, 에스토니아, 러시아, 카자흐스탄, 몽골, 중국 순)

1. 독일
경찰서 또는 비상전화 110
구급차 또는 소방서 전화 112
긴급 의료 기관 요청 31 00 31
차량 응급 조치(ADAC) 0180-222-22-22
한국 Collect Call 교환 00800-183-3626
※로밍 받은 국내 휴대폰 사용 시 +49~
한국 대사관 Botschaft der Republik Korea
주소 Stlerstr. 8/10, 10787 Berlin (Bundesrepublik Deutschland)
홈페이지 deu.mofa.go.kr
이메일 koremb-ge@mofa.go.kr
전화번호 +49-(0)26065 0 · 영사과 +49-(0)30-26065 432(-3, -4)
근무시간 월~금, 09:00~12:00, 14:00~17:00(16:45 까지 접수)
*참고: 함부르크와 프랑크푸르트엔 총영사 주재
한인회
회장 유제헌, 0172-6563470
사무총장 0173-8621893
전화번호 06173-9668919

2. 폴란드
범죄신고 997
화재 998
응급 환자 999
전화 안내 118 913
국제전화 신청 901
바르샤바 경찰 48-22-603-6555
교통사고 신고 48-22-603-7755
Medicover 24시간 응급 서비스 19677
한국 Collect Call 교환 00800-821-1122

※ 로밍 받은 국내 휴대폰 사용 시 +48~
의료기관
· Szpital Kliniczny MSWiA
주소 ul. Wołoska 137
전화번호 +022-508-2000
(응급실 022-508-1900)
홈페이지 www.cskmswia.pl
· Centrum Medyczne DAMIANA
주소 ul. Wałbrzyska 46
전화번호 +022-319-0606, 022-566-2222
홈페이지 www.damian.pl
한국 대사관
주소 ul. Szwolezerow 6, 00-464, Warszawa, Poland
전화번호 +48-22 559 2900~04
핫라인 +48-601328 983
홈페이지 http://pol.mofa.go.kr
이메일 koremb_waw@mofa.go.kr
근무시간 월~금, 08:30~12:00, 13:30~16:30
코트라 바르샤바 무역관
관장 48-602-477-195
사무실 48-22-520-6232
한인회
회장 권영관, janusz@naver.com, +602 662 033
부회장 박종만, gingerpark@naver.com, +502 050 212
홍보이사 김준현, shyboxer@gmail.com, +669 611 451

3. 리투아니아
화재 01
경찰 02

구급차 03
화재, 사고, 경찰, 구급차 112(우리나라 119와 같음)
전화 안내 118
※ 로밍 받은 국내 휴대폰 사용 시 +370~
의료기관
· Medicinos Diagnostikos Centras
(응급 시 24시간 앰뷸런스 운용)
주소 V. Grybo str. 32A, LT-10318
Vilnius, Lithuania
전화번호 +370 5-2476-369,
370 6-9800-000
홈페이지 http://www.medcentras.lt
· Baltic Amerika Clinic
(응급 시 24시간 앰뷸런스 운용)
주소 Nemencine road 54a,
LT-10103 Vilnius, Lithuania
전화번호 +370 5-2342-020
휴대폰 +370 6-9852-655,
370 6-8214-280
홈페이지 http://www.bak.lt
한국 대사관
리투아니아 업무는 주폴란드 대한민국 대사관에서 겸임
한인회
회장 김영민
전화번호 +370-5-2747-070

4. 라트비아
경찰 휴대폰 01, 일반전화 112
화재 시 휴대폰 02, 일반전화 112
앰뷸런스 요청 전화 휴대폰 03, 일반전화 112
가스 유출 휴대폰 04
여행자 긴급전화 +371 220 33000
비상시 EMERGENCY CALL(일반전화 112, 휴대전화 03번, 24시간 운영)로 전화
※ 로밍 받은 국내 휴대폰 사용 시 +371~
한국 대사관
* 라트비아 상주 대사관은 없으며, 주스웨덴 대사관에서 라트비아를 겸임하고 있다
주소 Laboratoriegatan 10, 102 53 Stockholm,

Sweden
전화번호 +468 5458-9400
영사 핫라인 +46-70 779-2745
팩스 +468 660-2818
이메일 koremb.sweden@mofa.go.kr
홈페이지 http://swe.mofa.go.kr
비상 연락처 +4670 767 2350

5. 에스토니아
경찰(일반) 110
화재 시 112
긴급 의료지원 및 앰뷸런스 요청 112
야간 약국 Tonismae(뙤니스매에) 약국(주소 탈린시 Tonismagi 5 / 전화 372 644-2282)
※ 로밍 받은 국내 휴대폰 사용 시 +372~
차량 수리
긴급 고장 시 Estonian Auto Club
(전화 1888)
의료기관
에스토니아 병원에는 국립병원과 사립병원이 있다. 일반적으로 여행자는 국립병원을 이용할 수 없고, 사립병원을 이용할 수 있다. 대표적인 사립병원으로 East-Tallin Central Hospital이 있다.(www.itk.ee, 372-620-7015, 24시간 이용 가능)
주핀란드 대사관(에스토니아 겸임)
주소 Erottajankatu 7 A, Helsinki, Finland
전화번호 +358-9-251-5000
영사 핫라인 +358-40-903-1013
팩스 +358-9-251-50005
이메일 korembfi@mofa.go.kr
홈페이지 http://fin.mofa.go.kr

6. 러시아
모스크바
종합병원 응급실 237-5933
가스 서비스 04
경찰 02
화재 01

구급차 03
택시 927-0000, 227-0000
분실신고(지하철) 622-2085
한국 Collect Call 교환 800-82(나호드가)090-82(보스톡)161-6-821(사할린)
※ 로밍 받은 국내 휴대폰 사용 시 +7~

모스크바 내 종합병원
· EMC(European Medical Center)
주로 프랑스 의료단이 진료하며,
영어 사용이 가능하다. 친절한 보조원의
개별 상담 및 관리가 장점이다.
현지화(루블)와 카드 사용만 가능하며,
각종 예방접종을 실시한다.
주소 spiridonievsky pereulok 5
전화번호 +933-6655
홈페이지 www.emcmos.ru

· AMC(American Medical Center)
가족 단위 진료 시스템과 소아·여성
진료 센터, 구강 센터, 외과, 산부인과 등이
유명하다. 달러 및 카드 사용이 가능하며,
각종 예방접종을 실시한다.
친절하며 쾌적하다.
주소 Prospekt Mira bld 6, 26
전화번호 +933-7700
홈페이지 www.amcenter.ru

· 한러 메디컬센터(치과)
+8-926-909-4858

한국 대사관
주소 St. Plyushchikha 56 bldg 1, Moscow
전화번호 +8-495-783-2727
영사 핫라인 +8-495-783-2747
홈페이지 rus-moscow.mofa.go.kr
이메일 embru@mofa.go.kr
근무시간 월~금, 09:00~18:00
코트라 모스크바 무역관
러시아CIS 본부장 7-968-447-1481
사무실 070-7001-0589

상트페테르부르크
의료기관
· MEDEM 국제병원 7-812-336-3333
· Scnadinavia 7-600-7777
주상트페테르부르크 총영사관
주소 32 A Nekrasova Street, St. Petersburg
전화번호 +8-812 448-1909
영사 핫라인 +8-905 255-5496
근무시간 월~금 09:00~18:00
코트라 상트페테르부르크 무역관
관장 7-965-097-4266
사무실 7-812-241-00-66
상트페테르부르크 한인회
전화번호 +7-911-007-7132

동부 러시아
전화번호 안내
연해주 2-516-516
하바롭스크주 799-516
사할린주 300-516
주블라디보스토크 총영사관
주소 Pologaya str. 19, Vladivostok, 690091, RUSSIA
전화번호 +7-4232-40-2222
팩스 +7-4232-40-1451
이메일 korvl@mofa.go.kr
주이르쿠츠크 총영사관
주소 Gagarin Blvd., 44 3층, Irkutsk
전화번호 +7-3952-250-301
영사 핫라인 +8-964-650-9404
홈페이지 rus-irkutsk.mofa.go.kr
이메일 irkutsk@mofa.go.kr
근무시간 월~금, 09:00~18:00
코트라 블라디보스토크 무역관
관장 7-914-681-9156
사무실 070-7001-0601
의료기관
- 연해주(국내에서 전화 시 7-4232-전화번호 누름)

· 1번 병원
주소 Aleutskaya street, 53
전화번호 +240-06-24
· Asklepy
주소 Gamarnika,3b
전화번호 +230-02-73
- 하바롭스크주(국내에서 전화 시 7-4212-전화번호 누름)
· 10번 병원
주소 Tihookeanskaya, 213
전화번호 +42-97-57, 42-91-88
· Viveya
주소 Zaparina street, 83
전화번호 +454-100, 454-111, 455-623
- 사할린주(국내에서 전화 시 7-4242-전화번호 누름)
· Medsy
주소 Gor'kogo street, 3d
전화번호 +75-11-91, 75-11-90
· Celitel
전화번호 +735-999, 555-644
· international
주소 Kommunistichesky lane, 32, office 19
전화번호: +46-29-11

7. 카자흐스탄
화재 101
경찰 102
구급차 103
한국 Collect Call 교환 8800-822-1000
※ 로밍 받은 국내 휴대폰 사용 시 +7~
의료기관
전반적으로 의료시설 및 수준이 낙후되어 있고 위생 관념이 낮으므로 가급적 현지에서는 수술을 피하는 것이 좋다. 현지 병원에서 치료나 수술을 받는 경우 의사소통이 가능한 전문의를 통해 치료받는 것을 권장한다. 특히 치과 치료는 우리나라에 비해 기술과 수준이 낮기 때문에 가급적 국내에서 치료 후 방문하는 것이 좋다.
한국 대사관

주소 Office No. 91,92,93\"Kaskad\" Business-center, Kabanbai Batyr Av 6/1, Astana, Kazakhstan
전화번호 +7-7172-925-591, 592, 593
팩스 +7-7172-925-596
홈페이지 http://kaz.mofa.go.kr
이메일 koreaemb-kz@mofa.go.kr
근무시간 월~금, 09:00~18:00(점심시간 12:30~14:00, 토·일 및 주재국 공휴일 휴무)
영사 핫라인 일반업무 +7-777-306-4844
사건사고 +7-701-214-0369
주알마티 총영사관
주소 Ivanilov st. 52A, Gornyi Gigant, Almaty
전화번호 +7-727-246-8897, 8898
팩스 +7-727-246-9011
이메일 almakorea@mofa.go.kr
근무시간 월~금, 09:00~18:00
(점심시간 12:30~14:00, 토·일 및 주재국 공휴일 휴무)
영사 핫라인 일반업무
+7-777-215-8112
사건사고 +7-777-705-6634
카자흐스탄 한인회
회장 강병구
부회장 오충원
전화번호 +7-702-333-3840

8. 몽골
경찰 102
소방 101
구급차 103
재난재해 105
한국 Collect Call 교환 1606 누르고 3 선택
※ 로밍 받은 국내 휴대폰 사용 시 +976~
의료기관 연락처
울란바타르 시 내에 한국인 의사가 파견되어 활동 중인 연세친선병원(31-3178)이 있으나 응급실 운영은 하지 않는다. 몽골 현지 병원의 경우 안전사고(교통사고)를 당한 경우에는 외상병원, 외국인의 일반 외래진료는

2번 병원에서 주로 실시하고 있다. 몽골은 의료 체계 및 시설이 열악하므로 신변안전에 각별히 유념하는 것이 좋다.

한국 대사관
주소 P.O.Box 1039, Olympic st.10, Sukhbaatar District, Ulaanbaatar, Mongolia
전화번호 +976-11-32-1548
영사 핫라인 +976-11-32-8898,
사건사고 영사 긴급 전화 +976-9911-4119
팩스 +976-11-31-1157
영사과 +976-11-33-1846
이메일 kormg@mofa.go.kr
근무시간 09:00~17:00
(점심시간 12:00~13:00)
코트라 울란바타르 무역관
관장 976-8980-0992
사무실 976-7711-0140
몽골 한인 선교사회
회장 이연상
전화번호 +976-11-454457

9. 중국
범죄신고 110
화재신고 119
교통사고 신고 122
응급의료 120
전화번호 안내 114
한국 Collect Call 교환 10800-852-1389(상해 이북)
※ 로밍받은 국내 휴대폰 사용 시 +86~
의료기관
· 中日友好院
주소 北京市 朝花路 2
전화 +010-84205566, 010-84205288
한국 대사관
주소 中國 北京市 朝陽區 亮馬橋 第三使館區 東方東路 20號(郵政編碼 100600), (No.20 DongfangdongLu Chaoyang District, Beijing China)

전화번호 +86-10-8531-0700
홈페이지 www.koreanembassy.cn/
이메일 chinapolitic@mofa.go.kr
근무시간 월~금, 09:00~12:00, 13:30~18:00
총영사관
주소 中國 北京市 朝陽區 東直門外大街 亮馬河南路 14號 塔園外交辦公大樓
전화번호 +86-10-8532-0404
홈페이지 www.koreanembassy.cn/
이메일 chinaconsul@mofa.go.kr
근무시간 월~금, 09:00~12:00, 13:30~18:00
코트라 베이징 무역관
중국 본부장 86-138-1012-0371
사무실 86-1064-106-162
코트라 선양 무역관
관장 86-138-4010-6874
사무실 070-4033-3355
베이징 한인회
전화번호 +86-10-5166-5144

후원 기업

원코리아 뉴라시아 평화원정단 주역들
(2014년 8월 13일 출발일 직책 기준)

조선일보 간부
방상훈 사장, 변용식 발행인, 송희영 주필, 홍준호 경영기획실장, 강효상 편집국장

원정단 간부 및 대원
이광회 조선일보 부국장(원정단장), 조정훈 스포츠부장(단장직대), 김창호 원정대장(산악인), 이병달(팀닥터1·삼성서울병원), 박영석(팀닥터2·선두외과병원), 황인범(부대장), 김영미, 안영민, 이상구, 최병화

사무국
임민혁 기자(사무국장·정치부), 진중언 기자(산업부), 최형석 기자(경제부), 이은지 대리(문화사업단)

취재단
오태진(조선일보 수석논설위원), 김태익(논설위원), 최보식(선임기자), 주용중(정치부장), 정병선(전 모스크바 특파원), 배성규(정치부 차장), 석남준(베를린 특파원), 남강호(멀티미디어영상부), 오종찬(멀티미디어영상부), 김진우(TV조선 스포츠부장), 윤창기(TV조선 스포츠부)

문화사업단
승인배 문화사업단장, 주용태 부장, 이문준 차장(지원팀장), 김숙현 과장, 황선욱

라이딩(주행)팀
현광민(한중자동차문화교류협회장), 이수일 팀장(트랜스위드), 최희용, 전재호, 송근두, 김창수

루트개척팀
유라시아트렉 서기석 대표, 이철민 팀장

원정 소구간 1구간(독일 베를린~폴란드 바르샤바) 대원
고산(우주인), 김세환(가수), 김희영(청각장애 수퍼모델), 성일환(전 공군참모총장), 성치운(명파초 교사), 대원스님(조계종 법규위원), 이종택(선진회계법인 대표), 한기선(두산중공업 대표),허영주(성균관대 재학·걸그룹 더씨야 멤버)

원정 소구간 2구간(라트비아 리가~러시아 상트페테르부르크) 대원
구자열(LS그룹 회장), 강승규(전 국회의원·새누리당), 김민숙(서울대 체육교육 재학), 김성수(경기대 교수·사회체육), 김창완(가수), 유진성(탈북자·세종대 재학), 이명숙(자전거 지도사), 최동식(목사·대한성결교회), 홍종선(성균관대 교수·통계학)

원정 소구간 3구간(러시아 상트페테르부르크~모스크바) 대원
이재오(국회의원·새누리당), 유문두(통영 성모의원 원장), 윤솜이(서울대 체육교육 재학)

ki신서: 6124

유라시아 15,000km
두 바퀴의 기적

1판 2쇄 발행 2015년 8월 3일
1판 3쇄 발행 2015년 10월 26일

지은이 조선일보 원코리아 뉴라시아 평화원정단
펴낸이 김영곤 펴낸곳 ㈜북이십일 21세기북스
기획감수 이광회 조선일보 부국장(조선비즈 대표)
원고 오태진 김태익 이광회 정병선 임민혁 최형석 황인범
부록 이병달 박영석 이수일 진중언 김영미 이은지 안영민 최병화 이상구
사진 남강호 오종찬 오태진 진행 최형석

출판기획팀장 신주영 책임편집 남연정   교정 박희진
디자인 씨디자인: 조혁준 함지은 조정은
출판영업마케팅팀장 안형태
출판영업마케팅팀 이경희 민안기 김홍선 정병철 임규화 백세희
홍보팀장 이혜연

출판등록 2000년 5월 6일 제10-1965호
주소 (413-120) 경기도 파주시 회동길 201(문발동)
대표전화 031-955-2100 팩스 031-955-2151
이메일 book21@book21.co.kr 홈페이지 www.book21.com
트위터 @21cbook 블로그 b.book21.com

ISBN 978-89-509-6071-1 13810
책값은 뒤표지에 있습니다.

이 책 내용의 일부 또는 전부를 재사용하려면 반드시 (주)북이십일의 동의를 얻어야 합니다.
잘못 만들어진 책은 구입하신 서점에서 교환해드립니다.